智能交通系列丛书（第一辑）

总主编　孙玉清

国家出版基金项目

NATIONAL PUBLICATION FOUNDATION

船舶智能避碰决策系统

CHUANBO ZHINENG BIPENG JUECE XITONG

郑中义 ◎ 著

大连海事大学出版社

DALIAN MARITIME UNIVERSITY PRESS

图书在版编目(CIP)数据

船舶智能避碰决策系统／郑中义著. — 大连：大
连海事大学出版社，2020.12
（智能交通系列丛书／孙玉清总主编. 第一辑）
国家出版基金项目
ISBN 978-7-5632-3910-8

Ⅰ．①船…　Ⅱ．①郑…　Ⅲ．①船舶避让操纵—决策系
统　Ⅳ．①U675.96

中国版本图书馆 CIP 数据核字(2020)第 257344 号

大连海事大学出版社出版

地址：大连市凌海路1号　邮编：116026　电话：0411-84728394　传真：0411-84727996
http://press.dlmu.edu.cn　E-mail：dmupress@dlmu.edu.cn

大连海大印刷有限公司印装　　　　　　　　大连海事大学出版社发行

2020 年 12 月第 1 版　　　　　　　　　　2020 年 12 月第 1 次印刷
幅面尺寸：184 mm×260 mm　　　　　　　　印张：17.25
字数：362 千　　　　　　　　　　　　　印数：1~2000 册

出版人：余锡荣

责任编辑：张　华　　　　　　　　　　　责任校对：杨　洋
装帧设计：孟　冀　解瑶瑶

ISBN 978-7-5632-3910-8　　定价：48.00 元

总　序

　　交通运输是国民经济的基础性、先导性、战略性产业,是重要的服务性行业,其发展水平对国民经济持续稳定增长、改善人民生活水平、提高我国综合国力与国际竞争力等具有极为重要的影响,而交通数字化、智能化、智慧化则是交通运输行业的主流趋势,是进一步提高交通运输水平、实现交通强国战略目标的必然选择。

　　在刚刚过去的十几年中,人工智能、运筹优化、机器学习、物联网等一系列信息技术飞速发展,交通运输的智能化、类人化及无人化的技术能力不断增强,为提升陆路与海上交通运输的安全性、可靠性、高效性及通行能力注入了新的活力。面向新时代,如何将如此众多的新兴技术深度融入海陆交通运输体系之中,推动我国国内综合交通运输体系的完善与发展,提升各种交通运输方式间的协同运行能力,提升运输效能和安全保障的技术水平,是当代产业界、学术界及各级政府所关注的焦点问题。

　　本丛书正是在这样的一个历史节点上组织出版的。书中既有关于海上运输的无人水面艇自主运动控制及其避碰技术,又有基于实时陆路交通信息的车辆诱导和停车技术,还有关于智慧港口的运作优化管理,以及物流配送领域中的智能车辆调度与配货系统的研究。本丛书力求将最新的人工智能及优化技术运用于海陆交通运输体系的建设之中,解决海陆交通运输体系中的一系列关键问题,服务于建设交通强国的重大战略,为构建智能交通技术应用体系、形成海陆联运的互联互通网络奠定基础。

本丛书由大连海事大学出版社精心策划。大连海事大学相关研究人员分别从无人水面艇运动建模与自主控制、船舶智能避碰决策系统、智能配货系统、智慧港口运作优化及物流配送车辆的智能优化调度等五大方面，对陆路与海上交通运输及其重要枢纽节点所涉及的若干关键问题展开研究，在此基础上撰写成《无人水面艇运动建模与自主控制》《船舶智能避碰决策系统》《新技术下的智能配货系统研究》《智慧港口运作优化方法》《物流配送车辆的智能优化调度模型与方法》五部专著。

　　本丛书得到了国家出版基金的资助。大连海事大学出版社的相关人员在本丛书策划、组稿和审稿过程中对书稿的撰写及完善给予了大力支持，在后续的编辑出版过程中付出了辛勤的汗水，在此谨向他们致以最诚挚的谢意。

大连海事大学校长

2020 年 10 月

前　言

　　"船舶避碰决策研究"是国内外航海学术界关注的前沿课题之一。进入 21 世纪后，随着无人驾驶、无人船舶等概念的提出，船舶避碰决策已成为当今该领域研究的热点。经过近四十年来国内外一些航海界的专家、学者从避碰自动化、智能化的发展方向和趋势考虑，致力于该领域的研究和探索，取得了一定的成果，但理论尚不够系统、完善和成熟；人们对装有智能避碰决策系统的船舶与非装有该系统的船舶长期共存的情况认识不足；就应用层面而言，实船试验还远远不足。在人为因素被证明是海损事故主要原因的现今时期，为了大幅度避免和减少在船舶交通压力日益增大和交通形式日趋复杂情况下频发的碰撞事故，加强船舶智能避碰决策系统的研究是十分必要的，而标志避碰自动化、智能化的船舶避碰决策系统对避碰决策成果的需求也是必然的。

　　本书是在笔者长期从事船舶避碰决策研究的基础上，吐故纳新形成的。本书是自然资源部项目"北极航道开发与冰上丝绸之路建设研究"（CAMA201805）成果之一，也是交通运输部项目"北极通航战略规划研究"（2014 - 322 - 225 - 190）的成果之一。书中的很多结论得到了一些专家、学者的认可，他们也对这些结论提出了宝贵的修改意见。本书具有一定的学术参考价值和实用价值。当然，船舶智能避碰决策课题的研究，并非一人一时就能取得成功。因此，期望本书的出版能达到抛砖引玉，与国内外同行进行学术交流之目的。对本书中的不当之处，乞望学术和专业同行予以指正。

　　本书撰写之前，得到了大连海事大学出版社的极大鼓励、支持和关心；撰写过程中，曾仕豪、牟家奇、向琛、蒋成名、田序伟、屠强、张韫博、刘楷文做了大量工作。在此，对为本书出版做出贡献的各位一并表示感谢！

作者

2020 年 6 月 21 日

目 录

第1章

绪　论

1.1　船舶智能避碰决策研究及当前存在的问题

1.1.1 ● 船舶智能避碰决策研究的目的

1.1.1.1　船舶智能避碰决策系统研究是国际航海学术界的前沿课题

从 20 世纪 70 年代末至整个 20 世纪 90 年代,船舶智能(自动)避碰(专家)决策系统的研究受到国际航海学术界的高度重视,而且取得了一定进展,但也存在着问题。因此,1996 年国际海上避碰会议曾提出,船舶智能避碰决策系统研究是今后 10 年乃至 20 年航海技术研究领域的主攻方向之一[1]。然而,随着《1974 年国际海上人命安全公约》1995 年修正案的出台,船舶智能避碰决策问题日益受到国际社会的高度重视,同时,也成为船舶智能避碰系统研究的核心内容之一。

进入 21 世纪后,车辆的无人驾驶成为国际多国研究开发的重要课题。2017 年 7 月,国务院《关于印发〈新一代人工智能发展规划〉的通知》提出,人工智能已经上升到国家战略层面,力争 2030 年抢占人工智能全球制高点。无人驾驶技术将是人工智能的主攻方向之一,相对于无人机和无人车,作为无人驾驶方向之一的无人船,无论是产业化进程还是技术成熟度都相对落后。

无人驾驶船舶的核心之一就是智能避碰问题。当前,国际海事组织开始研究有关海上自主船舶的国际公约和国际规则,将会统一各国当前众说不一的无人船、无人驾驶船、智能船、岸基遥控船舶、智慧船的概念与分类。有的国家(如日本)已经发布了无人船的概念、设计指南。这也说明本书原创性研究成果的前瞻性。

1.1.1.2 船舶碰撞事故在各类水上交通事故中占的比例高

关于船舶避碰的研究已有很长的历史,虽然取得了许多成果,但在海上交通事故中,碰撞事故数仍居首位[2~18]。2016 年日本海难审判所,共审理海上事故 370 起,其中碰撞事故 134 起,数量最多,约占事故总数的 36.2%;其次是搁浅事故 102 起,约占 27.6%;触碰事故 56 起,约占 15.1%;死伤等 27 起,约占 7.0%;设备损坏 26 起,占 6.9%;沉没事故 20 起,约占 5.4%。我国港口内发生的碰撞事故占总事故数量的 60% 左右。这从侧面说明研究船舶智能避碰系统的重要性。

1.1.1.3 导致事故的人为因素已引起国际航运界的广泛关注

1995 年国际海事组织通过了对《1974 年国际海上人命安全公约》的修正案,即《船舶营运安全管理规则》(ISM 规则),其大会决议明确指出:海上发生的事故中,80% 与人为因素有关,而船舶碰撞事故在各类海上事故中所占的比例最大。在船舶碰撞事故中,除极少数双方无过失碰撞外,绝大多数碰撞事故是由人为失误造成的,因此,研究船舶避碰过程中操船者的思维过程,提出智能优化的避碰决策是至关重要的。国际海事组织的许多决议,也要求并鼓励各国加强对人为因素及控制人为失误的研究。研究船舶智能避碰决策系统的目的正是控制避碰过程中人为决策失误研究的重要方面,从根本上减少由于人为决策失误所造成的避碰事故。

1.1.1.4 决策论及其他交叉学科,为船舶避碰决策研究提供了手段

(1)20 世纪 50 年代以来,科学技术的迅猛发展,促进了决策科学的发展。20 世纪出现的控制论、信息论、系统论、决策论等学科,为人类的决策活动提供了新的思想和方法论。

(2)电子计算机的出现又为人类的决策活动提供了定量分析的手段。

(3)心理学、社会心理学在研究人类决策活动的心理因素和社会因素方面也取得了重大成就,从而为研究人类的决策过程、创新思维等课题增加了新的可能性。有了上述发展并与过去取得的成就相结合,使人们对决策活动中的人、物、机等各因素的作用,有了较全面的认识,对复杂系统的决策进行定性、定量分析也有了各种方法和手段,从而使决策科学逐步完善。

(4)前人已在有关决策领域进行了大量而卓有成效的研究,取得了瞩目的成效。过去的研究成果是进行深入研究的基础之一。

近几年来,利用新的思想和方法进行船舶避碰研究,特别是随着人工智能技术的发展,如利用神经网络技术研究船舶避碰的问题等,取得了一定的进展,但也应看到虽然采用了新的思路和方法,但研究成果尚难如人愿。为此,本书将决策论、随机模拟理论、人工神经网络及进化等理论的思想与方法应用于船舶智能避碰过程的研究,以期取得比较

满意的效果。

1.1.1.5 船舶智能避碰决策系统的研究、开发和使用及发展趋势

当前,为了避免船舶碰撞事故的发生,除对船员培训、考试与值班的有关公约或标准进行修订以外,研究驾驶员的避碰决策过程,将其避碰的机理融入船舶智能避碰决策系统,并在一定程度上或完全代入避碰操纵应是有效的途径之一。早在 1978 年 K. D. Jones 就指出[19]:"系统,尤其是以计算机为基础的系统,提高了操作的有效性,得到了固定的安全会遇距离,具有较高的沿着航线前进速度;对形势的评定通常较早而且较准确;使用系统时可以采取更固定的操纵措施;不确定性操纵的或然率较小。"他还分析了使用自动雷达标绘仪(Automatic Radar Plotting Aid, ARPA)的局限性,并对研究、开发综合性系统持有乐观态度。

就雷达而言,它发明于 1922 年并很快在第二次世界大战中得到广泛应用,后成为商船上配备的标准设备,不久成为强制性要求,并被认为是最终解决海上碰撞的设备,而结果正如 Alvin Moscow 在分析事故时所指出的那样,"保证海上人命安全将仍然是每艘船驾驶人员的责任"。在这期间,虽然曾出现过"雷达协助碰撞"的说法[20],但关于如何有效使用该种设备的研究却从未停止过。

1974 年 6 月 28 日美国海岸警卫队发表的一项立法通告建议,对 10 000 总吨及以上的船舶将强制要求装设"避碰设备"。虽然该项规定在 1976 年法案通过时被删除,但是在 1977 年 3 月美国总统要求运输部门制定规则,规定美国及其停靠港口的 20 000 载重吨及以上的油船必须装备有雷达支持的系统,包括避碰系统。1977 年 11 月,在国际海事协商组织航行安全委员会会议上,美国建议以计算机为基础的避碰系统制定标准,并最终于 1978 年在伦敦召开的油船安全与防污会议上采纳了一项提案,即要求国际海事协商组织于 1979 年 7 月 1 日制定出有关标准,即所谓的 ARPA 运行标准。

从要求船舶强制装备雷达到 ARPA 虽然经过了较为漫长的过程,但是总的趋势是与科学技术的发展联系在一起的。当前,由于计算机、人工智能等技术的发展,智能避碰决策系统的研究与大规模开发已提到议事日程上来。

从图 1-1 的船舶碰撞发生过程可以看到[12,13],只有对他船进行了系统的观察并采取了合适的避让方法后,才能有效地避免船舶碰撞。通过对 1 309 起船舶碰撞事故的分析,碰撞发生的主要原因归纳为一船驾驶员在两船逼近后才感觉到碰撞危险或在近距离发现他船或直至碰撞才发现他船[12,13]。而且在 1 309 起碰撞事故中,两船互以右舷对右舷会遇而发生的碰撞事故占全部碰撞事故的 10%,是造成船舶碰撞事故中处于第二位的主要原因。因此,研究不协调行动的碰撞问题是十分有意义的。

船舶智能避碰决策研究的意义可归纳为以下几方面:

(1)总结归纳前人的研究成果,为下一步研究提供方向。继承与发展是辩证统一的,总结前人的研究是为了发展。本书在这方面做了一些工作,希望能够推进船舶智能避碰决策研究。

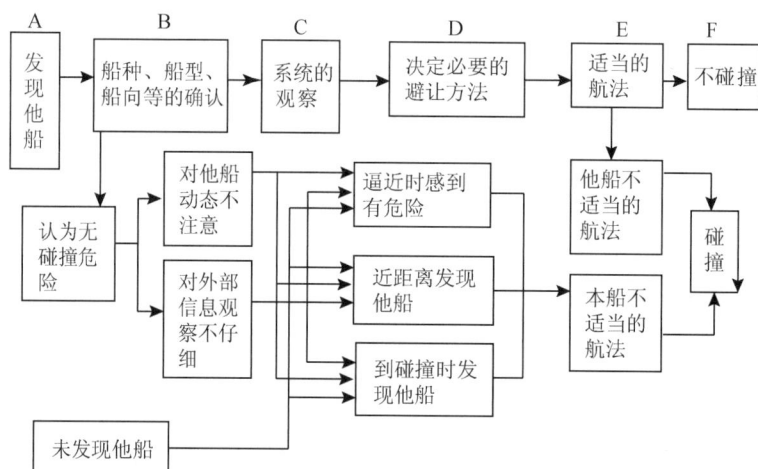

图 1-1 船舶碰撞过程发生图

（2）有助于船舶智能避碰决策系统的研究。正如本章开始所指出的那样，船舶智能避碰决策系统研究，是 20 世纪的前沿课题，进入 21 世纪后这一课题变得更为重要，而在智能避碰决策系统研究中，船舶避碰决策是重要的基础之一。本书将在这方面尽量采取一些新方法、新思维，希望能为他人研究起到抛砖引玉的作用。

（3）减少或避免由于人的决策失误造成的碰撞事故。船舶智能避碰决策系统的研究，是在"人-机"系统中，根据新技术在船舶上的应用，合理地确定"人-机"的工作比例，从而达到减少人为失误的目的；而避碰决策的研究，则是从根本上避免或减少人为决策失误的途径之一，也可为智能避碰决策系统的建立打下基础。

（4）促进海上交通工程学的发展和完善。海上交通工程学研究的是海上交通——特定水域内船舶行为的总体及运动的组合。因此，船舶避碰决策的研究在一定程度上会促进海上交通工程学的发展。

（5）加深对《国际海上避碰规则》的理解及其术语的量化研究，为海上避碰提供参考依据。在研究船舶智能避碰决策系统的过程中，不可避免地要解决船舶行为的问题及国际海上避碰规则规定的某些术语的量化问题。如根据国际海上避碰规则的规定，当存在"碰撞危险"时，让路船在当时环境许可的情况下，采取的避碰行动应该是"大幅度的""及早的"，并允许会遇两船在"安全的距离上通过"。那么，什么叫"碰撞危险"呢？"碰撞危险"如何量化呢？在何时采取避碰行动才属于"及早的"呢？……该选题对这些模糊术语都有所涉及，而在研究这些问题的过程中，又需要较为全面地总结、分析前人的研究内容，从而达到对避碰规则的理解与完善规则的目的。

1.1.2 当前船舶避碰决策研究存在的问题

第一，在船舶碰撞危险度的评价方面所考虑的因素一般仅限于最近会遇距离（Distance to Closest Point of Approach，$DCPA$）和最近会遇时间（Time to Closest Point of Approach，*TCPA*），缺乏多因素的有效综合评价。正如参考文献[21～24]所指出的那样，应该用合适的方法实现碰撞危险度的多因素综合。

第二，在目前的智能避碰决策系统中，虽然研究的学者大多强调智能避碰决策系统能够有效地避免或减少船舶间的不协调避碰行动，但是避免或减少船舶间的不协调避碰行动的措施与机制还不够完善，如参考文献[25～28]等所述，这些都是需要在船舶避碰决策中加以研究和完善的。

第三，在船舶采取避碰行动衡准方面，所采取的方法也多种多样。在避碰行动时机方面，有的以船舶领域为标准确定避碰行动时机；有的以保证两船间最小安全会遇距离为标准[27]；有的则以一定的碰撞危险度阈值、时间或距离为标准，具体内容见第 2 章。在多船避碰决策中，有的以各单船危险度的代数和作为本船与多船会遇的碰撞危险度；有的则以特定的某一船的碰撞危险度作为多船会遇碰撞危险度等。当然，碰撞危险度是确定主目标和其他危险目标的依据，它是确定避让效果的指标。但在多船会遇中，若认为碰撞危险度减小，避让是有成效的；碰撞危险度增大，则表示采取该航向、航速可能有危险的观点具有其局限性。因此，较合理地确定船舶采取避碰行动的衡准也是值得深入研究的。

第四，许多船舶避碰决策研究，偏重考虑的是本船为让路船情况下的避碰决策、避让时机的确定等，而较少地研究本船为直航船情况下，当让路船未采取避碰行动时，本船应如何确定避让时机等问题[23～27]。

第五，多船会遇避碰决策问题还没有得到很好解决。特别是较为复杂的多船会遇避碰决策问题，若仍由驾驶员自行决策[6]，是不适应船舶智能避碰决策系统发展的。

第六，大部分参考文献中的研究，在确定本船与他船碰撞危险度、避让时机、避让幅度等问题时，考虑的大多是本船与他船具有相同认识情况下的结果，或完全采取客观标准，而较少地考虑两船对上述问题因认识不同，可能给避碰决策带来的影响。船舶智能避碰决策系统研究，也受到这种思想的影响。应该认识到，船舶智能避碰决策系统的研制与应用过程，将长期处于装有该系统的船舶与不装有这种系统的船舶共存的局面。也就是说，在避碰中他船采取的避让方式可能与系统设定的不一致，装有该系统的船舶如何应对？很多避碰决策系统，几乎都未考虑在会遇局面中让路船不让路的情况，对此没有应对之策。这与装有智能避碰决策系统船舶与未装设该系统船舶长期共存的实际是不符合的。

第七，关于紧迫局面的定义，已有了较为统一的认识，但对定量确定紧迫局面，还缺乏较深入的研究。

1.2 本书的研究内容、特点及方法

1.2.1 ● 本书的主要研究内容

本书主要讨论船舶智能避碰决策系统的建立问题,如无特别说明,主要是研究在宽阔水域能见度良好情况下两船避碰决策问题。

针对当前避碰决策研究中存在的问题,本书主要在三种会遇局面划分及避碰行动局面划分、碰撞危险度及避碰行动衡准、紧迫局面确定、行动船避碰行动时机与转向避让幅度确定、船舶避碰行为不确定性评价及转向避碰过程控制等方面进行了研究与探索,并通过避碰行动时机与转向幅度优化模型与会遇局面定量划分的结合,建立并完善了智能避碰决策系统中有利于避免不协调行动的机制,具体如下。

1.2.1.1 对避碰规则规定的三种会遇局面进行了定量划分及对避碰行动局面进行了划分

由于避碰规则对能见度良好情况下的三种会遇局面是定性的规定,而且在实践中,船员、专家、学者与法庭的认识也不完全统一,为此在对船员避碰行为大量调查的基础上,本书运用模糊理论,对三种会遇局面进行了定量划分。除其他规定外,规则对三种局面的规定,主要是为了确定当事船在避碰中的责任与权利,但让路船转向避让方向并不完全受规则的约束,为此本书在吸收有关研究成果及大量调查的基础上,提出了避碰行动局面的具体划分。这种研究一方面较全面地总结了船员对海上避碰规则的认识,吸收了该方面的研究成果,利于避免或减少不协调避碰行动;另一方面也完善了智能避碰决策系统的知识库。

1.2.1.2 提出了空间碰撞危险度和时间碰撞危险度的概念,建立了多因素的动态碰撞危险度模型

本书在总结前人研究成果的基础上,通过定性与定量分析,采取主观与客观相结合的方法,建立了空间碰撞危险度与时间碰撞危险度模型,并根据刺激-反应思想,采取了较为合适的算子将空间碰撞危险度与时间碰撞危险度合成碰撞危险度;同时应用新兴起的神经网络工具,区别于他人研究,以一船获得的另一船的原始数据作为按误差逆传播算法训练的多层前馈网络(Back Propagation,BP)的输入,探讨了确定碰撞危险度的快速BP神经网络,通过仿真,结果理想。

1.2.1.3 建立了多因素的智能动态最晚施舵点模型

当装有智能避碰决策系统的船舶作为让路船时,为保证安全通过,最晚施舵点是其采取转向避碰行动的最晚时机;也是装有智能避碰决策系统的船舶作为直航船且他船未采取行动时,其采取避碰行动的时机。为此,本书通过对各主要影响因素的分析,在考虑两船会遇局面划分及避碰行动局面划分的基础上,根据本船速度、两船速度比、来船会遇态势、本船转向旋回性能、最晚施舵点行动的要求、初始 $DCPA$、本船转向过程中两船距离的损失、本船船长等,建立了多因素的动态最晚施舵点模型。该模型的特点不但是多因素的,而且将他船采取转向方向的可能性包含在内,也融入了一种减少或避免不协调避碰行动的机制。

1.2.1.4 将信息熵理论应用于船舶避碰行为不确定性评价分析,为避碰时机决策提供理论依据

本书在对船员避碰行为进行大量调查及分析船舶避碰行为不确定性与碰撞事故关系的基础上,应用信息熵理论评价分析了在右舷对右舷对遇及直航船过让路船船尾交叉相遇局面中,让路船避碰行为的不确定性问题。得到的结论是:对于两船不同会遇局面,总是存在一个 $DCPA$ 值,一船或行动船采取左转、右转与保向保速行动的不确定性最大。即在该 $DCPA$ 时,该船的行动最难预测;一船或行动船根据 $DCPA$ 和行动距离的不同,总是存在一个 $DCPA$ 和距离值,该船采取左转和右转避碰行动的不确定性最大。同时将这种分析应用于船舶避碰行动时机优化模型建立中。

利用信息熵理论评价分析船舶避碰行为的不确定性,避免了以概率评价方法不能全面反映随机变量总体结构的问题,能够比较分析在不同会遇局面或会遇态势中不同距离、$DCPA$,以及在不同距离与 $DCPA$ 下避碰行为的不确定性,为确定智能避碰决策系统的避碰行动时机模型提供了基础。

1.2.1.5 分析了避碰行动时机与转向避碰幅度的关系

为了使所建立的智能避碰决策系统能够符合船员的做法,该系统不仅适用于装有智能避碰系统船舶与装有智能避碰决策系统船舶之间的避碰,也适用于装有智能避碰决策系统船舶与驾驶员之间的避碰,而且对驾驶员与驾驶员之间的避碰也具有参考价值。本书通过对海上避碰行为的大量调查及对前人研究成果的总结,分析了不同会遇局面、会遇两船不同速度或速度比等对避碰行动时机和转向避碰行动幅度的影响,从而指出了避碰行动时机与转向避碰行动幅度的关系。

1.2.1.6 建立了让路船或责任避让船避碰时机智能优化模型

在船舶避碰中,避碰时机的选择是十分重要的,一方面合适的避碰时机是遵守《国际

海上避碰规则》的表现,另一方面也是避免船舶间不协调避碰行动的重要基础。为此,本书建立了基于直航船模糊满意度的避碰时机模型、随机规划模型、考虑直航船可能采取避碰行动的避免不协调避碰行动时机模型,结合最晚施舵点模型,建立了行动船避碰行动时机优化静态模型。由于所建立的静态模型不能反映两船不同速度、速度比的问题,为了适应海上船舶速度不断提高的要求,本书在静态模型的基础上,建立了避碰行动时机动态模型。所建立的避碰时机优化模型,在一定程度上反映了多数直航船驾驶员的主观要求,也反映了在特定会遇态势下两船避碰的客观要求,还反映了主观与客观要求相统一的思想,体现了规则规定的避碰行动是“及早”的要求与船员对“及早”理解的相对统一。

1.2.1.7　建立了让路船避让转向幅度智能优化模型

让路船避碰时机对避免船舶间避碰不协调问题是十分重要的,但避碰转向幅度也是重要因素,它体现的是避碰行动应是“大幅度的、易于被他船用视觉或用雷达观测时察觉”的要求。为此,通过建立两船安全通过的模糊隶属度函数与易察觉模糊隶属度函数,建立了让路船避让转向幅度智能优化模型。所建立的模型不但适用于智能避碰决策系统与智能避碰决策系统之间的避碰,也适用于无该系统与有智能避碰决策系统船舶之间的避碰,对均无该系统船舶之间的避碰也具有参考价值。考虑到大幅度转向时,船位偏差与时间损失问题,本书建立了转向过程控制模型,确定了转向过程控制的终止时机。

1.2.1.8　在多船会遇避碰方面,提出了“避让重点船”的避碰操纵方法

长期以来关于多船会遇避碰决策问题一直是研究的薄弱环节。为此,本书根据对避碰行动局面划分及避碰规则的适用条件,提出了“避让重点船”的避碰操纵方法,研究了“避让重点船”操纵方法的时机与幅度及实现方法,并在仿真系统中给予实现。该方法基于两船会遇的思想,主要考虑了他船的避碰行动可能受两船会遇避碰行动规定的影响,同时从避免一连串小转向行动角度,实现了对多船避碰仅采取一次转向行动。

1.2.1.9　建立了船舶智能避碰决策仿真系统

将上述重点研究问题应用于船舶智能避碰决策仿真系统,结果满意。

1.2.2　本书研究特点及方法

即使将船舶智能避碰决策系统开始应用于船上,今后长期内也是装有智能避碰决策系统的船舶与驾驶员控制船舶之间避碰的局面。这就决定了本书研究的智能避碰决策系统必将充分吸收多数船员的做法,决策结果也应与绝大多数船员的决策结果基本一致。

1.2.2.1 坚持继承与发展相结合原则

船舶避碰研究取得了许多成果,其中一些研究成果已基本得到了公认,例如船舶领域、紧迫局面的概念等。因此,本书第 2 章在总结前人研究成果的基础上,提出了研究的目标和方向。

1.2.2.2 采取问卷调查与海上实际观测相结合的方法

船舶智能避碰决策系统的建立应以《国际海上避碰规则》、海上避碰实践总结、专家学者等对避碰规则的认识为基础,因此,必须进行问卷调查与实际观测。但海上实际观测涉及资金、时间、人力等方面的限制,因而仅委托成山角 VTS 中心对其覆盖水域进行了82 天的海上实际观测。

1.2.2.3 坚持主观与客观相结合的原则

为适应有智能避碰决策系统与无该系统船舶之间的避碰问题及使智能避碰决策系统的决策结果尽量符合船舶的通常做法,在船舶智能避碰决策系统中,需要抽象出驾驶员的避碰思维过程,建立相应的模型。这就要求所建立的模型除反映驾驶员的主观认识外,还需满足船舶避碰的客观要求。例如在建立船舶优化避碰行动时机模型时,除反映直航船驾驶员普遍要求外,还需满足最晚施舵点的要求。

1.2.2.4 依据系统工程理论,坚持定性分析与定量分析相结合原则

坚持模型分析与计算机模拟技术相结合的方法,实现多种理论应用的综合。

特别说明:

(1)本书中所指的舷角,如无特别说明,是指从一船船首向右开始,围绕该船一周,船首为 0°,以 360°计算的角度。

(2)本书中所指的让路船,如无特别说明,是指交叉相遇局面中的让路船、追越局面中的追越船,也包括对遇局面中有责任避碰的船舶。

第2章

船舶智能避碰决策研究现状

本章主要内容如下：

(1)本章分"船舶碰撞危险度""船舶避碰时机"两部分,较为全面地总结了上述两方面研究的现状,指出了本书的研究方向。

(2)本章根据系统构成思想,分析了船舶避碰系统的构成;在分析、总结前人有关研究成果的基础上,综合分析了"人-船-环境"三要素对避碰的影响,说明了研究智能避碰决策系统的重要性。

2.1 船舶碰撞危险度及度量

2.1.1 船舶碰撞危险度及其划分

船舶碰撞危险度是船舶避碰领域的基本概念,是从事船舶避碰研究的专家、学者都不能回避的问题。由于船舶碰撞危险度的模糊性、不确定性等原因,在国内外的研究中,尚无公认的度量方法。《国际海上避碰规则》虽几次引用"碰撞危险",但未给出严格意义下的定义。另外,海事法庭在审理有关案件时,虽已对在何种情况下两船存在碰撞危险做了定性解释,即在两船接近过程中,两船避碰行动不协调,就会导致碰撞时,两船存在碰撞危险,但该定性解释还不是船舶碰撞危险度的概念[29]。根据海事法庭对存在碰撞危险的定性解释,有的学者建议不定义碰撞危险,而是定义"潜在碰撞危险"。不管怎样,船舶碰撞危险度的概念和内涵不统一的情况还会延续下去。

迄今为止,涉及船舶碰撞危险度研究的文献很多[30~94],根据确定标准不同,船舶碰撞危险度可分成两类:一类是客观上船舶间存在碰撞的可能性,即根据一定的客观指标所评价的船舶发生碰撞的可能性。在确定该种碰撞危险度时,所选取的指标是会遇船舶在特定情况下的客观指标,即船舶会遇几何要素等,是不以人的意志为转移的客观事实。因此,它基本未考虑驾驶员对局面的认识。另一类是在特定局面下驾驶员所感觉到的碰撞危险,即所谓的主观碰撞危险度。主观碰撞危险度是在特定局面下驾驶员对客观碰撞危险的认识或反映。如参考文献[181、182]根据对船员调查及海上观测所获得的船舶领域等都是在操船者在特定局面下,对碰撞危险认识的基础上提出来的。在评价船舶客观危险度时,所选取的指标都是会遇船舶在特定情况下的客观指标,即船舶会遇几何要求等,是不以人的意志为转移的客观事实。因此,它基本没有考虑操船者对局面的认识。主观碰撞危险度虽然基于客观事实,但却相应考虑了操船者的经历、心理、性格等方面的因素,它是操船者对特定局面碰撞危险的认识或反映。

在上述两种碰撞危险度中,有人认为主观碰撞危险度更具有实际意义,因为船舶是在驾驶人员的控制之下,船舶的避碰行为更多地反映了船舶驾驶人员在特定局面下对碰撞危险的认识水平。至于哪种碰撞危险更具有实际意义,不能一概而论,这主要取决于研究的目的和对象。当然,研究船舶避碰行为的目的就是使驾驶人员对局面的认识尽量地与客观相符,从而达到避碰的目的。

关于船舶碰撞危险度还有另一种划分方法,即所谓的微观碰撞危险度和宏观碰撞危险度[29]。参考文献[29]认为宏观碰撞危险度是海上船舶交通领域中的碰撞危险度,它反映海上交通中发生船舶碰撞事故的宏观情况,是不以人们的主观意志而转移的,并称其为客观的碰撞危险度。微观碰撞危险度是根据对会遇船舶的具体情况,如航行水域、能见度、船货情况以及驾驶员素质等进行的研究,得出的在特定会遇局面中船舶发生碰撞的可能性。

宏观碰撞危险度是从特定水域船舶运动的组合与船舶行为总体角度确定水域中每一船舶存在的碰撞可能性。它主要是基于船舶的交通流特性,从系统工程角度进行研究的,其目的是通过研究船舶的交通流特性,改善或减少碰撞危险并为建立船舶交通管理系统提供依据。因此,宏观碰撞危险度是船舶交通行为的重要研究内容,也是评价水域交通安全的重要指标之一。有人认为海上交通工程学所研究的碰撞危险度都是客观危险度。将海上交通工程学所研究的船舶碰撞危险度统称为客观的碰撞危险度可能不完全正确。一方面,由于海上交通工程在研究船舶行为时,虽然主要是从海上交通即船舶行为的总体进行研究的,但是从其研究方法上看,研究所需要的样本有的是通过调查问卷、操船模拟及实态观测等获得的。由于样本本身都具有一定的主观性,所以统计所得的结果必然也包含主观成分,只能是绝大多数船员对客观碰撞危险度共同认识的汇总,是对客观碰撞危险度认识的共同反映,是对客观碰撞危险度的近似。另一方面,两船或数艘船舶在特定水域的避碰行动也是海上交通工程学研究的内容。正如在当前海上交通工程学中,船舶会遇的定义就有五种不同的定义方式,因此,不能笼统地讲海上交通工程学中的碰撞危险都是客观碰撞危险度。

以下根据宏观船舶碰撞危险度和微观船舶碰撞危险度,分别对前人的研究成果进行

总结、归纳,但须指出:

(1)由于将前人的研究成果全部收齐是不可能的,故在尽最大努力的前提下,本书将其中的研究成果进行综述;

(2)由于很多关于碰撞危险度的研究成果很难区分为微观碰撞危险度或宏观碰撞危险度,所以本书在进行综述时根据叙述方便进行归类。

2.1.2 ● 微观船舶碰撞危险度

微观船舶碰撞危险度是根据两船或数艘船舶间的位置、运动等关系,所确定的相互间发生碰撞危险的可能性。

确定微观碰撞危险度的方法,大致可分为以下几种:

(1)$DCPA$ 和 $TCPA$ 加权确定方法;

(2)人工神经网络方法;

(3)模糊集方法;

(4)可拓集方法;

(5)其他方法。

2.1.2.1 $DCPA$ 和 $TCPA$ 加权确定方法确定船舶碰撞危险度

(1)用 $DCPA$ 和 $TCPA$ 加权确定船舶碰撞危险度的方法最早是由 J. Kearon[40] 于 1977 年提出的。

其采用的方法是:

$$\rho_i = (a \cdot DCPA_i)^2 + (b \cdot TCPA_i)^2 \quad (i = 1, 2, \cdots, n)$$

式中,a、b 分别为加权值,是由统计得到的实验数据。在一般情况下,对于右舷来船取 $a = 5$,$b = 0.5$;对于左舷来船取 $a = 5$,$b = 1$;ρ_i 值越小,来船越危险。

(2)1984 年今津隼马和小山健夫认为[41],"本船和他船间距离的富余量 $\dfrac{R}{d}$ 越小,而且时间的富余量 $\dfrac{R}{v_c}$ 越短,碰撞危险度越高"。同时给出的评价碰撞危险度计算式如下所示:

$$u_c = \frac{(m_1 d + m_2 v_c)}{R}$$

式中,m_1、m_2 ——定值;

v_c ——相对速度 v_R 在两船边线方向上的分量;

d ——$DCPA$;

R——两船间距离。

(3)参考文献[85,95~96]采用相同的方法,提出了根据规则的碰撞危险度推理方法。其基本思想是根据海上避碰规则和经验,提取危险度判断规则,再根据规则判断危险度。这种方法实际上也是根据 $DCPA$ 和 $TCPA$ 确定船舶碰撞危险度的。

根据海上避碰法及经验抽出的规则,碰撞危险度分为:

①不考虑潜在碰撞危险的状况;

②考虑潜在碰撞危险的状况;

③有发生碰撞可能性的状况;

④具有碰撞危险的状况;

⑤具有紧迫碰撞危险的状况。

根据海上避碰规则,当接近船舶的罗经方位没有明确变化时,应该判断存在碰撞危险。对于接近的大型船舶或从事拖带作业的船舶,即使方位有变化,但在近距离接近时,判断是否存在碰撞危险也是十分必要的。这也就是说,仅仅根据他船方位有否变化并不能明确判断是否存在碰撞危险。因此,他们将方位变化分为六种情况,将距离变化分为五种情况,以期包括各种情况。

根据对碰撞危险度的分类,用会遇船舶的 $DCPA$、$TCPA$ 表示的基本模型如图 2-1 所示。

(4)今津隼马[95]也是根据 $DCPA$ 和 $TCPA$ 综合确定船舶碰撞危险度,但在确定危险度时考虑了测定的 $DCPA$ 误差服从正态分布的情况。

由于船上所使用的观测设备是存在误差的,并且对同一会遇局面,不同的人在测量有关数值时,所得到的结果也不完全相同。所以,今津隼马在确定危险度时考虑了在测定 $DCPA$ 时,所得结果服从正态分布情况,如图 2-2 所示。

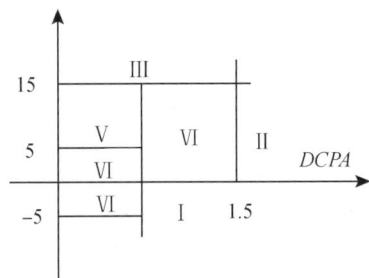

图 2-1　碰撞危险确定模型图　　　　图 2-2　碰撞概率图

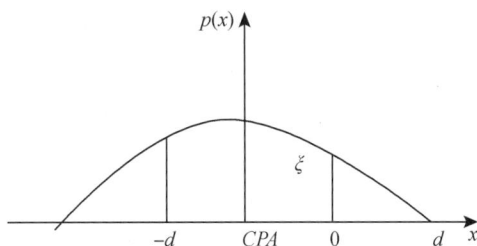

设船舶位于 $[-d, d]$ 区域的概率为 ξ ,避碰操纵至最近会遇距离点的时间为 t_a ,则:

$$\xi = \int_{-d}^{d} p(x)\,dx$$

$$t_a = distance / v_r$$

$$碰撞危险度 = \xi / t_a$$

式中, v_r ——他船相对运动速度。

由于对操纵时间的限制,要求 $v_r > e$,e 为适当选择的值。

在上述 $DCPA$ 与 $TCPA$ 加权确定碰撞危险度中,存在的问题[98]:

其一,$DCPA$ 与 $TCPA$ 的量纲不同,在相加时,只计算数值而不管量纲;

其二,由于所定义的碰撞危险度等值线实际是一个椭圆方程,且由于 $DCPA \geqslant 0$ 和 $TCPA \geqslant 0$ 的限制,所评价的碰撞危险度实际上是他船位于本船舷角 0°～180°过本船船首的情况和位于本船舷角 180°～360°过本船船尾的情况。因此,所定义的碰撞危险度并不能完全反映船舶的碰撞危险。

其三,所定义的碰撞危险度评价方法,并不能完全反映船舶碰撞危险。

2.1.2.2　用人工神经网络方法确定船舶的碰撞危险度

用神经网络确定船舶的碰撞危险度,是随着人工智能的发展而产生的一种新方法[99～103]。而实质上,该方法并没有改变碰撞危险度的确定模型,仅是将神经网络工具应用于危险度计算。当前用该工具计算危险度的主要问题是:人工神经网络的输入采用的不是一船从 ARPA 上所获得的另一船的原始运动参数。

虽然参考文献[99、100]提出了多指标确定碰撞危险度的人工神经网络模型,但在实际计算中采取的是三指标,即 $DCPA$、$TCPA$ 及来船位于本船是左舷还是右舷,并且在网络的输入端,将左舷来船输入为 0.1,而右舷来船输入为 0.9。

在此需要指出的是,人工神经网络可实现对碰撞危险度的快速确定,但它仅是一种实现工具,而更重要的是确定碰撞危险度的思想与所建立的模型。若所依据的思想或所建立的碰撞危险模型不合适,即使利用了人工神经网络的优点,且网络经过学习后收敛性非常好,所得到的结果也是值得怀疑的。

2.1.2.3　以模糊理论确定船舶碰撞危险度

如前所述,由于船舶碰撞危险度具有模糊性、随机性的特点,以模糊理论确定船舶碰撞危险度被认为是较合适的方法之一[98],且取得了许多研究成果[43,44,55,104～108]。

(1)岩崎宽希[43]和原洁[137]、长谷川和上月明彦[44]分别应用模糊推理方法综合考虑 $DCPA$ 和 $TCPA$ 的影响,建立了避碰决策模型。两者在方法上无根本性的差别,但值得一提的是后者考虑了 $TCPA < 0$ 的情况,而前者及以往的模型基本上未考虑此种情况。

现以岩崎宽希和原洁的模型为例进行分析。岩崎宽希和原洁首先在 $DCPA$ 上建立了 4 个模糊集合,如图 2-3 所示;在 $TCPA$ 上建立了 7 个模糊集合,如图 2-4 所示;在判断标准 J 上建立了 7 个模糊集合,如图 2-5 所示。其中 $TCPA$ 的 7 个模糊集合的意义如表 2-1 所示,模糊推理规则如表 2-2 所示。

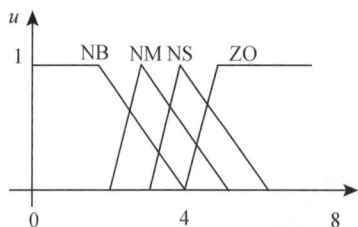

图 2-3　$DCPA$ 无因次化后的模糊集　　图 2-4　$TCPA$ 无因次化后的模糊集

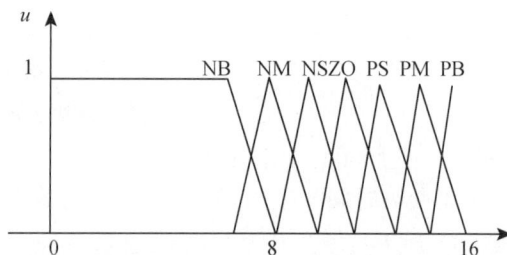

决策过程：

$$u_{ji}^*(i) = [uD_i(d_0)\Lambda uT_i(t_0)] \cdot u_{ji}(i)$$

$$u\sum J = \max[u_{Ji}^*(i)]$$

$$J = \frac{\sum[u_{Ji}(i) \cdot J]}{\sum u_{Ji}}$$

J 为负时安全，为正时危险。当 J 由负变化到零时采取行动。

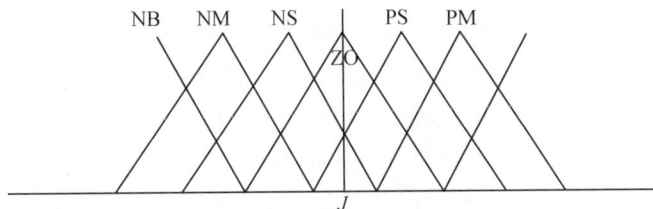

图 2-5　判断标准 J 的模糊集

表 2-1　$TCPA$ 的事件

标记	事件的内容
NB(negative big)	$TCPA$ 时间上完全没有余量
NM(negative medium)	$TCPA$ 时间上没有余量
NS(negative small)	$TCPA$ 时间上只有很少余量
ZO(zero)	$TCPA$ 时间上余量的中间现状
PS(positive small)	$TCPA$ 时间上有少量余量
PM(positive medium)	$TCPA$ 时间上有余量
PB(positive big)	$TCPA$ 时间上有充分余量

表 2-2　模糊推理规则表

	NB	NM	NS	ZO	PS	PM	PB
NB	PB[1]	PM[2]	PS[3]	ZP[4]	NS[5]	NM[6]	NB[7]
NM	NS[8]	NS[9]	NM[10]	NB[11]			
NS	NM[12]	NB[13]					
ZO	NB[14]						

　　应该肯定他们采取的数学方法是先进的,但也存在一些问题,即隶属度函数的构造和碰撞危险度求取是关键。

　　(2)参考文献[73、109、110]在上述模糊推理的基础上,研究了驾驶员在交通密集海域感觉到的碰撞危险度 SJ(Subjective Judgment)。在其研究中,使用操船模拟实验结果,以相对距离及其变化率、相对方位变化率的模糊表现,构造了驾驶员对会遇状态及碰撞危险度判断的知识,用避让操船模型判断某一时刻的主观碰撞危险度(CR)。根据该模型在会遇现状下驾驶员感觉到的危险度与海上避碰法的观点相对应,用以下七个阶段表现,以该七个阶段能够推论每时刻的 CR。

非常危险	$SJ = -3$	非常安全	$SJ = +3$
危险	$SJ = -2$	安全	$SJ = +2$
稍稍危险	$SJ = -1$	稍稍安全	$SJ = +1$

不安全也不危险 $SJ = 0$

将操船者容许的碰撞危险度 SJ 称为在航行海域操船者的基准。

主观的碰撞危险度是根据海上避碰法规定的对遇、交叉和追越局面,在大型操船模拟器上再现,总计有 32 名有操船经验者为避让义务船,与直航船相对应进行评价。

对每种会遇局面,每 1 min 停止模拟,分别评价会遇两船的碰撞危险度。根据操船者的评价得到,操船者主要是根据相对距离和相对方位的变化率来判断碰撞危险的。在追越时,除考虑上述因素外,同时以接近速度为指标进行判断。

在操船模拟对碰撞危险度进行评价的同时,操船者对每时刻的相对距离是远、中、近三个阶段和相对方位及相对距离的变化率是大、中、小三个阶段进行评价。该种评价是按海上避碰法规定的本船为避让义务船和保向保速船分别进行评价的。根据操船者对碰撞危险判断指标,形成了各指标的模糊集合。对每次会遇,主观的碰撞危险度以相对距离及其变化率和相对方位的变化率为指标的重回归式表示,以所谓的 if-then 规则表现。

若相对距离为 $i(i=1,2,3)$,方位变化率为 $j(j=1,2,3)$,主观碰撞危险度 SJ_{ij} 为:

$$SJ_{ij} = a_{ij} + b_{ij} \times R' + c_{ij} \times \omega$$

式中,R'——R/L,用船长无量纲化后的距离;

ω——$\dot{\theta} \times L/v$,用船长和速度无量纲化相对方位变化率的值;

a_{ij}、b_{ij} 和 c_{ij}——回归系数。

这种表示方法可用每一时刻的相对距离、相对方位的变化率的各集合,求得各自的隶属度,进而可求得各规则适用的权重,再与各规则对应的上述的回归式中的结果进行合成,得到该时刻的主观碰撞危险度 SJ。

角田和也[109]为了获得船舶航行危险度,将整个水域习惯航线看成以转向点为节点的网络,并采取与原洁相同的主观碰撞危险度,得到了在链环上本船为让路船、追越船及在对遇情况下的 SJ 值为:

$$SJ = 6.00\omega + 0.09R' - 2.32$$

本船为保向保速船时的 SJ 值为:

$$SJ = 7.01\omega + 0.08R' - 1.53$$

对遇情况(同向或航向相反)下的 SJ 值为:

$$SJ = 0.09R' - 2.32$$

追越(本船追越他船或他船追越本船)时的 SJ 值为:

$$SJ = 54.43\omega + 0.24R' + 2.77R' - 0.784$$

式中，$\omega = |\dot{\theta}|L_0/v_0$，$R' = R/\{(L_0 + L_r)/2\}$，$\dot{R}' = v_R/v_0$

其中，$\dot{\theta}$——相对方位变化率(rad/min)；

L_0——本船船长(m)；

L_T——他船船长(m)；

v_0——本船速度(m/min)；

v_R——两船间的相对速度(m/min)；

R——两船之间的距离(m)。

(3)参考文献[55]在考虑了船舶会遇安全距离(SDA)、最近会遇距离($DCPA$)、最近会遇时间($TCPA$)、船舶领域(Domain)、动界(Arena)、最晚避碰行动距离(DLA)的基础上，采用模糊理论并以 $DCPA$ 和 $TCPA$ 为主要因素，确定了碰撞危险度。

把 $DCPA$ 和 $TCPA$ 的变化域分别记为：U_c和U_t。在 U_c 和 U_t 上，对同一模糊概念"碰撞危险性"各自用一个模糊集来表示，分别记为 A_c 和 A_t，其隶属函数为：

$$\mu_A(CPA) = \begin{cases} 1, & CPA \leqslant d_1 \\ \dfrac{1}{2} - \dfrac{1}{2}\sin\left[\dfrac{\pi}{d_2 - d_1}\left(CPA - \dfrac{d_1 + d_2}{2}\right)\right], & d_1 \leqslant CPA \leqslant d_2 \\ 0, & d_2 \leqslant CPA \end{cases} \quad (2\text{-}1)$$

$$\mu_{A_i}(TCPA) = \begin{cases} 1, & CPA \leqslant t_1 \\ \dfrac{t_2 - TCPA}{t_2 - t_1}, & t_1 \leqslant TCPA \leqslant t_2 \\ 0, & t_2 \leqslant TCPA \end{cases} \quad (2\text{-}2)$$

式中，

$$t_1 = \begin{cases} \dfrac{\sqrt{DLA^2 - CPA^2}}{v_r}, & CPA \leqslant DLA \\ \dfrac{DLA - CPA}{v_r}, & CPA > DLA \end{cases}$$

$$t_2 = \frac{\sqrt{Arena^2 - CPA^2}}{v_r}$$

$$d_1 = SDA$$

$$d_2 = kSDA, k > 0$$

k 可根据船舶状态的不稳定性(如航向等)和两船行动可能的不协调以及雷达等设备可能的误差等因素确定。

碰撞危险度取论域 $U = U_c \times U_t$，在 U 上碰撞危险可表示为：

$$u_A(CPA, TCPA) = u_{A_c}(CPA) \oplus u_{A_t}(TCPA) \quad (2\text{-}3)$$

其中，$a \oplus b = \min[(a + b)/2, 1]$。

式(2-3)的第一项为在该会遇局面下，他船对本船构成的碰撞危险度。

其确定船舶碰撞危险度的特点是：其一，考虑了船舶操纵性能对船舶碰撞危险度的影响，并在总结以前船舶领域、船舶动界等因素的基础上，综合考虑了 TCPA 及 DCPA 对船舶碰撞危险度的影响；其二，在确定危险度时采用了较合适的数学工具。但这种确定碰撞危险度的模型也存在一些问题，主要是模型中的某些系数值及模糊算子难以确定。

（4）参考文献[111、112]也采用模糊数学方法实现了对碰撞危险度的综合评判。他们认为在判断碰撞危险度时仅凭目标船的 DCPA 和 TCPA 是不充分的。因此，所采取的参数是距离、方位、DCPA 和 TCPA 四个因素。其确定碰撞危险度的优点是采用了以多因素确定碰撞危险度的思想，存在所确定的各因素隶属度函数及其权重的合理性问题。其基础模型为：

设因素集：$U = \{u_1, u_2, \cdots, u_n\}$

评语集为：$V = \{v_1, v_2, \cdots, v_m\}$

$$\text{评判矩阵：} \boldsymbol{R} = \begin{pmatrix} r_{11} & r_{12} & \cdots & r_{1m} \\ r_{21} & r_{22} & \cdots & r_{2m} \\ \vdots & \cdots & \ddots & \vdots \\ r_{n1} & r_{n2} & \cdots & r_{nm} \end{pmatrix}$$

式中，r_{ik} 表示第 i 个因素的评判对第 k 个评语等级的隶属度。

相对于各因素的权重分配：$\boldsymbol{A} = (a_1, a_2, \cdots, a_n)$。其中：

$$a_i \geqslant 0, \sum_{i=1}^{n} a_i = 1$$

则碰撞危险度 CR 为：

$$CR = AR$$

上述确定碰撞危险度的优点是采用了合适的数学工具，注重了多因素的有机合成，但所考虑的因素只有四个，是不全面的。虽然该方法采取模型综合评判方法在一定程度上综合了专家、学者对碰撞危险的认识，但是仍需要大量的调查。另外，利用人这个"数据融合系统"要注意其融合能力随因素的增加而下降，且其融合的正确性也会降低。

2.1.2.4　可拓集方法确定碰撞危险度

参考文献[113]采用可拓集方法确定碰撞危险度，由于该部分的内容在后面还要涉及，其内容在此略。

2.1.2.5　其他确定船舶碰撞危险度的方法

（1）文献[114、115]采取矢量解析方法，在表现船舶碰撞各变量物理意义的基础上，求取了船舶碰撞的判断条件。

船舶碰撞的判定条件是得知船舶各自位置矢量的关系或速度矢量的关系，或者相应的最近会遇时间能在时间轴上表示。若位置矢量的延伸平面与速度矢量的延伸平面共面,则称为速度共面。

首先,图 2-6 显示了本船及他船会遇时,位置矢量与速度矢量共面并分别写为 $R_i, v_i,$ R_j, v_j。当两船以其速度行驶 t 后,相对位置矢量 R 为:

$$R = (R_j - R_i) + (v_j - v_i) \cdot t \equiv R_0 + v_0 t$$

式中,R_0 与 v_0 是当时的位置矢量与速度矢量。

从直交条件 $R \cdot v_0 = 0$ 中得到最接近距离矢量 D 与最接近时间 T_m 各为:

$$D = [v_0 \times (R_0 \times v_0)]/v_0^2$$

$$T_m = -(R_0 \cdot v_0)/v_0^2$$

两船间几何学上的碰撞直径 A 为两船大小的变量和速度矢量的函数。例如,依据船舶椭圆形状、各自的船长 L 和船宽 B,几何学上的碰撞直径 A 为:

$$A(L_i, B_i, L_j, B_j, v_i, v_j) = \sum [L_k^{\ 2}(v_0 \times v_k)^2 + B_k^{\ 2}(v_0 \cdot v_k)^2]^{\frac{1}{2}}/|v_0||v_k| \equiv A^{***}$$

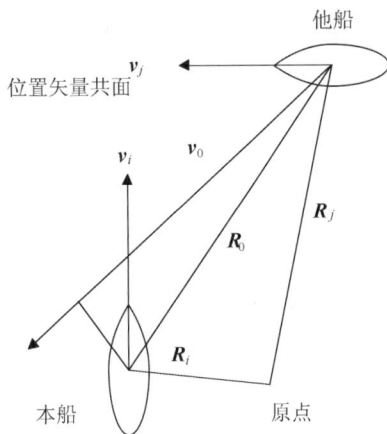

图 2-6　速度矢量与位置矢量共面

v_k 是本船或者他船的速度矢量值,而且这种几何学上的碰撞半径 $A/2$ 的最小值比最接近距离大,故不会发生碰撞。因此,位置共面的碰撞判定条件为:

$$|D| \le A/2, T_m > 0 \tag{2-8}$$

对于最接近距离 $|D|$ 和最接近时间 T_m,由于 $D^2 + T_m^2 v_0^2 = R_0^2$ 成立,代入式(2-8),则时间轴上的碰撞判定条件为:

$$T_m > (|R_0|/|v_0|)(1 - A^2/4R_0^2)^{\frac{1}{2}} \tag{2-9}$$

其次,图 2-7 所示是设想的他船周围的几何学碰撞直径 A 的领域,满足式(2-8)、式(2-9)碰撞条件时的表示。从本船与该领域相接触的两个位置矢量为 $Z^{(+)} = R_0 + \varepsilon A/2$,$Z^{(-)} = R_0 - \varepsilon A/2$,相对速度的反向与本船航向重合情况下,相关的临界速度矢量表示为 $v_i^{(+)}, v_i^{(-)}$,当本船速度矢量 v_i 在 $v_i^{(+)}$ 和 $v_i^{(-)}$ 的交角范围内时发生碰撞,而且设 ε 是 $Z^{(+,-)}$ 相对的单位法线向量。因此,与速度共面相关的碰撞判定条件为:

$$[v_i^{(+)} \times v_i][v_i^{(-)} \times v_i]/v_{st}^4 < 0 \tag{2-10}$$

上式中的分母 v_{st}^4 是为正规化而插入的值。

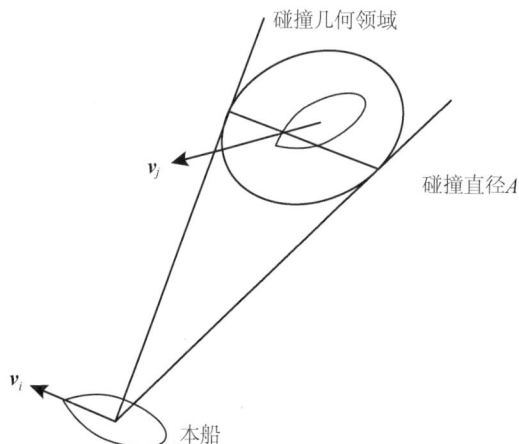

图 2-7　速度共面时的碰撞条件

临界速度矢量 v_i^* 值的平行条件是 $[v^* \times Z^*] = 0$ 和本船速度条件为 $v_i^2 = v_i^{(*)2} = $ 定值,因为:

$$v_t^{(*)} = \{[Z^{(*)} \times (v_j \times Z^{(*)})] + [Z^{(*)2}v_j^2 - (Z^{(*)} \times v_j)^2]1/2Z^{(*)}\}/Z^{(*)2} \qquad (2\text{-}11)$$

式中,记号 (*) 代表 (+) 或 (−) 。

式(2-11)中的符号是在时间轴上考虑未来时间 $[v_i - v_t^{(*)}] \cdot Z^{(*)} < 0$ 条件中,依 v_j 与 $Z^{(*)}$ 的关系中的一个或两个值来判断。

以上两船间的碰撞判定条件是位置共面、速度共面,能在时间轴上求取。这些表示式的含义是等价的评价方法。

该种确定碰撞危险度的方法依据的是客观指标,因此称其确定的碰撞危险度为客观危险度。但由于没有考虑驾驶员心理、经验、资历等因素的影响,若在碰撞决策中使用该种碰撞危险度,可能与实际产生较大的差别。

(2)参考文献[116]通过对 33 位船长的调查,建立主观碰撞危险度的模拟模型:

$$CR = \exp[-0.85DCPA_0^{1.5} - 0.0165(TCPA - MRM)^{1.5}]TCPA \geqslant MRM$$

$$CR = \exp[-0.85DCPA_0^{1.5} - 0.225(MRM - TCPA)^{1.2}]TCPA < MRM$$

式中,MRM——最危险时刻。

从其建立的模型看,该方法通过对驾驶员调查,首次提出了最危险时刻的概念,并确定 $MRM = 4DCPA_0$。由于在确定碰撞危险度时采用的仍然是 $DCPA$ 和 $TCPA$ 两因素,所以这种方法的优、缺点也与以 $DCPA$ 和 $TCPA$ 两因素的方法相同。

(3)参考文献[117~119]以船舶闭塞度作为碰撞危险度。井上欣三[118,119]认为:在避让操船中,避让幅度大小和避让后所残留危险的大小相互之间是一种收支关系;两者同时能够得到减小的情况是没有的。另外,当采取某种避让行动时,依其避让幅度大小,将产生时间和距离的损失;而产生较大时间、距离损失的避让行动,驾驶员的避碰操纵负担也大。因此,认为驾驶员一面对避让中使用的操纵种类和数量(操作负担、时间和距离

的损失）及仍残存危险的大小进行综合判断,一面进行避让操船:

①避让中使用的操作种类及其数量(操作负担);

②时间、距离的损失(损失量);

③仍残存的危险的大小(残存危险)。

避让所用操船量的大小和由此产生的时间、距离损失之间处于相互成比例关系的状态,并且实际避让所产生的时间和距离损失还没有在航运界引起重视,因此,在评价时可不考虑损失量。

残存危险定义为某种避碰操纵的通过距离的函数。把完全碰撞定义为1,把具有充分驶过且不侵入一定领域之内的情况定义为0,在0和1之间定义为与驶过距离成比例的一次函数。另外,当进行了某种避碰操纵时,两船驶过并让清的时间裕度的大小也是一个表示残存危险大小的因素,并设若到达两船最接近点之前的时间裕度大于或等于600 s,其危险性为0,则对一次会遇,当进行了某种操纵 X_{ij} 后仍然残存危险的大小 $R(X_{ij})$ 如下:

$$R(X_{ij}) = \max\{R_x, R_y\} \times (1 - TCPA/600)$$

操作负担:相关文献认为,在避让他船时,若采取较小的改向或较小的变速量就能避免危险的话,则操船者所感觉到的操作负担比较小,其价值也比较高;相反,若不进行大的改向或大的变速就不能避免危险,操船者所感觉到的操作负担也就比较大,对该种操作感到的价值也比较低,因此,对操作负担用指数函数权重评价操作负担,权重为 W_{ij},则避让操船空间闭塞度为:

$$BC = \frac{\sum_i \sum_j R(X_{ij}) \times W(X_{ij})}{\sum_i \sum_j W(X_{ij})}$$

其特点是使用了闭塞度的概念,并将避碰操作负担、避碰损失及残存危险综合考虑。存在的问题是未考虑两船不同速度比等因素对操纵种类及数量的影响。另外,在避碰操纵中,让路船驾驶员通常认为所采取的首次避碰行动会使碰撞危险降低为零,即未考虑残存危险问题。

今村绅也根据船舶操纵性能研究了在交通密集水域船舶所保持的闭塞领域问题。其研究的方法是根据船舶的运动轨迹方程进行的。

以闭塞度或困难度方法作为船舶避碰危险度的方法是由日本学者最先提出的。在日本学者的文献中,闭塞度与闭塞领域是完全不同的两个概念,闭塞领域一般与船舶领域同义,而闭塞度则一般指他船或碍航物存在使本船的运动或操纵性能受到限制的程度。从严格意义上讲,日本学者研究操船空间闭塞度时并不指避碰危险度,它是一个与碰撞危险度密切相关的概念。因为若一船受他船或碍航物限制的程度越大,相应的避碰操纵就越困难,当然发生碰撞的可能性也越大。

(4)参考文献[120]提出了以距离表示危险度的方法,给出的计算关系式为:

$$D_{st} = \sum_{i=P_{max}}^{S_{max}} \{(L_c - dist_{ti}) \cdot \Delta C_{ti}\}$$

式中,D_{st}——对所采取的避让操船方法 i 在 t 时间时所在位置的危险程度;

$\quad\quad L_c$——注意到他船避碰危险度开始时的两船距离;

$\quad\quad dist_{ti}$——对所采取的避让方法 i 在 t 时间开始后与他船的最近会遇距离;

$\quad\quad \Delta C_{ti}$——对所采取的避让方法 i 在 $(t+1)$ 时,避让开始时间 t 后本船和他船两船位的距离;

$\quad\quad t$——避让开始后的经过时间;

$\quad\quad i$——在避让方案集中所确定的避让方案;

$\quad\quad P_{max}$——可采取的最大左转向角度;

$\quad\quad S_{max}$——可采取的最大右转向角度。

虽然将该方法列入确定碰撞危险度的方法中,但从严格意义上讲,中村绅也、小濑邦治的研究是为了评价各种避碰方案的优劣,确定最优避碰方案。

(5)多因素确定碰撞危险度。有许多学者提出了利用多因素确定碰撞危险度的设想,但没有提出具体确定碰撞危险的方法[75,33,51]等。参考文献[10]提出碰撞危险度 CR 是诸多因素的函数,表示如下:

$$CR = f(DCPA, TCPA, d, v_k, q_k, a, b, c, e, f, g)$$

式中,d——两船初始速度;

$\quad\quad v_k$——相对速度;

$\quad\quad q_k$——来船与我船航向交角;

$\quad\quad a$——能见度情况;

$\quad\quad b$——通航密度;

$\quad\quad c$——航行障碍物情况;

$\quad\quad e$——来船尺度及操纵性能;

$\quad\quad f$——我船尺度及操纵性能;

$\quad\quad g$——风流影响。

屠群峰[33]认为碰撞危险度 R 为:

$$R = f(Q, D, DCPA, TCPA, 航行条件, 人为因素)$$

式中,Q——目标船相对方位;

$\quad\quad D$——采取避碰行动的两船的距离。

上述两人提出的模型反映了确定碰撞危险度时应该采取多因素并采取合适方法确定的基本思想。

(6)井上欣三[50,121]设定船舶间相互驶近的情况,通过模拟和问卷调查,获得了引航员和船长的主观碰撞危险度,并利用回归分析方法,得到了当两船相互接近时船长或引航员主观碰撞危险度定量模型。

他在问卷中设定了规则规定的四种会遇关系,交叉相遇分别为他船从左、右舷来船两种情况,其中他船从右舷驶来分为三种角度,即 45°、90° 和 135°;他船从左舷驶来也分为三种角度,即 45°、90° 和 135°。调查问卷中引航员操纵的船舶从 300 ~ 150 000 总吨分

为八种,船长操纵的船舶分为七种。通过回归分析,得到的回归式为:

$$SJS = \alpha(R/L_m) + \beta$$

式中,SJS——随他船接近,操船者感觉到的危险感大小;

R——与他船的相对距离 = 到碰撞时的时间 × 相对速度;

L_m——会遇两船的平均船长;

$\alpha = f(L_m), \beta = f(L_m)$。

最后通过分析获得了系数 α、β 的值。

对所设定的各种会遇关系, $\alpha = 0.0019 \times L_m$。

β 值随各种会遇关系及引航员和船长的数值为:

对引航员的危险感:

与右舷来船交叉会遇时: $\beta = -0.65\ln L_m - 1.15$

与左舷来船交叉会遇时: $\beta = -0.65\ln L_m - 1.35$

对遇时: $\beta = -0.65\ln L_m - 0.1$

从正后方追越他船时: $\beta = -0.65\ln L_m - 0.1$

对船长的危险感:

与右舷来船交叉会遇时: $\beta = -0.65\ln L_m - 2.07$

与左舷来船交叉会遇时: $\beta = -0.65\ln L_m - 2.35$

对遇时: $\beta = -0.65\ln L_m - 2.07$

从正后方追越他船时: $\beta = -0.65\ln L_m - 0.85$

其确定碰撞危险度的优点是:基于引航员或船长实船操船的大量问卷调查样本,确定了在特定会遇态势下主观碰撞危险度数值,确定的结果具有一定的权威性;考虑了不同驾驶员对特定会遇局面主观碰撞危险度的差别。其存在的问题是:确定的模型及获得的主观碰撞危险度具有一定局限性。主要表现在:问卷调查的仅是船舶进出港及港内航行的情况,这与船舶在正常航行时的状态及采取的速度是不同的。

(7)陈君义[125]认为,碰撞危险有三种判断方法:其一是计算本船与他船航向交点的时间,若两船同时到达航向交点,则存在碰撞危险;其二是分析两船间距离,若两船间的距离为0,则存在碰撞危险;其三是分析他船舷角变化,若他船舷角变化不大,则存在碰撞危险。该种方法仍是 $DCPA$ 和 $TCPA$ 的综合。

2.1.3 ● 宏观船舶碰撞危险度

宏观船舶碰撞危险度所表示的是在环境、人、交通特性等相互作用下,特定水域发生船舶碰撞危险的可能性。该方面的参考文献较多,因此对文献中的研究成果内容不一一详述,只根据研究方法及内容等进行归纳和综合分析。根据研究方法的不同,其大致可归纳为如下几种。

2.1.3.1 着眼于避让失败概率的方法

这是最早提出的方法,相应的模型也比较多。在该类模型中使用实态观测、调查等方法,研究特定水域内的船舶交通流特性。涉及的交通流特性包括:不同方向的交通量、船舶密度、船舶的速度分布、船型构成分布等要素。在首先从船舶会遇几何角度定义船舶碰撞的前提下,根据特定水域交通流特性调查结果,计算所定义船舶碰撞的发生概率,并将这种概率作为该水域中船舶交通流发生潜在碰撞的危险度。在确定不能避让发生碰撞概率的前提下,将该概率与潜在碰撞危险度概率两者的乘积定义为该水域的碰撞概率。这种方法借鉴了道路交通事故分析领域中的交通冲突方法[126]。

(1)藤井弥平[127,128]的模型借用气体分子运动理论,把航行船舶视为运动的气体分子,按照几何关系计算出了潜在碰撞概率(称为几何碰撞概率)。通过对许多水域中碰撞事故数据的分析,发现潜在碰撞概率与实际碰撞概率的比值不论在哪个水域都几乎为一定值,由此提出了以该比值作为碰撞概率的推测模型。另外,Macduff[129]、Lewisson[130,131]和 C. Van der TAK 与 J. A. SPAANS[168]也都进行过同样的研究。总体而言,他们的研究反映出:水域不同,碰撞概率也不同。再有,有的学者将几何碰撞概率视为要求避让操船的概率,同时为了求出包括多船会遇在内的避让概率,通过程序化,利用避让概率指标,来表现水域的碰撞危险度[136]。

(2)原洁[137,138]根据船舶交通流的时间特性,即船舶随机到达的泊松流和船舶避让行为统计规律特性,亦即避让时间服从负指数分布,并考虑交通条件、地形条件、船舶条件、自然条件的同时,利用排队论,建立了碰撞概率计算模型。一般情况下,船舶实施转向、减速等避碰操纵需要一定的时间,它与水域的地形条件、船舶状态和操纵性能有关,将船舶单位时间内能够实施避让服务的他船数 u 定义为避让能力。当船舶与他船会遇时,驾驶员需要对会遇状态收集数据、做出判断,加之采取避碰行动需要一定时间,因此,一般需要他船等待接受服务。设让他船等待时间为 ω,对于 $\rho(\lambda/u) < 1$ 的稳态交通流,利用排队论理论,可使他船等待 ω 时间的概率密度为:

$$P(\omega) = (1 - \rho)\lambda e^{-u\omega(1-\rho)}$$

其中:λ 为单位时间内需要避让服务的平均次数。

若计 C 为使他船等待而不发生碰撞的事故的时间上限值,则发生碰撞事故的概率 $P(\omega > C)$ 为:

$$P(\omega > C) = \int_C^\infty P(\omega)\mathrm{d}\omega = \rho e^{-uC(1-\rho)}$$

上述所得到的是一次会遇中的碰撞概率,根据一航次中的会遇次数可得到每一航次的碰撞概率。

在上述模型中,可以加入避让动态及失败概率,具有可以考虑航路弯曲和多船会遇等影响的优点。

(3)Kwik[139,140]建议的模型考虑了船舶周围具有一定形状的领域,认为船舶交通流特性与会遇船舶驾驶员或船长的避碰行为是影响碰撞事故的重要因素。在其模型中,用于计算会遇率的基本参数有:交通密度(包括空间密度和时间密度)、交通流向和速度、交通流型式以及空间分布。描述操船行为的参数主要有:操纵避让行动的时机、方式、幅度及其分布等。而避让所需要的操纵方式是由会遇状态、船舶静态和动态特性参数、可航水域空间等所决定的。在综合交通流特性参数及操船行为参数的基础上,确定了特定水域的碰撞危险度。该模型的特点是:在求出避让航迹的过程中可以考虑船舶的操纵能力、环境因素的作用等。

(4)Degre 和 Lefevre[147]引入了"操船余度"的概念,并进行了评价碰撞危险度的尝试。这个概念意味着船舶在速度和航路上没有受到任何限制的状态,并将其作为评价航行危险度的指标。他们探讨了在多佛尔海峡不同航行方式对碰撞危险度的影响。

(5)喜多秀行等开发了名为"OSHICOP"的模型,属于这种模型的有参考文献[149、150]所提及的模型。该模型着眼于避让行动指标之一的开始采取避碰行动的两船距离分布,并由实态调查结果予以鉴别(平均值与方差是船型和船速所决定的正态分布),根据在由船型等所确定的避让时机之前开始避让,而不能避开的概率作为碰撞概率。该模型与日本主要航路的碰撞事故实况和模型的结果进行了比较,具有较好的一致性,并且有某种程度的说服力和空间转移的可能性。另外,该模型在制作中已注意到要能够容易讨论航路特性和交通特性的变更给碰撞概率带来的影响,因此具有较高操作性的特点。目前,对航路拓宽或实行船舶定线制或限制船舶最大速度、最大船型等限制性办法,对于降低碰撞事故概率的效果也可进行定量处理[148]。

以上都是计算船舶相互碰撞危险度的模型,但若来船速度为零,则成为本船与静止或海洋结构物的碰撞危险度模型。

藤井弥平以明石海峡内碰撞试验事故数据和狭水道内事故数据为基础,求出了船舶对固定碍航物进行避碰失败的概率,并按照与前述同样的思路,提出了推测船舶碰撞海洋结构物概率的方法[151]。

喜多秀行的模型根据实态观测调查,也引入了船舶对横跨航路桥梁、桥墩初始避让距离的分布和在航路上航行船舶的方位角分布的概念,并由此建立了预测船舶碰撞横跨航路桥梁、桥墩碰撞次数的模型[152、153]。

(6)Goodwin 和 Kemp[154]从事故统计、地形和交通数据出发,根据浅滩单位宽度计算搁浅概率,并认为与结构物碰撞的推测概率为航线上结构物存在的概率与单位宽度航线上碰撞结构物概率的乘积。

以上都是以避让失败概率为基础的船舶碰撞危险度确定方法。

2.1.3.2　着眼于不可控制概率的方法

严格讲,这种方法已超出船舶碰撞的研究范围,而主要研究船舶碰撞海洋结构物的危险度。在这类研究中,将位于海洋结构物附近的船舶由于某种原因而失控的概率定义为不能控制概率;将失控船舶继续向结构物行驶的概率定义为继续航行概率,并据此求碰撞概率,这种方法属于 Macduff 的方法[129]。

(1)Larsen[155]将上述两种概率命名为因果概率和几何概率,介绍了将位于航路中的桥墩作为对象,并从过去的研究中求出前一个概率;在原因发生之后,根据在各个方向上行驶的概率都相同的假设及从原因发生地点相对于航路横桥的相对位置求出后一种的概率。

(2)Kristiansen[156]也基于过去的研究成果,计算了船舶碰撞结构物和搁浅不可控制的概率,在其模型中考虑了视野不良对增大危险度的影响,并推导出了在一定期间内发生事故次数期望值的公式。此外,Furnes 和 Amdahl[157]也采用了同样的办法。

(3)上述两种模型只是计算碰撞出现的概率和预期碰撞次数,主要目的是确定碰撞出现的频率,但关于碰撞的性质等问题则根本没有涉及。与之相反,Thoft-Christen 和 Nilsen[158]着眼于碰撞给结构物带来的负荷的大小,并在将碰撞发生的过程设定为泊松分布过程的条件下,提出了确定至碰撞为止的初期超过时间及其期望值和再现时间的方法。

2.1.3.3　基于最佳避让操纵的方法

在特定水域内航行的船舶,从整体上可认为各船都进行了最适当的避碰行动,在这种前提下求出可能出现的避让航向,并算出与该避让模式相对应的碰撞危险度。

Skjong 和 Mjelde[164]以数艘船舶航行在设有数个海上结构物的特定水域,建立了数学模型。其做法是把本船与来船之间接近速度(Radial Velocity)的大小定义为两船间的碰撞危险率,并根据船舶采取避碰行动的结果应使碰撞危险率总和为最小的假设,求得采取避碰行动的航向。将求得的航向作为差分博弈最佳控制问题的解予以定型化,并提出了求解的方法。根据该模型,如果输入船位和船速、最小旋回半径和推力数值,就会得到船舶相互间或者船与海上结构物之间的最接近距离和碰撞危险度。

另外,基于最佳避让操纵与模拟模型组合求碰撞危险度的方法也较多,如今津隼马[95]模型等。该方法也可用来评价整个水域的碰撞危险度。

2.1.3.4　使用故障树分析(FTA)方法

上述 2.1.3.1 ~ 2.1.3.3 中使用的方法基本上是根据特定水域船舶与碰撞对象的相对位置关系而确定碰撞危险的方法。与此相反,故障树分析方法以碰撞为条件,在给定的环境中,定量、定性地研究各个原因对碰撞结果所带来的影响。

属于这类模型的有 Östergaard 和 Rabien[165]、Drager[166]、上野修一[167]的模型,这些模型考虑的因素较多,比如可以把航路上有他船存在、雷达故障、不适当的变速、会遇两船向同一方向避让、避让操船较晚之类的情况考虑进去。

在 FTA 中,有概率重要度和临界重要度两个重要度的概念,其特点是通过计算每种情况最小割集的重要度,易看出对发生碰撞影响较大的原因和首先应改善的因素[169]。

　　总之,若不考虑宏观碰撞危险度,对微观碰撞危险度而言,应充分考虑多种因素[93],并采取合适的数学方法建立模型。所建立的模型基本反映船员对碰撞危险的认识,又符合船舶会遇的客观情况;基本反映不同因素对碰撞危险度影响的实质。

2.2　船舶领域的研究

　　船舶领域是船舶避碰研究的重要内容,是为保证船舶航行安全而在船舶周围存在的避免他船进入的领域,是衡量船舶之间安全性的标准之一,可作为驾驶员航行中的参考参数。船舶领域自提出以来,国内外的相关学者对其进行了一系列的研究,取得了一系列的研究成果,本书对船舶领域的相关研究成果通过教育部科技查新工作站(L05)进行了查新。查新检索的数据库包括国内《中国学术期刊网络出版总库》等 11 个库,国外 Science Citation Index Expanded (SCI-E)、Engineering Village Compendex (EI)等 10 个库,检索到的相关文献 200 余篇,其中密切相关的 50 余篇,根据查新结果对文献进行了如下综述。

2.2.1 ● 固定形状大小的船舶领域模型

2.2.1.1　基于交通调查和交通观测的统计船舶领域模型

　　船舶领域定义首先由日本海上交通工程学者藤井[169,170]受道路交通工程研究的启发,在研究水道的交通容量时,针对船舶航行的特点而提出。为保证船舶航行安全,在船舶周围存在一个避免他船进入的安全领域,定义为船舶领域,并给出其定义为"绝大多数后继船舶驾驶员避免进入的前一艘在航船舶周围的领域",对其边界的选取为"当密度均匀的交通流通过一条航道中的一个障碍物时,在障碍物周围密度达到最大值的点为障碍物的领域边界"。藤井[169]对通常航行条件下被追越船舶的领域尺度和狭窄水域的领域尺度进行了研究。他通过长期以来多次观察日本沿海水道的交通实况,得出了船舶领域的形状为椭圆的结论,大船的领域尺寸为:长轴为 7 倍船长(L),短轴为 3 倍船长;通常航行条件下被追越船舶的领域尺寸为:长轴为 $8L$,短轴为 $3.2L$;当航行在需要减速的港口内部和狭窄的海峡时,船舶领域的尺度减小到:长轴为 $6L$,短轴为 $1.6L$(图 2-8)。他认为船舶领域的具体尺寸与船速、船舶长度、能见度、密度和潮流等因素有关。

　　后来 Goodwin[171]进一步将船舶领域定义为:"任一船驾驶员想要保持的本船周围避免其他船舶或固定物体进入的有效率领域。"Goodwin 在北海南部水域进行海上交通调查和在伦敦帝国理工学院雷达模拟器上利用船员培训机会做避碰试验,研究了开阔水域即大海情况的船舶领域模型。确定领域边界时首先根据原始数据求得每一时间点以任何一船为中心的其他船舶的距离和相对方位,然后绘制每一时间点以该船为中心的他船船

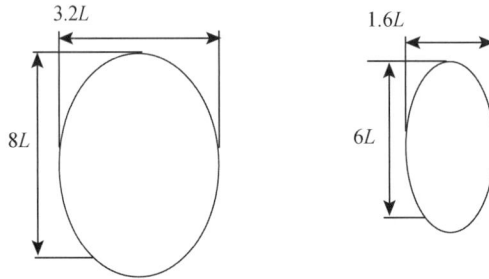

图 2-8 藤井的船舶领域模型

位分布图,接着再把各时间点的他船船位分布图重叠在一起,获得以该船为中心的他船在任何时刻的船位分布图,再将航迹分布图中航迹密度最大处和最小处的中间密度与平均密度相等处作为船舶领域的边界。Goodwin[171]根据北海南部水域海上交通观测数据统计得到了四个不同海域类型的船舶领域尺度和在某密度大小下的船舶领域尺度,模型重点考虑了《国际海上避碰规则》对船舶避让行为的影响,得到的船舶领域的几何图形不是对称的。其将船舶领域按船舶的号灯范围划分成 3 个扇区,三个扇区的长度分别为 0.45 n mile、0.7 n mile 和 0.85 n mile(图 2-9)。其总结的船舶领域影响因素包括驾驶员主观因素、船舶客观因素和交通环境客观因素。

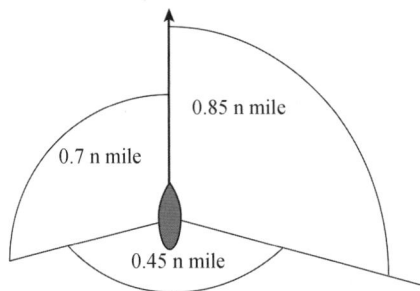

图 2-9 Goodwin 的船舶领域模型

藤井的定义是以让路船的角度提出的,反映了让路船驾驶员的主观意愿;而 Goodwin 的定义是以中心船角度提出的,反映了中心船舶驾驶员的主观意愿。他们对船舶领域边界都是根据中心船舶周围的船舶密度变化来选择,根据定义的船舶领域边界统计得到了不同水域类型(狭窄水域和开阔水域)、不同会遇局面(追越和不同会遇局面)的船舶领域,确定了船舶领域的大小和形状,并对某些因素在不同因素值下的船舶领域大小进行了研究。藤井和 Goodwin 对船舶领域的研究奠定了船舶领域理论的基础。

2.2.1.2 基于交通调查和交通观测的统计船舶领域的发展

以藤井和 Goodwin 的研究为基础,英国学者 Davis[172,173]等、荷兰学者 Van-der Tak[174]等和英国学者 Goldwell[175]进行了进一步的研究。Goodwin 船舶领域模型边界为不连续的扇形,应用不方便,Davis 针对这个问题对 Goodwin 模型边界进行了平滑改进。其将 Goodwin 模型平滑为圆形,且通过改变中心船的位置使获得的三个扇形仍保留平滑边界前的大小比例。Van-der Tak[174]等在利用船舶领域模型计算船舶会遇和会遇率以评估海上交通危险标准时将领域形状仍定为椭圆,但将中心船位置向后移动且使船首向左偏转1°角度,使得中心船右舷、左舷和尾后的三个领域部分的面积大致与 Goodwin 领域的三个扇形面积成比例;并根据船舶的操纵性,驾驶员资历、心理因素、反应时间和环境,确定不同吨位、种类的其他船舶的领域的乘法因子,这样就可获得各种船舶的领域尺寸。英国学者 Goldwell[175]在研究受限水域中的海上交通行为即船舶行为时,建立对遇情况的船舶领域模型,并证实了藤井建立的追越情况的船舶领域模型。Goldwell 进行海上交通观测的水域是英国一个河口处海上航道,故多数的船舶会遇情况为对遇和追越。根据所得数据进行处理之后,Goldwell 建立的对遇情况下的船舶领域模型是中心船向左偏移的半个椭圆,而追越情况下的船舶领域模型确实是中心船位于领域中心的椭圆。从以上我们可以看出中心船船首向两侧领域大小不同即右舷领域部分大于左舷领域部分,表明《国际海上避碰规则》要求对遇船舶各自向右转向的规定确实对船舶的避让行为产生重要影响。

Davis 使得 Goodwin 模型具有几何不对称的特点,在实际应用中显示出优越性。Van-der Tak 将藤井和 Goodwin 的船舶领域模型的各自优点结合,模型中考虑了部分的影响因素。Goldwell 则对受限水域内会遇局面对船舶领域的影响进行了研究。

2.2.1.3　基于问卷调查的统计船舶领域模型

文献[176]对船舶驾驶员的避碰行为进行了问卷调查,通过对调查数据的统计分析和处理,得到了船舶在开阔水域中安全会遇距离的结果为近似的椭圆。该椭圆长轴为 0.9 n mile,短轴为 0.75 n mile,短轴向下偏移 0.25 n mile。文献[177]利用调查问卷的数据对船员主观的安全领域进行了研究,主要研究了船舶大小和会遇局面与船舶领域的关系,并取船舶领域平均值作为该文献所研究航段船舶领域大小,得到的船舶领域纵向距离为 3.94 倍,左右横向距离为 3.14 倍的船长。

基于问卷调查的统计船舶领域模型与藤井和 Goodwin 确定的模型的数据来源不同,思路类似,是对数据进行统计得到某水域内船舶领域的大小和形状。

2.2.1.4　基于 AIS 数据的统计船舶领域模型

船舶自动识别系统(Automatic Identification System, AIS)具有强大的记录船舶动态、静态信息的功能,其数据可以较有效地应用于船舶领域的研究,被越来越多的学者采纳[178,179]。文献[178]提出了一种基于 AIS 数据的受限水域船舶领域计算方法,该方法将船舶周围的水域网格化,利用 AIS 数据统计目标船舶周围网格内的他船频数,并将相同类型的目标船舶网格频数叠加,从而得到了受限水域内船舶领域形状为不规则椭圆,且船舶领域长度与船舶长度的比值并非为定值,不同种类船舶的船舶领域长轴与船首向之间存在偏转。文献[180]利用 AIS 数据对桥区水域与穿越水域内驾驶员认为舒服的船舶领域进行了研究。其确定船舶领域形状与大小的方法是通过统计水域内任一船与其周围船舶的距离,得到的领域形状为椭圆;通过对驾驶员认为舒适的狭窄水域和穿越水域内的船舶领域长度进行统计,得到了椭圆形的驾驶员认为舒适的最小船舶领域长度;通过统计追越或平行通过船舶的最近会遇距离确定了椭圆形船舶领域宽度。文献[181、182]利用实船仿真的方式对航道分隔带中紧急情况下的追越船舶领域模型进行研究。文献[183]利用 AIS 数据对会遇船舶中让路船采取避让行动和未采取避让行动时与中心船的最近会遇点分布进行了统计,并通过定义避让度的概念得出模糊船舶领域的边界。得到的船舶领域的形状近似为向右倾斜的椭圆。文献[184]利用 AIS 数据通过统计的方法对开阔水域内不同类型船舶和不同尺度船舶的船舶领域进行了统计。

基于 AIS 数据的统计船舶领域模型研究涉及的水域类型更广泛,例如增加了桥区水域、穿越水域和航道分隔带。计算领域的方法提出了通过将目标周围的领域网格化,统计网格频数[179],并发现了船舶领域随船舶类型偏转和随船舶长度的变化规律。

这些船舶领域的表示方式为固定的形状,模型中考虑不同的影响船舶领域的因素,对船舶领域随其影响因素的变化是通过统计方法得到的某些容易获得数据的因素,例如海域类型、密度、船舶大小和船舶速度等,得到的是某个因素在某几个值下的船舶领域大小。而实际船舶领域的确定应该是全部影响因素共同作用的结果,所以统计方法得到的船舶领域随其某些影响因素的变化在实际中的通用性、灵活性较弱,对数据的依赖性较强,但对整个水域的管理具有应用价值,且较容易获得。

2.2.2 ● 动态解析船舶领域模型

动态解析船舶领域模型可分为受限水域内的动态解析船舶领域模型和基于船舶避碰的动态解析船舶领域模型。

2.2.2.1 受限水域船舶领域模型

文献[185]提出了应用于受限水域航行安全判定的经验船舶领域模型,该模型利用分析的方法建立,主要考虑了船舶周围不同方向上速度对领域的影响。贾传荧[186]对狭窄水道,特别是小船众多的拥挤水域内的船舶领域进行了研究,其将船舶领域定义为以本船重心为中心的一个椭圆,其长短半轴分别与船长与船宽成正比,再分别乘以速度和与船速相应的比例因子,通过比例因子可以改变领域的尺寸。文献[187]讨论了内河航道的特点,如航道宽度、深度的限制,桥区航道净空高度或净宽不足,航道水流特点及航道情况复杂等;与海上船舶领域相比,内河船舶领域除受到二维平面内的安全威胁,还受到空间高度上的安全威胁。其针对内河航道的这些特点提出了内河船舶领域三维模型。模型的确定以船舶的运动特征为基础,分析船舶安全需满足的条件,从而通过实例推导计算得到三维船舶领域的尺寸。文献[188]针对水流条件对船舶航行的影响,考虑水流对船舶航行的作用及船舶航行中的实际操纵方法,以船舶受水流影响引起的偏航为研究切入点,分析水流对船舶领域的影响,从而进行修正,并分析首尾方向水流和均匀斜流对船舶领域的影响。文献[189]对内河并列桥区水域的船舶领域模型进行了研究,针对桥区水域船舶通过桥孔时,受到桥墩限制的特点,重点分析了桥区水域船舶领域短轴的取值,其确定依据为船舶与两侧桥间保持富余的安全通过距离。同样针对桥区水域的船舶领域,文献[190~192]对风、流、船速对船舶领域边界的影响进行了研究。其中,文献[193]从我国目前水运发展的实际需要出发,采用聚类分析数学方法对选定的水域收集得到的调查问卷数据分别进行计算,确定了几种不同典型水域、不同会遇关系的船舶领域模型。文献[194]提出了应用于受限水域的经验船舶领域模型,模型中主要考虑了速度对船舶领域的影响。文献[195]提出船舶常态航行行为、穿越行为、会遇行为及码头前沿作业行为等四种港口航道船舶行为,并基于经典船舶领域模型,对各类船舶行为特征领域尺度进行了理论分析。

受限水域内的船舶领域模型是根据船舶领域的定义,从船舶运动的角度分析船舶在不同的水域类型如桥区水域、水流条件下等,船舶安全通过时与其他障碍物之间需要保持的距离,利用船舶速度与距离关系推导计算出船舶领域与其某些影响因素之间的关系,主要考虑了部分船舶运动特征因素和部分对船舶产生作用力的因素,如速度、转向角速度、水流等,体现了船舶领域的客观性。模型具有确定的边界,模型表示方法为具体的大小和形状或领域与某些因素的关系表达式。

2.2.2.2 基于船舶避碰的船舶领域模型

文献[186、196]从船舶避碰过程中的碰撞危险度的角度,根据船舶的运动特征,分析船舶避碰过程中能够满足安全通过的条件,推导计算出船舶领域与其某些影响因素之间的关系。文献[196]将船舶领域的边界区分为交叉相遇、追越两种情况,并对两种情况下的领域边界进行了计算。交叉相遇时设两船接近到单一船的最有效行动刚好碰撞时,两船之间的距离加上1/2船长为船舶领域的边界。模型中考虑了船舶速度、会遇角度和船舶转向角速度。追越时的领域边界主要考虑了船吸作用的距离,其与船舶长度、追越船与被追越船的船速比和被追越船受排斥力后所驶航行与追越船航向的夹角有关。文献[197]给出了利用雷达上的船舶位置信息和船舶速度等运动信息计算船舶领域的方法,从而控制避碰行动。文献[198~200]提出一种六边形的船舶领域模型,模型中考虑了船舶速度、回旋参数等。文献[201]针对长江下游航道条件和船舶特性,基于道路交通工程中停车视距的概念,提出了航道中停船视距的概念;通过分析船舶制动加速度、速度与距离的关系,得到航道中船舶领域长轴取值为2.6~3.9倍船长,船舶领域长轴取值具有一定的速度敏感性。文献[202]根据动力学原理,推导出船舶制动减速过程表达式,在此基础上采用变量分离方法对制动距离进行积分求解,给出了船舶领域计算公式,并就其影响因素和具体应用进行了探讨。文献[203]在研究船舶碰撞危险度的基础上,建立了船舶动态避碰行动领域模型,其领域边界随碰撞危险度阈值的不同而变化。

基于船舶避碰的船舶领域模型多以船舶的操纵方程式为基础,建立船舶之间避免碰撞需保持的安全领域,或以分析的方法建立船舶领域与船舶操纵性因素之间的关系,模型中包含的因素多为船舶运动因素、船舶大小因素和船舶操纵因素等。

2.2.3 ● 模糊船舶领域模型

相对于确定的船舶领域边界,参考文献[204]认为实际航行中当估计的最近会遇距离($DCPA$)与安全的 $DCPA$ 相差很小时,驾驶员可能不会采取避碰措施,而"很小"是一个模糊的概念,因此提出了模糊船舶领域边界的概念;以估计的 $DCPA$ 与安全的 $DCPA$ 的差值为变量定义了模糊度函数,选择模糊度为 0.5 时的估计的 $DCPA$ 与安全的 $DCPA$ 的差值为模糊船舶领域的模糊边界,其边界为区域。与该模糊船舶领域的思路不同,PIE-TRZYKOWSKI[205,206]认为传统的船舶领域将船舶周围的领域划分为两个区域,区域内为危险领域,区域外为安全领域,但驾驶员可能将船舶周围的领域划分为安全、有点不安全和危险等区域。PIETRZYKOWSKI[207]在对开阔水域的船舶领域进行研究时定义了不同危险度下的船舶领域,即中心船周围不同方位上到中心船距离不同时对应的危险度不同,从而定义不同危险度下的模糊船舶领域模型。利用神经网络模型对实验数据和调查问卷数据训练得到输入变量与危险度的关系,从而确定模糊船舶领域模型,并对船舶长度、会遇角度对船舶领域的影响进行了研究。神经网络模型[208-211]对输入的数据进行知识发现,得到输入变量与危险度的近似值关系函数。利用相同的船舶领域与模糊船舶领域定义,PIETRZYKOWSKI[212]对狭窄水域内的船舶领域也进行研究,针对狭窄水域的特点,分析定义了危险度函数和不同危险度下的船舶领域,利用神经网络算法、回归分析算法等对实船模拟的数据进行分析,确定了狭窄水域的船舶领域模型,主要考虑了船舶转向速率对船舶领域的影响。PIETRZYKOWSKI 模型使得船舶领域模型与危险度的概念相结合,可以应用于危险度的判断;模型中考虑了部分的船舶领域影响因素,具有一定的动态变化特性。文献[179]利用 AIS 数据得到了将避碰与模糊船舶领域结合的模糊船舶领域模型。

文献[213]针对船舶领域的表示方法进行了改进,提出了建立船舶领域统一解析框架。该方法能够将不同的船舶领域表示成统一模式的数学表达式,而以往的船舶领域的表示方式大多是用不同的形状和尺寸来表示,用数学表达式的方式能够更具体地表示船舶领域并同时对形状和大小进行描述,使得领域模型方便于实践应用。在提出了船舶领域统一解析框架的基础上,文献[214]提出了建立四维船舶领域模型(Quaternion Ship Domain,QSD)和对应的模糊四维船舶领域模型(Fuzzy Quaternion Ship Domain,FQSD),并以解析表达式的方式对新模型进行描述。QSD 模型大小由四部分决定,包括船头部分、船尾部分、右舷部分和左舷部分,并以它们为变量定义船舶领域大小函数,通过形状参数确定领域形状。其中船头部分、船尾部分、右舷部分和左舷部分的估计方法是采用 Kiji-

$ma^{[215]}$的研究结果。FQSD 意义与 PIETRZYKOWSKI 提出的模糊船舶领域边界相同,但 FQSD 模型将空间碰撞危险度区分为左右和前后碰撞危险度两部分,并给出了两个危险度函数。模型中包含了部分船舶领域影响因素,通过变量变化使得模型具有动态变化的特性,同时将空间碰撞危险度定义为左右和前后碰撞危险度可以更加方便驾驶员做出判断。为了使模型中考虑的影响因素更全面,文献[216]提出了建立动态四维船舶领域解析框架(Dynamic Quaternion Ship Domain,DQSD),该模型在文献[214]的基础上加入了船舶操纵因素子模型、驾驶员操纵特性因素子模型和环境因素子模型,使得模型考虑的因素更全面,动态特征更明显。类似地,文献[217]在文献[214]的基础上加入了船舶操纵性因素子模型和人为因素子模型。

模糊船舶领域模型的确定仍是以统计和问卷调查的数据为基础,利用神经网络模型对输入的数据进行知识发现$^{[218 \sim 223]}$,得到输入变量与危险度之间的关系函数,从而估计给定输入的危险度。神经网络虽然能够建立输入与输出的非线性映射,但仍是一种黑箱的方法,并不能得到这种非线性关系的清晰表达,不能解释船舶领域与其影响因素之间关系的内在机理。

模糊船舶领域不只是将任一船周围的领域划分为危险和安全,而是将船舶周围的领域划分为不同危险度下的领域,将领域边界与危险度相结合,拓展了领域概念。

文献[224、225]对船舶领域的研究成果进行了综合比较,对现有船舶领域模型进行了分类综述和分析,对基于各类研究方法的主要研究成果及其主要特点进行了总结,阐明了船舶领域研究的核心思想和意义。

船舶领域自提出以来人们从不同角度给出了船舶领域定义和领域边界定义,利用不同的方法,针对不同的水域类型,得到了不同的领域模型,不同模型具有不同的表达方式和不同的形状。领域边界从确定边界变化为模糊边界,模型考虑的因素更加全面,领域模型逐渐发展为动态的个体船舶领域。船舶领域模型从定性和简单的定量研究逐渐发展为系统全面的深入研究,且更加方便于实际应用。

2.2.4 ● 研究中发现的问题

船舶领域作为海上交通研究的基础理论已经取得了很多重要研究成果,并且船舶领域已应用于碰撞危险度评价、通过能力计算、最优航迹设计和船舶自动化等领域。但船舶领域研究仍存在一些困难和需要解决的问题,其在实践中的应用还是比较简单的应用。对船舶领域的研究还存在以下几方面的问题:

(1)船舶领域影响因素很多,不同因素对船舶领域影响的大小不同,而已查阅的相关文献中暂没有对船舶领域影响因素对船舶领域影响重要性的比较分析,人们对这个问题的认识也仅是主观的认识,没有进行定量分析。对船舶领域影响因素的重要性进行分析与评价,确定不同影响因素的重要度,可为确定船舶领域时因素的选择和船舶航行提供参考依据。

（2）船舶领域的动态变化特性。船舶领域是驾驶员操纵的结果，但驾驶员的反应是以客观事实为基础的，驾驶员的操纵决策受到很多因素的影响。所以船舶领域受到很多主观和客观不确定性因素的影响，而船舶领域随其影响因素的变化是动态的。在不同的条件下，针对不同研究目的、不同的水域类型等，船舶领域随其影响因素的变化都可能存在差异。

（3）船舶领域模型精确性。船舶领域模型的建立大多不是通过对船舶领域形成过程的描述，或利用船舶领域与其影响因素之间的因果关系建立模型。船舶领域与变量（影响因素）之间的关系的确定多以统计为主，或在确定船舶领域模型时只考虑了船舶领域与某几个因素之间的因果关系。

（4）船舶领域边界选取的问题。目前对船舶领域边界的选取方法仍然为藤井和Goodwin在利用统计方法对海上交通实况确定船舶领域时的边界选取方法，但后继人们利用分析和实船试验的方法在确定船舶领域的边界时的边界选取目前并没有明确的定义和可以证明的与藤井或Goodwin边界完全一致的边界。

（5）船舶领域边界确定方法存在的问题。由于船舶领域与其影响因素之间的关系不能通过传统的计算得到，例如，实际船舶领域的确定不是距离与速度和时间的关系，也不是力与质量和加速度的关系，具有明确的因果关系，所以船舶领域主要通过统计和神经网络的方法确定。

（6）确定领域时，本船与不同大小或不同速度的他船会遇若均与他船保持相同的领域不合理。本船与速度小的他船会遇所需的领域应小于与速度大的他船会遇，船舶大小等因素同理。当确定模糊船舶领域时，本船与不同大小或不同速度等的他船会遇时，相同领域大小的危险度不同。

2.3 船舶避碰时机

在船舶避碰中，确定了船舶碰撞危险度后，或根据碰撞危险度的大小，船舶要确定第一次采取避碰行动的时机，使会遇船舶在安全距离上通过，达到避碰的目的。关于船舶避碰时机的研究文献很多[226~236]，根据对船舶避碰时机研究方法、内容及叙述上的方便，其大致可划分为以下几种。

2.3.1 ● 基于船舶领域的避碰时机

船舶领域是船舶行为研究的重要内容，取得了显著成果[92,98~102]。它被定义为：一船避免他船进入的围绕本船周围的一定范围的水域。

既然船舶领域是一船避免他船进入的围绕本船周围的一定范围的水域，则当他船与本船的 DCPA 值等于领域值前，本船或他船就应采取措施避开。基于这种思想，英国学者

Davis[241]在应用船舶领域研究的基础上提出了动界的概念。动界以船舶领域为基础,是驾驶人员进行避让决策和采取避让行动的空间区域,即本船采取避碰行动时机的判断标准。其后 B. A. Colley、R. G. Curtis 和 C. T. Stockel 认为[252]:Davis[241]的动界模型不能自动计算不同的速度,包括本船速度和他船的速度,更不允许考虑相对速度的连续变化。因此,其根据空中交通控制理论,通过计算两船距离与距离变化率的比值,认为当可用操纵的时间小于必要的时间标准时,应该采取避碰行动,即:

$$T_r > R/\dot{R}$$

式中,T_r——操纵所需时间;

$\quad R$——与目标船的距离(n mile);

$\quad \dot{R}$——距离变化率(n mile/min)。

为了使用这种时间标准,采取 $T_r = 10$ min。这对两艘速度为 16 kn 的船舶与 Davis 提出的动界模型相符。对于交叉相遇局面,最晚行动时机为:

$$R_s = \frac{(u + v)}{60} \times \frac{90}{\dot{\Psi}}$$

式中,u——本船速度;

$\quad v$——目标船速度;

$\quad R_s$——最晚操纵安全距离;

$\quad \dot{\Psi}$——转向率(degrees/min)。

若以 $(u + v)/60$ 代替 R 且 $90/\dot{\Psi}$ 认为是所需的时间,船员反应时间为 0 时,在直航情况下有:

$$T_r = \frac{(90 + A)}{\dot{\Psi}} + T_d$$

式中,T_r——所需的时间;

$\quad A$——导出的角度;

$\quad T_d$——舵对操纵的延迟时间。

当两船速度接近,本船在被追越情况下,上述模型不适用。为解决这一问题,在模型中不采取两船间距离,而是采用他船到本船领域边界的距离。因此,新的模型为:

$$T_r = (R - R_d)/\dot{R}$$

以适应用船舶领域确定船舶的避碰操纵时机。

2.3.2　基于避碰行为统计方法的避碰时机模型

这种研究方法的特点大多是基于调查问卷、模拟或观测等方法,获取在一定会遇局面下船员的避碰行为数据,采取统计、回归或模糊数学方法分析,研究避碰时机问题的。

吴兆麟和王逢辰[253,254]于 1985 年通过向我国广大海员发放"海上避碰实况调查表",

取得了 202 次避碰数据。通过统计得到:在对遇局面中在距离目标船 3 n mile 以内采取行动的频率只有 14.2% ,而在 3~6 n mile 采取避碰行动的却占 67.4% ;在交叉相遇时,在距离直航船 3 n mile 以内采取行动的频率增至 37.2% ,而在 3~6 n mile 采取行动的减至 48.6% ;追越局面中的避碰行动有 89.3% 是在距被追越船 4 n mile 以内采取的。互见中行动距离的统计分布峰值在 3~4 n mile。

孙立成[255]通过对 54 位驾驶员的避碰行为调查,也进行了直接的统计分析。

海宇(译)[256]介绍了英国汉普郡沃什海运学院用模拟器实验研究船舶避碰操纵的结果。模拟器被设定为一艘杂货船,其排水量为 18 000 t,能见度为 6 n mile,会遇发生在开阔水域上,来船处在稳定的方位上。其接近角度有两种:正前方 17.5° 和右前方 35°;相对速度有两种:16.2 kn 和 30.0 kn。结果为:最小值为 2.0 n mile;最大值为 9.7 n mile;平均值为 4.6 n mile;方差为 1.6。在本书中还分析了个体差异对避碰行动时机的影响。

福户淳司、沼野正义等[257]认为:该模拟实验主要是针对高速船舶进行的。实验的人员是 9 名具有高速船操纵经验的船长及 1 名普通的船长共计 10 名被实验者,实验的地点设在公海且交通密集的水域。船舶沿直线行驶的情况下,通过实验者对避碰对象船选择研究,最后得到了船舶速度和避让开始距离及 TCPA 的关系,具体数值见表 2-3 和表 2-4。

表 2-3　船速、避让开始距离及 TCPA 关系表

实验船速(kn)	避让开始距离(m)	平均 TCPA(s)	最小 TCPA(s)
45	550	22	16
35	350	18	14
25	350	28	16

表 2-4　会遇关系、避让开始距离及 TCPA 表

会遇关系	避让开始距离(m)	平均 TCPA(s)
对遇局面	650	24
追越局面	450	23
交叉(左)	650	24
交叉(右)	550	20

原洁[258]采用大阪大学 SR151 操船模拟器。驾驶员为实船上有航海经验的 A、B 两人,担当不同的系列。所操船舶的数据使用了超大型油船(ULCC)、高速货船及航向不稳定范围为 5° 的船舶;初发现时机系列使用了航向稳定的船舶。在实验中驾驶员采取的避碰行动以转向为主。通过对实验数据进行重回归分析,得到下面结果:

$$D_f = -984 + 0.316 D_r + 690\tau / t_s$$

式中,D_f ——结束避让返回原航向时的相对距离;

　　D_r ——避让开始时两船距离;

　　τ ——避让开始时机(时间);

　　t_s ——避让持续时间。

参考文献[258]还分析了初发现他船时刻及会遇角度对避让动作等的影响。

参考文献[259]认为关于避碰时机最具代表性的研究应该当属 J. D. Holmes。他根据在北海南部和多佛海峡进行的海上资料和在伦敦帝国理工学院雷达模拟器上做避碰实验所获得的数据,在进行统计的基础上,进行了多元回归分析。研究的主要目的是确定驾驶员采取避让行动时机的时间和两船间的距离。在其研究中选取了11个自变量和8个因变量。

自变量如下:

(1)中心船的识别码;

(2)模拟器联系编码;

(3)海区类型;

(4)中心船所在海区的威胁船数目;

(5)中心船的最大速度;

(6)中心船的总吨位;

(7)中心船驾驶员海上经历的长短;

(8)中心船在做出第一次避碰决策(TFD)时的速度;

(9)在 TFD 时最大威胁船的速度;

(10)在 TFD 时最大威胁船的方位;

(11)在 TFD 时最大威胁船到这些船与中心船航向交点的时间。

因变量如下:

(1)在 TFD 时中心船到最大威胁船的距离;

(2)在 TFD 时中心船到最大威胁船与中心船航向交点的距离;

(3)在 TFD 时中心船到最大威胁船与中心船航向交点的时间;

(4)在 TFD 时中心船到最大威胁船的间接距离(通过最大威胁船与中心船航向交点);

(5)在 TFD 时最大威胁船到中心船领域边界的距离;

(6)在 TFD 时最大威胁船到中心船领域边界的时间;

(7)在 TFD 时中心船和最大威胁船到中心船与最大威胁船航向交点处的时间差;

(8)中心船驾驶员采取避让行动的种类。

通过多元回归分析得到的回归方程如表2-5所示。

表 2-5　回归方程

数据来源	因变量	回归方程		
开阔水域模拟器	间接距离	他船时间	他船速度	方位
		$y = -1.982\,0$	$+0.191\,8x_1$ $+0.502\,6x_2$	$+0.021\,3x_3$
直布罗陀/多佛尔海峡模拟器	间接距离	他船时间	他船速度	海上经历
		$y = 0.623\,6$	$+0.189\,8x_1$ $+0.215\,0x_2$	$+0.032\,4x_4$

续表

数据来源	因变量	回归方程			
Sunk 观测数据	间接距离		他船时间	他船速度	本船速度
		$y = -1.2992$	$+0.2218x_1$	$+0.1241x_2$	$+0.0806x_5$
NMI 多佛尔海峡	间接距离		他船时间	他船速度	本船速度
		$y = -1.4052$	$+0.2884x_1$	$+0.1003x_2$	$+0.0729x_5$

郑中义、吴兆麟[261,263]在对船舶避碰行为进行调查的基础上,利用模糊集值统计方法获得了直航船对让路船随两船间距离采取第一次避碰行动的模糊满意度函数,及让路船随两船间距离采取避碰行动的可能性模糊函数,并根据专家、学者的推荐综合确定了船舶在交叉相遇局面中,第一次采取避碰行动时两船的距离。其特点是不仅考虑了海上避碰的实际,而且考虑了直航船驾驶员的心理活动,有利于避免在海上发生的船舶间不协调避碰行动。

2.3.3 ● 基于碰撞危险度的避碰时机模型

在这类研究中,船舶避碰时机与碰撞危险度直接相关。通常设定碰撞危险度的某个阈值,当危险度大于或等于该阈值时船舶即采取避碰行动。

参考文献[113]使用物元分析中的可拓集合方法,建立了表征会遇、危险和来船的物元,基于在危险达到一定程度时采取避碰行动的思想,建立了避碰时机模型。在其模型中建立表征会遇、危险和来船的物元,即:

$$R = \begin{pmatrix} encounter, DCPA, \langle a_1, b_1 \rangle \\ TCPA, \langle a_2, b_2 \rangle \end{pmatrix}$$

$$R_0 = \begin{pmatrix} risk, DCPA, \langle a_{01}, b_{01} \rangle \\ TCPA, \langle a_{02}, b_{02} \rangle \end{pmatrix}$$

$$r = \begin{pmatrix} target, DCPA, x_1 \\ TCPA, x_2 \end{pmatrix}$$

式中,$x_1 = DCPA_2$;

$x_2 = TCPA$;

$\langle a_1, b_1 \rangle$ 为 $DCPA$ 的值域,其他含义相同。

设船舶领域最大值为 D_s,根据领域边界的模糊性确定的模糊边界为:$FBD = 0.276D_s$ 。

$DCPA_0 > 0.724D_s$ 时不采取行动。

根据最危险时刻(TMR)与初始最近会遇距离 $DCPA_0$、D_s 与 t 时刻的 $TCPA_t$,建立关联函数为:

$$TMR = 0.4TCPA_t \left| \frac{DCPA_0}{DCPA_s} \right|$$

$$K(x_1) = 3\left(\frac{2}{3}\right)^{(x_1/DCPA_s)^2} - 2$$

$$\begin{cases} K(x_2) = 3\left(\frac{2}{3}\right)^{\left(\frac{x_2-1.5TMR}{TCPA_t}\right)^2} - 2, x_2 < TMR \\ K(x_2) = 3\left(\frac{2}{3}\right)^{\left(\frac{x_2}{TCPA_t}\right)^2} - 2, x_2 \geqslant TMR \end{cases}$$

$$K(x) = K(x_1) + K(x_2)$$

当 $K(x) = 1$ 时采取避碰行动,最后得到采取避碰行动的时机为:

$$AT = TCPA_t \sqrt{\frac{\ln\left[\left(\frac{5}{3}\right) - \left(\frac{2}{3}\right)x_1/DCPA_s\right]}{\ln\left(\frac{2}{3}\right)}}$$

参考文献[281~284]主要研究的是最佳避碰方案的确定。在确定最优避碰方案时,虽然考虑了避碰行动的效用、行动的损失,但更主要的是安全会遇距离 d。他们认为两船会遇危险评价值为:

$$u_c = (m_1 d + m_2 v_c)/R$$

式中,m_1、m_2 —— 常数;

　　　v_c —— 相对速度;

　　　R —— 两船距离。

在避碰中设定保证安全会遇的危险度阈值为 $\delta = 2.0$。当 $u_c \geqslant \delta$ 时采取避碰行动。

参考文献[85]根据 $DCPA$、$TCPA$、经验与规则确定碰撞危险度,当危险度达到一定程度时采取避碰行动。

原洁[73]以主观危险度(SJ)作为判断船舶碰撞危险的度量,并认为当船舶间的碰撞危险度大于或等于会遇一船驾驶员所容许的危险度(SJ^*)时,该驾驶员就会采取避碰行动。

岩崎宽希[43]、原洁[137]也是根据碰撞危险度确定避碰行动时机。其确定碰撞危险度的方法如前述,其设定的避碰操纵危险度阈值为 $J = 0$。

今津隼马、小山健夫在[283、284]两文献中采取了相同的标准确定避碰行动时机。

2.3.4　以时间或距离确定避碰行动时机

高祝江(译)[332]认为当他船继续航行将侵入本船领域时,设定在侵入本船领域前12 min 的时间标准作为本船的避碰行动时机。

李丽娜等[333~335]在确定本船避碰时机时,根据本船旋转90°的时间、转向避碰幅度、采取的舵角等而综合出本船距离目标船多远时采取避碰行动。这实际上也是根据距离确定本船采取避碰行动时机。

2.3.5 ● 以避让界限确定避碰行动时机

今津隼马等[336~339]所采取的研究方法相同,确定避碰时机的基本思路是:本船的避碰操纵需要一定时间,并且要保证会遇船舶之间安全通过。因此,需要设定两船的通过条件和时间条件。通过条件是两船不发生碰撞时,必须确保的最小限度的距离间隔,一般设定为圆或椭圆。时间条件是指从开始采取避碰行动到恢复原航向为止,确保与他船之间通过距离所需的时间。在设定本船与他船速度及航向误差情况下,根据本船采取的转向幅度、操纵性能、船舶大小等因素,研究避让界限(距离和时间)在被避让船周围360°方向上的分布情况。根据避让操纵所需要的时间界限,可推出本船采取避碰行动的时机为:

避让所需时间 = 避让界限所需时间 + 富余时间

2.3.6 ● 各种避碰时机模型分析

第一,根据船舶领域确定让路船避碰时机模型是早期避碰时机研究成果,这种研究在人体行为学的基础上,从"人-机"学观点证实了在船舶周围与人体周围一样存在一相对闭塞领域,这是海上交通工程研究的进步。但从其研究的根本目的看,并不是为了确定船舶避碰时机,直到 Davis 提出动界概念,才真正向船舶避碰时机方向转化。该种避碰时机模型基本属于单因素模型,即只考虑 DCPA 的模型,而且正如船舶避碰研究领域 Colly 所指出的那样,Davis 的动界模型不能自动计算不同的速度,包括本船速度和他船的速度,更不允许考虑相对速度的连续变化。而且在确定避碰时机时,没有考虑让路船的大小及操纵性能等对避碰时机的影响,也没有考虑直航船对让路船避碰时机心理方面的反映,因此对交通密集区域根本不适用。

Colly 的避碰时机模型较 Davis 的模型有了很大进步,一方面其所建立的模型能够自动计算不同的速度,包括本船速度、他船的速度和相对速度的连续变化;另一方面,Colly 将空中交通控制的操纵模型引入船舶避碰时机研究中来。但是 Colly 所建立的模型是所谓的最晚施舵点模型,也即模型在考虑船舶领域的同时,仅考虑了让路船的操纵性能。因此,模型所考虑的因素还太少且仅限于客观因素。

第二,基于避碰行为调查统计方法确定避碰时机模型,考虑到了建立的模型应符合海上避碰的实际,符合船员的通常做法。但以直接统计的数据作为避碰时机并不能反映不同船舶、船舶大小、船舶速度差异对避碰行动时机的影响。

第三,基于碰撞危险度避碰时机模型是当前研究中采取较多的一种方法。这种方法在使用时非常直观,也容易被理解。但这种方法的关键点是如何合理地确定碰撞危险度及采取避碰行动时碰撞危险度的阈值。

第四,以时间或距离确定避碰时机模型的整体思路与 Davis 的方法相似。虽然后期的模型考虑了其他的一些因素,如让路船操纵性能等,但整体上没有超越 Colly 的思路。

第五,以避让界限确定船舶避碰时机模型是以日本学者今津隼马为首提出来的。距离的界限所体现的是藤井、Goodwin 等船舶领域的思想,只是今津隼马所研究的是在保证一定最近会遇距离情况下,针对具体船舶、在具体速度下避碰操纵时,在一船周围 360° 方位上进行避碰操纵的位置分布。而时间的界限则是考虑让路船操纵性能、速度因素情况下,为保证安全会遇距离进行避碰操纵的时间极限。该模型认为:

$$避让所需时间 = 避让界限所需时间 + 富余时间$$

2.4 本章小结

本章分为"船舶碰撞危险度研究现状""船舶领域研究综述""船舶避碰时机研究现状"三部分,较为全面地总结了下述三方面研究的现状。

2.4.1 关于船舶碰撞危险度

较为系统地总结了迄今为止关于船舶碰撞危险度的量化研究成果,较为全面地分析了碰撞危险度研究的阶段成果,并指出了其优点及存在的问题和今后研究的方向。

2.4.2 关于船舶领域

船舶领域是避碰研究中的重要内容之一,至今仍是研究的热点之一。本章从三个方面对船舶领域的研究进行了归纳,指出了当前研究的优点及仍需努力研究的方向。

2.4.3 关于船舶避碰时机

本章从六个方面分析了船舶避碰时机的研究成果,分析并指出了其优点和存在的缺点,以及今后研究的方向。

第3章

船舶避碰系统

3.1 系统概述

系统泛指由一群有关联的个体组成,根据预先编排好的规则工作,能完成个别元件不能单独完成的工作的群体。系统分为自然系统与人为系统两大类。一群由相互关联的个体组成的集合称为系统。

中国学者钱学森认为:系统是由相互作用、相互依赖的若干组成部分结合而成的,具有特定功能的有机整体,而且这个有机整体又是它从属的更大系统的组成部分。英文中系统(system)一词来源于古代希腊文(systεmα),意为部分组成的整体。系统的定义应该包含一切系统所共有的特性。一般系统论创始人贝塔朗菲定义:"系统是相互联系相互作用的诸元素的综合体。"[2]这个定义强调元素间的相互作用以及系统对元素的整合作用。可以表述为如下定义:

如果对象集 S 满足下列两个条件:(1) S 中至少包含两个不同元素;(2) S 中的元素按一定方式相互联系;则称 S 为一个系统, S 的元素为系统的组分。

这个定义指出了系统的三个特性:一为多元性,系统是多样性的统一、差异性的统一;二为相关性,系统不存在孤立元素组分,所有元素或组分间相互依存、相互作用、相互制约;三为整体性,系统是所有元素构成的复合统一整体。这个定义说明了一般系统的基本特征,将系统与非系统区别开来,但对于定义复杂系统有着局限性。另外,严格意义上,现实世界的"非系统"是不存在的,构成整体的而没有联系性的多元集是不存在的。对于一些群体中元素间联系微弱,从而可以忽略这种联系,我们把它视为二类非系统。

列举一些思想家和未来学家对系统的概念描述:

(1)系统是一个动态和复杂的整体,是相互作用结构和功能的单位。

(2)系统由能量、物质、信息流等不同要素所构成。

(3)系统往往由寻求平衡的实体构成,并显示出震荡、混沌或指数行为。

（4）一个整体系统是任何相互依存的集或群暂时的互动部分。

"部分"又是由系统本身和其他部分所组成的,这个系统又同时是构成其他系统的部分或"子整体"。他们既归纳了系统的一般特征,又引入了时空与动态观念。也就是说,任何系统都不是永恒的,而是暂时的、动态的。

系统是普遍存在的,在宇宙间,从基本粒子到河外星系,从人类社会到人的思维,从无机界到有机界,从自然科学到社会科学,系统无所不在。按宏观层面分类,它大致可以分为自然系统、人工系统、复合系统。

（1）自然系统:系统内的个体按自然法则存在或演变,产生或形成一种群体的自然现象与特征。

自然系统包括生态平衡系统、生命机体系统、天体系统、物质微观结构系统以及社会系统等。

（2）人工系统:系统内的个体根据人为的、预先编排好的规则或计划好的方向运作,以实现或完成系统内各个体不能单独实现的功能、性能与结果。

人工系统包括立体成像系统、生产系统、交通系统、电力系统、计算机系统、教育系统、医疗系统、企业管理系统等。

（3）复合系统:复合系统是自然系统和人工系统的组合。

复合系统包括导航系统、交通管理系统和"人-机"系统等。

维纳在创立控制论的过程中,把动物、机器的通信和控制看作是一个系统。

为了明确研究的对象,人为地将物质或空间与其余物质或空间分开,被划定的研究对象称为系统。

在热学中,通常把一定质量的气体作为研究对象,此研究对象就称为系统。

在流体力学中,众多流体质点的集合称为系统。

人体由运动系统、神经系统、内分泌系统、循环系统、呼吸系统、消化系统、泌尿系统、生殖系统八大系统构成。

船舶智能避碰决策系统的构成也十分明确[97、105、141～143]。

3.2 船舶智能（自动）避碰系统综述

20世纪70年代末,日本[85]及英国[340]率先采用专家系统的方法研究了船舶避碰自动化的问题,并研制出了各自的船舶智能避碰决策系统。因此,在整个世界范围内引起了许多专家学者的兴趣,并成为目前航运界研究的前沿课题,到目前为止发表了大量的研究成果[51、55、62、112、125、132、135、244～251、264～278、286～330、333、341～381]。由于该部分涉及的参考文献较多,在此不一一进行评述,只对较为典型的研究成果进行分析。

当前,船舶智能避碰决策系统主要分为两船类型:一种是人机对话咨询式的;另一种是全自动式的。对话咨询式避碰决策系统给出的避碰决策是辅助性的,仅供船舶驾驶员参考。

3.2.1 ● 英国利物浦理工大学研究的船舶避碰专家系统

英国利物浦理工大学研究的船舶避碰专家系统是一种咨询式的避碰知识库。系统所需的信息主要是从《1972年国际海上避碰规则》、船员、航海专家和海事法专业人员对上述规则的解释及良好船艺的实地应用三方面取得的。其归纳提出了两船间只有6种特定的会遇类型及14种可能采取的避碰行动。对于同一种会遇类型,若存在几种避碰行动方案,则根据方案的优劣进行排序,同时采取启发式搜索确定最佳避碰行动方案。

英国利物浦理工大学研究的船舶避碰专家系统存在的问题是:

(1)由于属于咨询系统,在复杂情况下避碰系统所得到的结果若与驾驶员根据其思考方式、心理因素、经验等所确定的避碰方式不同,可能会导致驾驶员思想上的混乱,而丧失采取避碰行动的时机或诱导其采取错误的避碰行动。

(2)对于复杂的多船会遇局面,避碰系统无法给出避碰行动决策,对此只能由驾驶员自行根据局面处理,这显然不适应智能避碰决策系统的发展。

(3)由于对同一船舶会遇局面存在多种避碰行动方案,评价每一方案优劣的标准难以确定。另外,对最优方案的搜索采取启发式搜索策略也存在问题。因为启发式搜索是一种培养直觉或常情判断的方法,所得到的策略不一定是最优的[340]。

3.2.2 ● 东京商船大学练习船"汐路丸"上的模拟避碰系统

东京商船大学练习船"汐路丸"上的模拟避碰系统是一种全自动的避碰专家系统,它不仅给出避碰决策,同时通过避碰决策自动控制船舶的车舵等装置。

该系统主要由五个模块组成,即他船模拟系统、避碰航线显示系统、避碰专家系统、避让计划系统和自动标绘系统。

该系统所具有的功能可概括为:对存在碰撞危险的目标具有对避让航线的选择、计划及设定的功能,以及对所获得的最优避碰航线显示功能。

当选择本船的避让航线时,采用动态规划方法,根据本船拟采取不同避让航线时间的长短由大到小分成不同的水平,对每一水平按碰撞危险度最小、避让航线最短、操舵频度最小、是否符合避碰法规等条件进行评价,从损失评价和知识库推理中,选择几乎是最优的避碰航线。在判定本船碰撞危险度及衡量避碰效果时,是以在本船周围设定的一圆形的禁止他船侵入的闭合领域为基础进行的。

该系统的主要特点为:

(1)它为全智能避碰决策系统,通过系统的决策结果直接作用于船舶的车舵,这明显优于咨询式避碰系统,并克服了咨询式系统所存在的问题。

(2)它是一种避碰航线选择系统,即根据本船与他船的运动参数,对可能采取的各种避让航线进行评价,能够在一定指标下实现避碰航线最优。

(3)由于避让航线及其组合多,为了减少系统推理所需要的时间及搜索知识库的范围,在系统中,对基本明确的避碰动作或者考虑大局的经验判断规则列于知识库规则的优先位置,以此减少搜索空间,提高搜索效率。

(4)它的各种画面及数据表示功能较齐全。该避碰系统在船舶智能避碰研究中处于重要地位,推进了船舶智能避碰决策系统的研究。

但从今天来看,该系统也还存在一定问题,这主要表现在:

(1)在评价本船所采取的最优避碰航线时,未深入考虑《国际海上避碰规则》对避碰行动应是"大幅度"的要求;

(2)在确定船舶碰撞危险度时,采取的是围绕本船周围的圆形领域,虽然在一定程度上简化了确定碰撞危险度的模型,但由于与关于船舶领域的研究结果不一致,其问题也是显而易见的;

(3)在确定船舶基本会遇局面时,只考虑了四种会遇局面,即接近、同向航行、对遇和交叉;

(4)在避碰方案中,避碰系统采取选择航线,对复杂的多船会遇可能会产生选择上的困难。

3.2.3 ● 海军广州舰艇学院研究的船舶避碰专家系统

海军广州舰艇学院研究的船舶避碰专家系统,是一种咨询式的避碰系统。该系统中的避碰决策系统根据对专家调查将船舶的基本会遇局面分为:对遇、右交叉、左交叉、从左边追越、从右边追越和被追越六种。基本避让方案有:保向保速、右让、左让、右让减速、左让减速、变速和紧迫行动七种。知识表示采取产生式规则,知识库采用启发式搜索策略。碰撞危险度根据目标的 $DCPA$、$TCPA$、方位和距离四个因素并采用模糊综合评判确定;避碰时机则以设定的碰撞危险度阈值确定。

(1)该系统的特点是:

第一,具有较完善的知识表示和推理功能,同时在知识表示时采用了"IF-THEN-FOR"的扩展结构,能够避免系统给出的咨询方案与驾驶员考虑方案不一致时所产生的混乱。

第二,采取了较好的推理策略。

(2)该系统存在的问题是:

第一,知识库还不十分完备。一方面关于船舶会遇的避碰问题与英国利物浦理工大学研究的船舶避碰专家系统一样,对复杂的多船避碰问题系统可能无法给出正确的避碰方案;另一方面关于避碰行动时机问题完全与避碰危险度联系,这就决定了确定碰撞危险所考虑的因素必须全面,否则可能使避碰行动时机产生偏差。

第二,在考虑船舶碰撞危险度时考虑的因素较少,而且没有考虑对直航船驾驶员心理方面的影响。

第三,只考虑了避碰专家系统对避碰专家系统的情况,没有考虑避碰专家系统与非专家系统的避碰情况,这可能会影响系统的实用性。

第四,系统中没有防止或避免可能产生避碰不协调的机制。

第五,只考虑了本船为让路船情况下的避碰决策问题,对本船为直航船情况下的避碰决策缺乏较为深入的研究。

3.2.4 ● 对当前一些研究成果的综合评价

研制智能避碰决策系统将是船舶避碰决策系统的发展方向。然而,必须指出的是,在当前船舶避碰决策系统中还存在如下问题:

(1)在船舶避碰系统中,危险度的评价方面所考虑的因素一般仅限于 $DCPA$ 和 $TCPA$,缺乏多因素的有效综合评价。

(2)在目前的船舶避碰决策系统中,虽然各研究的学者大都强调自动避碰决策系统能够有效地避免船舶间的不协调避碰行动[50,333],但是如何能够避免船舶间的不协调避碰,还缺乏更深入的研究,这是在避碰决策系统研究中应该考虑的。

(3)在船舶采取避碰行动标准方面,所采取的方法也是各不相同的,有的以保证两船间最小安全会遇距离为标准(SDAM)[50,333],而有的则以对所有船舶碰撞危险度最小的方向采取避碰行动,如文献[51]指出:大多船避让时,评估多船会遇的危险度,可以简单视为各单船危险度的代数和。CR 是确定主目标和其他危险目标的依据。它是评价避让效果的指标:CR 减小,避让是有成效的;CR 增大,则表示采取该航向航速可能是危险的。然而,这个方法具有其局限性。

(4)几乎所有的自动避碰决策系统研究,大都考虑本船为让路船情况下,本船的知识库、避让时机的确定等,而较少考虑本船为直航船情况下,当让路船没有采取避碰行动时,本船应如何确定避让时机等问题。

(5)多数参考文献,在确定本船与他船的碰撞危险度、避碰时机、避碰幅度等情况下,大多考虑的是本船与他船都装有相同的自动避碰决策系统的情况,而较少考虑他船可能未装有自动避碰决策系统的情况。参考文献[382]明确指出了四种限制,其中之一就是对未装有自动避碰决策系统船的影响,也就是说,即使自动避碰决策系统研制成功,在很长一段时间内,也会是装有自动避碰决策系统的船舶与未装有该系统的船舶共存。因此,这要求研制的自动避碰决策系统,应该符合船员通常的操船避碰模式。

(6)当前研究的所有自动避碰决策系统除上述存在的问题外,在适用的范围方面,还有很大限制。一般情况下只适用于宽阔水域,在交通密集水域、狭水道等特殊水域的适用还受到很大限制,这也是应该完善的方面。

(7)当前在关于船舶自动避碰决策系统的研究中,有的称其为"智能避碰决策系统",有的称其为"自动避碰决策系统",如何体现避碰决策系统的"智能性"却理解不一。有的在系统的某一方面具有学习的功能,如在确定船舶碰撞危险度时采取了神经网络,即称为智能系统,这显然是不确切的,而整个避碰决策系统的智能性却无体现。因此,我们认为,智能的避碰决策系统不仅在系统的某一模块具有智能性,而且整个系统也应具有学习性、进化性的特点,才可能适用于复杂的避碰局面。

综上所述,船舶自动避碰决策系统应该满足以下条件:

(1)应该是智能的避碰决策系统,而非咨询式的避碰决策系统。

(2)自动避碰决策系统在充分利用现有船上先进技术设备的前提下,给出的操船避碰模式应尽量接近船员通常的做法,并考虑未装有该种系统船舶的操船模式。

(3)必须具有在考虑船员通常做法的前提下,避免船舶间不协调避碰行动的机制;以及考虑到本船为直航船时,让路船不采取避碰行动时本船的避碰时机等的决策模型。

(4)在确定两船间碰撞危险度时,既要考虑到两船或多船都装有该种系统时的客观碰撞危险度,也要考虑到他船不装有该系统时的主观碰撞危险度,并且在考虑船舶碰撞危险度时,所选取的因素指标具有代表性、全面性的特点,使确定的两船间或多船间的碰撞危险度具有一定的权威性。在考虑船舶碰撞危险度时,应充分考虑现有设备的性能等。

(5)由于在很长一段时间内可能是装有该系统的船舶与未装有该系统的船舶并存的局面,智能避碰决策系统在进行避碰决策时,不是仅进行一次避碰决策,而是需要进行连续避碰决策。

3.3　避碰系统中的人的因素

在当前船舶避碰系统中,"人"是主要的因素之一。正如 Alvin Mosco[28]指出的:人仍然会在避碰领域发挥主导作用。在过去相当长时间内,由于碰撞事故常常涉及多个当事人的特点,以及在海上交通事故中所占的比例和人在事故中所起的作用,其早已引起国际社会的广泛关注。

3.3.1 ● 人为因素与海上交通事故

船员常常成为被指责的对象[12、13]。许多研究[232、233、257]都表明人为因素对事故有重要影响。

"'大多数海上事故(包括船舶碰撞事故)是人的失误造成的'这一老生常谈的说法是很难反对的。"

"不得不承认人的因素是海难的首要原因。"

"如果人有了失误,那么很多现代化安全设备的作用就不大了。"

国际海事组织在制定《国际安全营运与防污染规则》时,运用西文统计的资料,称"在海上交通事故中,80%与人为因素有关"。

2015—2017 年日本海难审判所共审结海上事故案件 1 622 起。在各类船舶事故中,由人为因素造成的事故都在 90% 以上,具体如表 3-1 所示。

表 3-1　2015—2017 年日本船舶种类和事故原因汇总　　　　(单位:件)

船舶类型	事故原因						
	事故总数	人为因素	人为因素占比	航运管理	管理因素占比	船舶结构和设备	船舶结构设备占比
客船	52	49	94.23%	3	5.77%	0	0
货船	277	276	99.64%	0	0	1	0.36%
油船	49	48	97.96%	1	2.04%	0	0
渔船	633	632	99.84%	1	0.16%	0	0
拖船	44	44	100%	0	0	0	0
推船	33	32	96.97%	1	3.03%	0	0
工作船	18	18	100%	0	0	0	0
钓渔船	78	78	100%	0	0	0	0
浅滩渡船	15	15	100%	0	0	0	0
观光船	391	390	99.74%	1	0.26%	0	0
运输船	4	4	100%	0	0	0	0
领航船	1	1	100%	0	0	0	0
公用船	17	17	100%	0	0	0	0
其他	10	10	100%	0	0	0	0
汇总	1 622	1614	99.51%	7	0.43%	1	0.06%

其中,在 2015 年宣判的 339 件裁决中,受审人为 447 名船员,被判停止工作的有 254 人(56.8%)、警告 170 人(38.0%)、不惩罚 23 人(5.2%);在 2016 年宣判的 347 件裁决中,受审船员为 500 人,被判停止工作的有 285 人(57.0%)、警告 198 人(39.6%)、不惩罚 17 人(3.4%);在 2017 年宣判的 370 件裁决中,受审船员为 494 人,被判停止工作的有 289 人(58.5%)、警告 188 人(38.1%)、不惩罚 17 人(3.4%)。

2011—2016 年欧盟共调查了 1 170 起海上事故,其中 60.5% 是由人为失误造成的,如图 3-1 所示。

关于人为因素在碰撞事故中的作用问题,国际上进行了很多研究,虽然研究的方法不同,选用的船舶种类及大小等不同,但得到的结论是一致的,即:

第一,在事故(包括碰撞事故)中,人为因素的作用是很关键的;

第二,非常需要涉及人为因素方面的各种系统信息及资料;

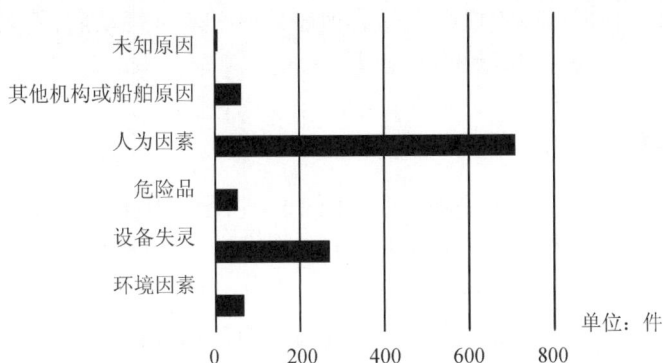

图 3-1　2011—2016 年事故原因的分布

第三,作为战略措施,为了减少碰撞事故,将来会出现全球性的共同投入。

以上的研究也表明:在船舶避碰系统中,利用当前科学技术取得的成果,适当地调整"人-机"的工作任务负担与比例,在一定程度上和范围内克服"人"在收集信息方面的片面性、在避碰操作方面的不确定性等问题,是减少人为失误的重要研究方向——船舶智能避碰决策系统的研究与使用。

3.3.2 ● 船舶避碰中人的决策过程

在过去的避碰过程中,人起着关键作用。与其他决策过程一样,在避碰操纵中船舶驾驶员的避碰也是根据各种信息,通过"人-船-环境"的综合作用来实现的。驾驶员所掌握的信息及决策过程如下。

3.3.2.1 在避碰中船舶驾驶员应该掌握的各种信息

(1)本船信息。主要包括:

①本船静态信息,如本船的船长、船宽、船舶吃水、操纵性能等;

②本船动态信息,如本船航向、航速、船位、使用的助航设备,及本船所显示的号灯、号型等信息。

(2)他船信息。主要包括:他船种类的信息,如他船是机动船还是非机动船等;他船动态信息,如他船的速度等。

(3)本船与他船相互作用信息。本船与他船相互作用的信息是判断有否碰撞危险、采取正确避碰行动的基础。如本船与他船的相对距离、相对方位、相对方位变化率、最近会遇距离等。

(4)本船航行环境方面信息。如当时的水文气象方面的信息、本船所处水域适用的交通规则、地理方面的信息等。

(5)他船相互之间作用信息。该方面的信息是本船采取协调避碰行动的重要参考。

(6)避碰行动效果方面信息。依据上述(1)～(4)方面的信息确定了本船在避碰中的权利和义务,并且根据适用的规则本船或他船采取了避碰行动后,驾驶员对所采取避碰行动的效果进行核查,直到船舶间安全驶过为止。

3.3.2.2 避碰操纵流程

在两船会遇中,船舶驾驶员的避碰过程如图 3-2 所示。其中 A、B 为确定碰撞危险所需的本船与他船的信息,以及两船间相互作用的信息。C 为航行规则的信息,即当两船间存在碰撞危险时,避碰所适用的规则,例如是适用于互见中的追越局面、交叉相遇局面,还是对遇局面等。确定避碰模式是指根据前述的信息,确定本船所采取的避碰行动的种类,例如是转向、减速还是采取其他的行动等。

避碰操船信息处理流程如图 3-2 所示。[234]

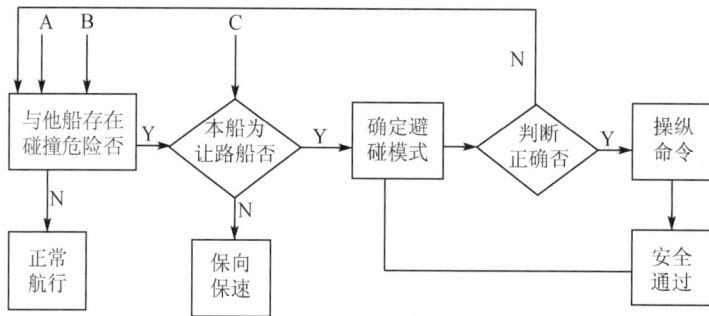

图 3-2 避碰操船信息处理流程

3.3.3 ● 船舶驾驶员的特性

3.3.3.1 互动性

所谓互动性,是指驾驶员的行为、思想等受他人的作用。这种互动性有多种表现,如人际关系、船长的态度、船舶间驾驶员避碰行动的互动性以及驾驶员与本船其他人员之间的互动性等[148]。

当船舶间存在碰撞危险时,船舶间驾驶员行为的相互作用是指一船驾驶员的行为直接或间接地对另一船驾驶员的行为或思想产生影响。在互见中,当两船会遇并存在碰撞危险时,若让路船不及时地采取避碰行动,会使直航船驾驶员的心理、思维产生紧张的影响,当这种影响达到一定程度时,直航船就可能独自采取避碰行动。不管两船间是否存在直航或让路船之分,一船所采取的避碰行动若能导致两船在安全距离上通过,则会使另一船的行动成为不必要。

船员之间存在的互动性既有利也有弊。若船公司及船上具有良好的安全氛围,船上人员都重视安全,则可能促使驾驶员谨慎地驾驶船舶,增加对瞭望、避碰操作等的责任心;反之,若部分船员对某驾驶员的大幅度避碰行为指东道西,则可能造成该驾驶员在避碰操纵中放弃本应采取大幅度的避碰行动,而采取相对较小的避碰行动,就可能导致碰撞事故。

3.3.3.2　差异性

(1)对会遇局面认识的差异性

在两船会遇中,大多数情况下两船驾驶员对存在的会遇局面的认识不会存在太大差别。但在规则规定的会遇局面的临界状态下,这种差异就表现得十分明显。如两船航向交角为6°时,两船间构成的是对遇局面,还是交叉相遇局面,有的驾驶员认为是对遇局面,而有的则认为属于交叉相遇局面,这在调查问卷中表现得特别突出。在相同船舶、相同速度、相同会遇局面下,对碰撞危险水平的认识,存在的差异就更大了。

(2)避碰操船幅度及方式上的差异性

根据调查及参考文献[42、107],对相同船舶相同会遇局面,不同驾驶员采取避碰行动的幅度及方式也不完全相同。井上欣三曾指出:在面临紧迫危险时,有的驾驶员仍然采取较高速度,并将这部分人称为"大胆者"。在面临紧迫危险时,驾驶员的避碰方式存在的差异性就更大了。

(3)性格等存在的差异

不同的驾驶员在性格、经历、身体状况、思维方式等方面是不同的,这些不同都反映到整个避碰过程中。参考文献[148]对性格与道路交通事故的关系进行过分析,并得出:性格外向的人较不易发生事故。

(4)对船舶安全领域要求上的差异性

有的学者对人与人交往谈话时所保持的距离进行过分析,得出不同地区的人在谈话时所保持的距离不同的结论。欧洲人习惯面对面近距离谈话,而亚洲人则会保持适当距离;不同关系的人在谈话时所保持的距离也不相同,关系密切的人谈话时保持的距离较近,而关系一般及陌生人之间谈话时,则会保持适当的距离。虽然笔者没有这方面的证据,但根据调查发现[42],在同样环境、操纵同样速度船舶时,引航员所保持的船舶领域要小于船长保持的船舶领域。

这种差异的存在有时对避碰是有益的,有时则是有害的。文献[258]的分析及文献[252、259]的避碰操纵试验,都明确指出:在对遇或接近对遇局面中,若两船对初始最近会遇距离认识不一致,则可能会导致会遇一船向左转向,而另一船向右转向的避碰不协调情况,特别是当初始$DCPA$为某一值时,这种不协调避碰情况出现的频率相对较高。而在另一种情况下则是有益的,如两船对遇或接近对遇,一船认为两船间的$DCPA$能够使两船安全通过,因而没有采取任何避碰行动;而实际上,他所认为的$DCPA$却不能保证两船安全通过,但另一船却认为不能安全通过,而独自采取了避碰行动使两船在安全距离上通过,这对避碰是有益的。

3.3.3.3 驾驶员个人特性的影响

驾驶员的个人特性包括:视力、视觉、感觉、性格、注意力与观察力、身体状况、责任心、工作经验、疲劳与生理节律、驾驶员的反应特性等。

3.3.4 人为失误的心理分析

船舶驾驶人员的工作特征为"收集信息、确认或判断、指令或操纵",这属于典型的认识信息处理系统。在该系统中,人的行为包括三个过程:第一是通过感觉器官从外部接收行为所需要的信息,即所谓信息接收认识过程;第二是接收到的信息在神经中枢进行处理加工,即信息加工判断过程;第三是根据加工过的信息,做出决定性指令,也即执行过程。

对于船舶驾驶员失误心理分析的文献相对较少,但在安全科学中对各行业作业人员失误心理分析的文献则相对较多,如文献[243、244]等。根据海上交通大量事故案例及长期从事固定性或变化性不大作业系统人员的事故案例,将失误心理分为以下几种:习惯心理、厌倦心理、反常心理、侥幸心理及冲动心理。

(1) 习惯性心理

具有一定海上资历的船舶驾驶员,对海上船舶间避碰已基本形成了一个不需要意识的自动化行为流,也就是平常所说的习惯性作业程序。这种习惯性作业,大多数是通过认真学习、反复进行海上避碰实践、总结归纳而形成的,但少数驾驶员却没有形成这种归纳、总结的习惯,仅是进行了多次海上避碰操作。在正常情况下,这种避碰行为的效率较高,发生碰撞事故的概率相对较少。然而一旦发生异常情况,那部分未对避碰行动进行总结、归纳而形成习惯的驾驶员,由于受习惯性心理的作用而忽视异常信息,就不能及时判断处理,可能就要造成事故了。

(2) 厌倦心理

对船舶驾驶员而言,当在船上工作一段时间后,由于工作单调,没有多大的变化和刺激,逐渐感到工作枯燥乏味,甚至厌烦,常表现出精神疲劳、心不在焉、对工作无兴趣,想尽快摆脱这种状态。这实际上是一种心理疲劳,是由大脑意识水平低下所致。根据安全科学对从事其他行业人员的测定,在一下班时间内,行为最高可靠性阶段只占10%,完全不可靠阶段占30%,而行为人在完全不可靠阶段,意识水平低,不能将注意力积极地向前推进,判断力和反应力很低,容易产生失误。

(3) 反常心理

人的情绪常受到生理、家庭、社会等诸多因素刺激和影响,在一些强烈刺激和影响(即心理冲突)下,会改变人的正常心理状态而形成反常心态。多数人持反常心理的时间较短,表现比较强烈,如处于更年期的人员,有时莫明其妙地烦躁不安,忘性大。如船舶驾驶员在上船前与家庭或妻子有争执,上船后就会心情急躁或沉闷不乐、心事重重、反应迟钝。当他们的行为处于失控状态时,对危险环境的反应和判断能力大大下降。若反常心理的驾驶员在短时间内不能得到调整,就易于发生事故。

(4)侥幸心理

侥幸心理在船舶驾驶员中主要表现为对瞭望的疏忽等,特别是在大洋航行的晚上,由于很少遇到一艘船,而遇到与本船存在碰撞危险的船的机会就更少了,因此许多夜间值班的驾驶员经常将瞭望任务交给了舵工,自己打盹。

(5)冲动心理

在与船舶驾驶员的交流中经常听到这样的"经验",即"如果某让路船就是不让路,即我也不采取避碰行动,最后让路船不得不采取大幅度的避碰行动才能避免碰撞"等之类的话,这可能就是冲动心理与逆反心理等的综合体现,这种表现有时是相当危险的。

3.4　避碰系统中的船的因素

在船舶避碰中,经常提到的是船舶驾驶员的行为,这种说法有其正确的一面,也有其不确切的一面。由于人-船-环境三因素的综合作用,船舶驾驶员的行为,与通过船舶体现出来的行为并不完全一致,这说明了船舶因素对船员行为的影响。因关于船舶因素方面的内容介绍已很多,在此对船舶交通的分类、船舶各参数之间的关系、船舶操纵性能等方面的内容省略,只分析船舶因素对船员行为及对避碰影响的相关内容。

3.4.1　船舶大小与事故

在避碰及碰撞事故的宏观研究中,比较分析船舶大小与碰撞事故率关系的较多,也得到了很多有益的结论。总的说来,在能见度良好时,即使环境条件有所改善,大船的事故率仍高于小船[231、135、245]。归纳的原因主要有:一方面船舶大小不同(即长度和宽度),在避碰中保持的船舶领域不同,大船所占的领域范围比小船所占的领域范围大[129、169、246];另一方面船舶大小不同对驾驶人员的影响不同。很多学者认为船舶大小不同事故发生率也不同,因此在研究船舶交通时,引进了"标准船"的概念,即将不同尺度或大小的船舶,根据其对海上交通的影响,赋予一权重值。研究的内容及所考虑侧重点的不同,在赋予不同船舶换算成标准船的权重系数时,也不相同[247],如藤井在日本海上交通工程的换算系数见表3-2;中国学者所采取的换算系数见表3-3。

表 3-2　日本船舶换算系数表(L 为船长)

船总吨	< 20	20 ~ 100	100 ~ 500	500 ~ 3 000	3 000 ~ 20 000	20 000 ~ 100 000	> 100 000
系数	$L/6$	$L/4$	$L/2$	L	$2L$	$4L$	$6L$

表 3-3　中国船舶换算系数表

船总吨	船长（m）	系数
< 100	< 30	0.25
100 ~ 499	30 ~ 50	0.50
500 ~ 2 999	50 ~ 90	1.00
3 000 ~ 5 999	90 ~ 115	1.18
6 000 ~ 9 999	115 ~ 135	1.41
10 000 ~ 14 999	135 ~ 155	1.70
15 000 ~ 19 999	155 ~ 170	2.00
20 000 ~ 29 999	170 ~ 195	2.25
30 000 ~ 39 999	195 ~ 215	23.50
40 000 ~ 59 999	215 ~ 246	3.00
> 60 000	> 246	4.00

3.4.2 ● 船舶速度和船舶操纵性能

3.4.2.1　船舶速度

船舶速度在避碰中是十分重要的因素之一，为此避碰规则第六条要求每一船在任何时候均应以安全航速行驶，以便能采取适当而有效的避碰行动，并能在适合当时环境和情况的距离内将船停住，并且指出了确定安全航速时应考虑的因素。

在船舶避碰中，对船舶速度的控制是十分重要的。在道路交通中不管是车与车间的会遇，还是人与人、人与车等的会遇，当存在碰撞危险时，所采取的最重要的避碰措施之一就是减速，许多交通事故的发生几乎都与速度控制有关。在船舶避碰中，速度同样起着重要作用。然而，对船舶速度的控制并非是越低越好，这要根据具体情况加以确定。

3.4.2.2　船舶操纵性能

良好的操纵性能，即良好的旋回性、应舵性、航向稳定性及停船性等[143,161]对船舶避碰是有利的。在船舶速度与操纵性能方面，对船舶避碰影响较大的因素是：船舶速度、船舶进距、减速冲程等。

对船舶的控制与船舶速度有关，但与车辆的情况相比并不完全相同。车辆的速度越低越易于控制，而船舶在低速行驶时舵效将大大恶化，特别是当船舶紧急倒车制动时，常会出现航向不稳的现象。

在紧急情况下，为了避免碰撞发生而采取紧急制动时，一般船舶需前冲$(8 \sim 10)L_{\text{bp}}$

(L_{bp}——船舶两柱间长)才能将船停住,并需经历$(16 \sim 20)T_c$(T_c——船舶特性时间)的时间间隔。巨型船的上述数据将增加约20%,超大型船舶则将增加50%。总的看来,停船距离约与采取停船措施时船舶速度的平方成正比[230,248]。

在紧急操纵中,紧急制动的前冲距离是船舶避碰考虑的因素。除此以外,还要考虑一船从全速前进降到半速前进、从全速前进降到慢速前进、从全速前进降至停船所需的时间及船舶的前冲距离。

就变向性而言,在紧迫局面下其对是否发生船舶碰撞具有重大影响。一般船舶在操满舵后,当转向角达$90°$时,在原航向的前进距离,即其进距约为$3.1L_{bp}$;当转向角达$180°$时,在与原航向相垂直的正横方向上跨出的横向距离,即旋回初径约为$3.3L_{bp}$。这显示了变向操纵的非灵活性,当两船间的距离小于一船转向的进距时,单凭该船无论如何也不能避免两船发生碰撞。虽然进距对避碰操纵有影响,但是与船舶紧急制动停船距离相比,进距还是较小的,加之在大洋上通常不是备车航行,因此在宽阔水域的海上避碰几乎都是采取转向避让。

3.4.3 ● 船舶对船员避碰行为的影响

3.4.3.1 船舶大小对船员避碰行为的影响

通过调查发现,对于相同的驾驶员,在相同的会遇局面中,驾驶的船舶大小不同,所表现出来的行为并不完全相同。首先,当驾驶大船时,其采取避碰行动的时机要略早于其驾驶小船时采取避碰行动的时机,并且两船通过时的最近会遇距离也大。经常驾驶小船的驾驶员,在驾驶大船时,经常以驾驶小船时的方式来避让。在避碰中,总体上其采取的避碰行动幅度及所希望达到的最近会遇距离,要小于经常在大船上工作的驾驶员。

3.4.3.2 船舶速度对船员避碰行动的影响

通过调查发现,在相同的会遇局面中,船舶速度不同对船舶驾驶员采取避碰行动的时机、采取避碰行动的幅度等没有明显的影响[249]。也就是说,驾驶员在操纵慢船时,经常会对局面的认识不足,设想要达到的最近会遇距离也常常小于实际最近会遇距离。

3.4.3.3 船舶种类对船员避碰的影响

船舶种类不同,发生碰撞事故的可能性也不同,这已在海上交通工程中得到证实。日本对几个海峡的研究结果是:渡船或客船的碰撞概率约为货船的$1/6$;而渔船的碰撞概率是货船的3倍;货船和油船的碰撞概率之差约为17%[256]。

产生上述差别的主要原因是驾驶的船舶种类不同,对驾驶员的要求、事故所造成后果的严重程度、对驾驶员产生的心理压力不同,从而导致驾驶员的责任心也不同。从心理学的角度讲,驾驶客船的驾驶员知道一旦发生碰撞事故可能会导致大量人命伤亡,同时也可能会导致他本人因此而承担严重的法律责任,从而激励了他的值班责任心,使他增加了对旅客所应承担的责任,碰撞事故相对较少也在情理之中。对渔船而言,由于驾驶员(通常情况下是船长或大副)一方面要驾驶船舶,另一方面还要发现鱼群或从事捕鱼作业,造成疏于瞭望、身心疲劳等,因此碰撞事故率也高。

3.5 避碰系统中的环境因素

船舶航行所处的环境时刻对船舶运动状态产生着影响,不断向船舶驾驶员提供刺激信号,是船舶驾驶员进行避碰决策的基础。众所周知,不同的交通环境决定了不同的船舶交通型式、不同的船舶行为,而且对船舶碰撞事故发生的影响程度也不同。如在狭水道避碰时,避碰行动"大幅度"的含义与在无妨碍或不受限制的大海上"大幅度"的含义截然不同,并且采取避碰行动的方式也不完全相同。因此,在研究船舶避碰行动时,必须充分考虑到环境因素的影响。

环境因素包括自然环境因素与航行环境因素。

3.5.1 ● 自然环境因素

自然环境因素中,对船舶交通、船舶行为产生影响的有气象、水文、地形三方面因素。气象因素主要有视程、能见度、风和照度;水文因素主要包括水流(包括潮流、海流、河流)、潮汐、波浪、冰情等;地形因素是指那些对船舶航行或避碰操纵给予空间上限制的地形因素,如狭水道、碍航物分布等。

3.5.1.1 气象因素

视程即在某种大气状态下,正常视力受测者的最大可视距离,它与能见度直接相关[384]。

视程对碰撞、搁浅事故的发生有非常大的影响。主要表现在:几乎所有港口都有关于能见度降低到一定程度时禁止船舶航行的规定;《国际海上避碰规则》将能见度不良下船舶的行动规则立节规定;挪威对1 599总吨以上船舶的碰撞事故调查表明,能见度不良是重要的因素。能见度在3 n mile以下时发生的碰撞事故占39%,在雾中发生的占31%。日本的藤井和山内将1966—1971年日本六个海峡中发生的562次碰撞事故按视距进行了分类,分析表明碰撞发生概率与视距成反比[151,256]。日本也有人统计指出,雾中碰撞频率是能见度良好时的90倍以上。根据Cockcroft[43]不完全统计,全世界1956—1980年各个5年间,能见度不良时发生的碰撞事故占碰撞事故总数的百分比分别为53%、54%、54%、46%和39%。郑中义、吴兆麟[383]通过对我国13个沿海港口1983—

1987 年交通事故与其致因的灰色关联分析,得到能见度不良是交通事故主要致因的结论。我国成山角素有"雾窟"之称,与该区域复杂的船舶交通互相作用,是我国沿海碰撞事故多发地区[169],因而在此建成了我国第一个沿海船舶交通管理系统。

照度是指外部光线的强度。照度对船舶避碰操纵的影响主要表现为在低照度时,驾驶员的视觉瞭望手段受到了限制。在低照度条件下,船舶驾驶员失去了识别物标形状及颜色等外部特征和观察水上状态的能力,从而降低了视觉瞭望的功能,限制了获得避碰操纵所需信息量的手段和方法。根据 Cockcroft 统计,就世界范围来说,能见度良好时发生在夜间的碰撞次数是发生在白天碰撞次数的 3 倍。在能见度良好时,按每小时的统计分析也表明,从每天约 2000 时至次日 0600 时这段时间发生的碰撞事故较多,而在能见度不良时无明显的区别[43]。日本对 4 个海峡的碰撞事故统计表明,夜间碰撞概率是白天碰撞概率的 4 倍。荷兰对液化气船在其沿海发生的碰撞事故统计表明,夜间的碰撞事故比白天多 5 倍。

风也是影响碰撞事故的公认因素之一[385]。对运动船而言,其主要影响有:

(1)影响船舶的运动。

(2)影响视觉判断碰撞危险。根据驾驶员的习惯及国际海上避碰规则,驾驶员在判断碰撞危险时,主要根据本船与他船间航向的关系进行,在风的影响下,船舶航迹与其航向是不同的,因此会对危险的判断带来困难。

(3)在避碰中受风的影响,船舶的操纵性能及旋回要素都要发生变化,若对这种变化考虑不充分,就有可能发生危险。

(4)限制了雷达及视觉瞭望。

(5)在风的作用下,海面所产生的浪及浪花,经常会妨碍雷达及视觉瞭望,特别是对一些小型目标就更不容易发现。

3.5.1.2　水文因素

水文因素对船舶避碰有一定影响,但与其他因素相比,这种影响相对要小得多[386]。因此,在许多船舶避碰研究中,几乎不考虑该方面因素的影响。但在特定水域及特殊情况下给予充分考虑也是必要的。例如流对船舶的影响,在受限的浅水区域应给予充分考虑[387]。流对船舶的影响主要表现为:

(1)对船舶运动的影响;

(2)船舶在浅水区域会加大下坐幅度、增加船间作用力及增强岸壁效应[387];

(3)容易导致驾驶员对避碰产生误差。

3.5.1.3　地理因素

本书只研究宽阔水域的避碰问题,因此对地理因素对避碰的影响基本不予考虑。但从总体上讲,地形因素限制了船舶航行空间,从而影响了驾驶员采取避碰操纵的方式,例如在海上主要采取转向避让方式,而在狭水道中,除转向避让外,增加了车让的概率。船舶岸壁效应、船体下坐等,特别是船舶间相互作用引起的碰撞事故,说明了地理因素对碰撞事故的影响。

3.5.2 ● 航行环境因素

关于航行环境所包括的内容,不同学者有不同的划分方法[238,254]。本书认为航行环境因素包括船舶交通状态、安全设施、交通管理规则三方面。

3.5.2.1 船舶交通状态

船舶交通状态主要是指特定水域存在的船舶交通形式、船舶交通有序性的反映。具体而言,船舶驾驶员在进行避碰操纵时必须对已存在的交通形式进行充分考虑,进而确定本船应采取的最佳避碰行动。

如文献[388]计算了在直航路上船舶发生不协调避碰行动的数量,当航道中有通航带分隔时,几乎不发生对遇船舶不协调避碰行动问题;而在无任何分隔的航道中,当两相反的交通流量各为 7.2 艘/时与 7.4 艘/时时,每艘船与他船间发生不协调避碰行动的概率为 0.002 7。

3.5.2.2 安全设施

安全设施是为了提高或保证船舶安全或效率而建立的任何设施,如助航标志等。这些设施的有无和好坏直接影响着船舶运动状态,以及交通流的形式;是船舶驾驶员收集速度信息、位置信息以及操船决策的正确判断依据之一。但在避碰操纵中,安全设施的存在可能限制了船舶本应采取的避碰行动。

3.5.2.3 交通管理规则

交通管理规则是船舶交通管理的组成部分,它主要包括船舶航行、停泊和避碰三方面的规则。不言而喻,它是船舶避碰操纵最直接、最重要的影响因素。交通管理规则根据适用的水域不同,可分为国际性规则和地区性规则,国际性的规则如《国际海上避碰规则》,地区性的规则如各港口水域所实行的规则。

3.5.3 ● 环境因素对驾驶员的影响

3.5.3.1 处理信息能力有限

参考文献[389]采取第二任务法,对船舶驾驶员处理信息的能力进行了研究。其研究方法是将船舶驾驶员的避碰操纵工作作为主要任务,并在进行主要任务的同时给予与船舶避碰操纵不相关的第二任务;在处理船舶有关避碰操纵主业务后,还有富余时间,则处理第二任务;如无富余时间,则省略处理第二任务。将处理第二任务错误的多少或第二任务的实现程度,作为评价主要任务的负担程度。第二任务是简单的计算工作,例如在每个确定时间内给予简单的数值计算等。其实验显示,在固定时间内要求船舶驾驶员处理主要任务的信息量越多,则第二任务不能实现的程度或错误率也越高。参考文献[390]则采取"心的旋转"(mental rotation)的方法,来测试人处理信息的能力。其依据是认知心理学,即以信息处理的观点掌握人们精神活动的心理学。在认知心理学中,为了获得在信息处理过程中,人们知觉、记忆或思考所得到的产物,经常以人们的反应时间作为重要的从属变量。其基本的实验方法是在每次实验中向被实验者显示用线描绘的具有三个方面立方体图形,在被实验者观察一定时间后拿掉图形,让其决定所显示图形与哪个(些)图形是一样的。通过对神户商船大学75名学生的实验,所得到的结论是:当时间长度不变时,随着信息量的增加,人们处理信息的能力逐渐下降,即所出现的错误率逐渐增加。

在道路交通工程中,对车辆驾驶员处理信息的能力研究较多。J. W. Senders以及J. L. Ward[391]曾报告一个直接与驾驶员处理信息能力有关的有趣实验。实验方案包括观察驾驶员所保持的速度与其视线被阻断的总时间之间的关系。实验采用两种不同的运动方式及两种不同等级的道路:一条为马萨诸塞州I-495,是尚未开放的路段,认为对于驾驶员是条"平顺"的道路;另一条为环形赛车路段,认为是一条难行的道路。实验结果表明:观察频率越小或观察周期越短,驾驶员所能保持的速度越低;反之,若实验规定的速度标准越高,驾驶员在驾车行驶时注视道路越多。两种道路之间的差别是变动因素,在其中较复杂的道路,为了不断地观察和阻塞时间,需要较低的车速;或者为了固定的车速与考察时间,需要更频繁的瞭望。上述驾驶员-信息模型中的假设与推导如下:

①驾驶情况是稳定状态,车辆以恒速(mile/s)前进;查看计时呈周期性,在 T_1 时,视线无阻,而在 T_d 时则被遮断;

②道路有一固定的信息密度 H bit/mile;

③驾驶员存储影像的信息密度为 $He^{-\frac{x}{D}}$ bit/mile(式中 D 为加权系数并以英里计,而 x 为从遮断开始的距离);

④观察时间对于驾驶员取得全部有用的信息来说是足够的,信息存储的数量在 $t=0$ 时,为 HD bit;

⑤信息按 $I_r(t)/F$ 速率被遗忘,而按速率 $I_r(t)B/D$(bit/s)成为过时的,存储 t 时间的信息总数,遮断开始后为 $HDe^{-\left(\frac{v}{D}+1/F\right)t}$ bit。式中 I_r 为存储的信息比特数,F 为时间常数(s),v 为速度(bit/s)。

假设驾驶员调整其速度(或遮断时间),则在遮断结束时其不肯定性 $U(T_d)$ 小于某临界值 U_c。

不肯定性由两部分组成:

①关于道路的不肯定性。

②关于车辆位置与车辆方向的不肯定性。引进不肯定性后,驾驶员特性的模型成为:

$$U(T_d) = HD\left[1 - e^{-\left(\frac{v}{D} + 1/F\right)T_d}\right] + K_n v^2 T_d^{3/2} \leq U_c$$

式中,K_n 包括有关驾驶员对车辆位置的不肯定性的功率系数以及其他换算系数。

参考文献[392、393]指出,像驾驶这样的工作,可以是对信息含有刺激的反应。用它所包含的"比特"数来表示信息的数量是合适的,即必须做出各不相同的决定数,以便正确地执行任务。驾驶员工作牵涉连续变化中的刺激,因此,他能否做出正确的决定取决于信息以每秒多少比特传递给驾驶员。如果传递速率较慢,驾驶员就能正确地反应和处理传递给他的所有信息。但是,驾驶员处理信息受他们的能力限制。如果信息传递给驾驶员的速度超出了其处理的能力,就得不到处理,甚至会干扰驾驶员。正如参考文献[394、395]所认为的那样,驾驶员有一条单独固定能力的信息渠道,在固定能力限度内工作是线性增加的,其所受刺激的水平在到达某点前,呈现有利的影响,而其后更多的刺激则降低其工作效率[396]。

其他结果也证明:在航行环境复杂、交通密集水域航行时为什么经常容易发生海上交通事故。

总之,船舶驾驶员的避碰操纵工作是对从航道、其他船舶和周围环境中接收到的信息以及通过船舶和本船航向、速度控制等接收到的各种刺激所产生的反应。驾驶员用的感觉主要是视觉,其次是听觉。然而,人的眼睛接收信息的速率能高达 4.6×10^6 bit/s,人的信息处理渠道的最大速率为 $25 \sim 35$ bit/s。因此,在交通密集、航行环境复杂的水域,如果驾驶员对信息不做选择性的过滤,则可能会使信息处理渠道不知所措。

3.5.3.2 白天与黑夜的影响

相关统计表明[7、17、20],夜间发生的碰撞事故比白天多 5 倍。神鸟昭统计关门海峡中白天与晚上碰撞事故的比例为 45%∶55%。

3.5.3.3 能见度良好与能见度不良

日本的藤井和山内通过对日本六个海峡发生的 562 起碰撞事故按视距进行了分类,分析表明碰撞概率与视距成反比。挪威研究结果表明:能见度在 3 n mile 以下时发生的碰撞事故占总数的 39%,在雾中发生的碰撞事故占总数的 31%。日本有人统计结果指出,雾中碰撞频率是能见度良好时的 90 倍以上。

3.6 本章小结

本章对船舶避碰决策系统研究现状进行了综述。根据收集到的资料,对公开的三个船舶避碰系统进行分析,并指出了其存在的优点和缺点。

系统地分析了在船舶智能避碰决策系统中人的因素、驾驶员特性、船的因素。

根据系统构成思想,分析了船舶避碰系统的构成;在分析总结了前人有关研究成果基础上,对组成船舶避碰系统的"人-船-环境"三因素进行了综合分析,为船舶智能避碰决策系统及船舶避碰数据库的建立提供了思路。这种分析具有:

第一,通过对人为失误分析,说明了研究船舶智能避碰决策系统的重要性。通过船舶智能避碰决策系统的研制与未来在船上的运行,能够在一定程度上克服由船舶驾驶员人为失误所导致的船舶碰撞事故。

第二,根据船舶驾驶员存在的互动性,提出了在研究船舶智能避碰决策系统时,考虑会遇两船或多船可能产生的不协调避碰行动问题。

第三,由于船舶智能避碰决策系统的研制与使用,船舶避碰系统可能由"人-船-环境"而变为由"智能避碰决策系统——人-船-环境"组成。因此,在研究船舶智能避碰决策系统时,从系统的思想出发,考虑到装有智能避碰决策系统的船舶与装有智能避碰决策系统的船舶的避碰问题、装有智能避碰决策系统的船舶与人的避碰问题,从而较全面地确定与船舶避碰有关的因素。如在确定船舶碰撞危险度时应尽量多地综合各种可能影响的因素;在确定优化避碰方案时,也应综合各种可能的影响因素而选定等。

总之,船舶避碰行为是系统中各因素相互作用的结果,这要求智能避碰决策系统的研究必须完全立足于系统论的观点,除利用 ARPA 实时特点外,应建立各种有利于避免不协调避碰行动的机制。

本章主要采用了总结归纳、分析对比等研究方法。

第4章

本船及他船运动参数的计算

本章主要内容如下：

（1）给出了智能避碰决策仿真系统坐标；

（2）给出了船舶有关避碰参数的计算方法；

（3）分析了航向改变对 $DCPA$ 和 $TCPA$ 的影响；

（4）针对当前研究较少考虑 $DCPA < 0$ 和 $TCPA < 0$ 的问题，分析了来船相对方位、初始 $DCPA$ 符号与通过本船首尾的关系及 $TCPA < 0$ 的含义，并将其纳入智能避碰决策系统中。

在本章及以后章节中，定义：让路船及有避让责任的船舶统称为让路船。

在船舶智能避碰决策系统中，确定本船及他船运动参数，是进行各种计算及判断的基础。因此，必须在一个坐标系下进行相应的换算。本书所建立的是一个计算机仿真系统，因而使用理论计算数据。

4.1 船舶运动参数计算

设：本船 S_0 的地理坐标为 (x_0, y_0)，速度 v_0、航向 φ_0；他船 S_T 地理坐标为 (x_T, y_T)，速度 v_T、航向 φ_T。则：

（1）本船及他船速度在 x 轴、y 轴上的分量为：

$$\begin{cases} v_{x0} = v_0 \cdot \sin \varphi_0 \\ v_{y0} = v_0 \cdot \cos \varphi_0 \end{cases} \qquad \begin{cases} v_{xT} = v_T \cdot \sin \varphi_T \\ v_{xT} = v_T \cdot \sin \varphi_T \end{cases}$$

（2）他船相对运动速度

由于相对速度在 x 轴、y 轴上分量可表示为：

$$\begin{cases} v_{xR} = v_{xT} - v_{x0} \\ v_{yR} = v_{yT} - v_{x0} \end{cases}$$

则相对速度大小为：$v_R = \sqrt{v_{xR}^2 + v_{yR}^2}$

相对速度的航向为：

$$\varphi_R = atan\frac{v_{xR}}{v_{yR}} + \alpha$$

其中：

$$\alpha = \begin{cases} 0°, v_{xR} \geqslant 0, v_{yR} \geqslant 0 \\ 180°, v_{xR} < 0, v_{yR} < 0 \\ 180°, v_{xR} \geqslant 0, v_{yR} < 0 \\ 360°, v_{xR} < 0, v_{yR} \geqslant 0 \end{cases}$$

（3）他船相对距离为：$R_T = \sqrt{(x_T - x_0)^2 + (y_T - y_0)^2}$

（4）他船相对于本船的真方位为：

$$\alpha_T = atan\frac{x_T - x_0}{y_T - y_0} + \alpha$$

其中：α 确定原则同（2）。

（5）本船相对他船的真方位为：

$$\alpha_0 = atan\frac{x_0 - x_T}{y_0 - y_T} + \alpha$$

其中：α 确定原则同（2）。

（6）他船舷角为：

$$\theta'_T = \alpha_T - \varphi_0 \pm 360°$$

（7）他船与本船航向交角为：

$$C_T = \varphi_T - \varphi_0$$

（8）本船与他船的最近会遇距离 $DCPA_T$ 为：

$$DCPA_T = R_T \cdot \sin(\varphi_R - \alpha_T - \pi)$$

根据本船与他船相对位置关系，$DCPA_T$ 的符号如图 4-1 所示。

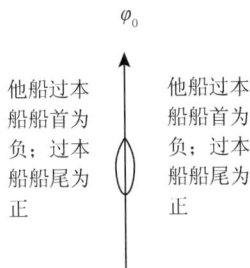

图 4-1　$DCPA_T$符号示意图

（9）本船与他船的 $TCPA_T$ 为：

$$TCPA_T = R_T \cdot \cos(\varphi_R - \alpha_T - \pi) / v_R$$

其中：若 $TCPA < 0$，表示目标船已驶过两船最近会遇点。

（10）最近会遇点与本船舷角的关系

当 $DCPA > 0$ 时，$\theta_T = \varphi_R + 90° - \varphi_0$；

当 $DCPA < 0$ 时，$\theta_T = \varphi_R - 90° - \varphi_0$。

注意在上述两式中可能存在 $\pm 360°$ 的问题。

4.2 目标船相互之间的运动参数

在船舶智能避碰决策系统中，当本船需知道目标船相互之间构成的会遇局面，以及预测目标船相互之间及受本船的影响可能采取避碰行动时，需要对目标船之间的相互运动参数加以计算。

设：目标 1 速度 v_{T1}、航向 φ_{T1}、与本船距离为 R_{T1}；

目标 2 速度 v_{T2}、航向 φ_{T2}、与本船距离为 R_{T2}。

（1）目标船 1 在 x 轴、y 轴上的速度

$$\begin{cases} v_{xT1} = v_{T1} \cdot \sin \varphi_{T1} \\ v_{yT1} = v_{T1} \cdot \cos \varphi_{T1} \end{cases}$$

（2）目标船 2 在 x 轴、y 轴上的速度

$$\begin{cases} v_{xT2} = v_{T2} \cdot \sin \varphi_{T2} \\ v_{yT2} = v_{T2} \cdot \cos \varphi_{T2} \end{cases}$$

（3）相对于目标 1，目标 2 的相对速度

①相对速度在 x 轴、y 轴上的速度

$$\begin{cases} v_{xR12} = v_{xT2} - v_{xT1} \\ v_{yR12} = v_{yT2} - v_{yT1} \end{cases}$$

②相对速度大小为：$v_{R12} = \sqrt{{v_{xR12}}^2 + {v_{yR12}}^2}$

③相对速度的航向为：$\varphi_{R12} = atan \dfrac{v_{xR12}}{v_{yR12}} + \alpha$

其中：

$$\alpha = \begin{cases} 0°, v_{xR12} \geqslant 0, v_{yR12} \geqslant 0 \\ 180°, v_{xR12} < 0, v_{yR12} < 0 \\ 180°, v_{xR12} \geqslant 0, v_{yR12} < 0 \\ 360°, v_{xR12} < 0, v_{yR12} \geqslant 0 \end{cases}$$

(4)若以本船为观测点,目标1和目标2的真方位

$$\alpha_{T1} = a\tan\frac{x_{T1} - x_0}{y_{T1} - y_0} + \alpha_1$$

$$\alpha_{T2} = a\tan\frac{x_{T2} - x_0}{y_{T2} - y_0} + \alpha_2$$

其中:

$$\alpha_1 = \begin{cases} 0°, x_{T1} - x_0 \geqslant 0, y_{T1} - y_0 \geqslant 0 \\ 180°, x_{T1} - x_0 < 0, y_{T1} - y_0 < 0 \\ 180°, x_{T1} - x_0 \geqslant 0, y_{T1} - y_0 < 0 \\ 360°, x_{T1} - x_0 < 0, y_{T1} - y_0 \geqslant 0 \end{cases}$$

$$\alpha_2 = \begin{cases} 0°, x_{T2} - x_0 \geqslant 0, y_{T2} - y_0 \geqslant 0 \\ 180°, x_{T2} - x_0 < 0, y_{T2} - y_0 < 0 \\ 180°, x_{T2} - x_0 \geqslant 0, y_{T2} - y_0 < 0 \\ 360°, x_{T2} - x_0 < 0, y_{T2} - y_0 \geqslant 0 \end{cases}$$

(5)目标1为观测点时,目标2相对于目标1的真方位

$$\alpha_{T12} = a\tan\frac{x_{T2} - x_{T1}}{y_{T2} - y_{T1}} + \alpha$$

其中:

$$\alpha = \begin{cases} 0°, x_{T2} - x_{T1} \geqslant 0, y_{T2} - y_{T1} \geqslant 0 \\ 180°, x_{T2} - x_{T1} < 0, y_{T2} - y_{T1} < 0 \\ 180°, x_{T2} - x_{T1} \geqslant 0, y_{T2} - y_{T1} < 0 \\ 360°, x_{T2} - x_{T1} < 0, y_{T2} - y_{T1} \geqslant 0 \end{cases}$$

(6)目标1与目标2间的距离

当本船 S_0 的地理坐标为 (x_0, y_0),目标船1地理坐标为 (x_{T1}, y_{T1}) 时

$$\begin{cases} x_{T1} = R_{T1} \cdot \sin\alpha_{T1} \\ y_{T1} = R_{T1} \cdot \cos\alpha_{T1} \end{cases}$$

当本船 S_0 的地理坐标为 (x_0, y_0),目标船2地理坐标为 (x_{T2}, y_{T2}) 时

$$\begin{cases} x_{T2} = R_{T2} \cdot \sin\alpha_{T2} \\ y_{T2} = R_{T2} \cdot \cos\alpha_{T2} \end{cases}$$

则目标船1与目标船2的距离为:

$$R_{T12} = \sqrt{(x_{T1} - x_{T2})^2 + (y_{T1} - y_{T2})^2}$$

(7)目标船2相对于目标船1的舷角

$$\theta_{T12} = \alpha_{T12} - \varphi_1 \pm 360°$$

(8)目标船1与目标船2的最近会遇距离(DCPA)

$$DCPA_{12} = R_{T12} \cdot \sin(\varphi_{R12} - \alpha_{T12} - \pi)$$

（9）目标船 1 与目标船 2 的 $TCPA$

$$TCPA_{12} = R_{T12} \cdot \cos(\varphi_{R12} - \alpha_{T12} - \pi) / v_{R12}$$

4.3 改向对 $DCPA$ 和 $TCPA$ 的影响

从图 4-2 知道,当船舶间的相对位置关系一定时,改变航向、船速,或同时改变航向和船速对两船间的 $DCPA$ 是有影响的。分析这种影响是确定采取避碰措施大小的依据。

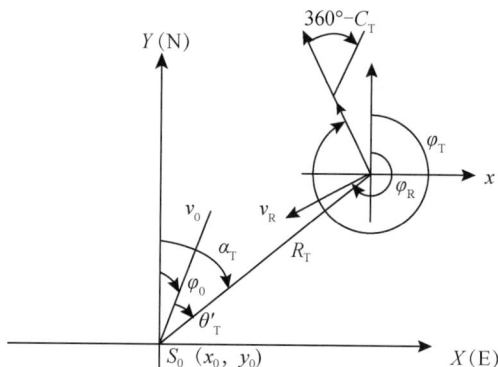

图 4-2 相对运动参数图

4.3.1 ● 改变航向对 $DCPA$ 的影响

设:只改变航向 $\Delta\varphi$

当两船间的相对位置关系不变时,本船速度:

$$\begin{cases} v'_{x0} = v_0 \cdot \sin(\varphi_0 + \Delta\varphi) \\ v'_{y0} = v_0 \cdot \cos(\varphi_0 + \Delta\varphi) \end{cases}$$

式中,v_0 ——变向前本船速度;

　　φ_0 ——变向前本船的航向。

本船变向后,两船间相对速度的大小与航向为:

$$\begin{cases} v'_{xR} = v_{xT} - v'_{x0} \\ v'_{yR} = v_{yT} - v'_{y0} \end{cases}$$

相对速度大小为:$v'_R = \sqrt{v'^2_{xR} + v'^2_{yR}}$

相对速度的航向为:$\varphi'_R = atan \dfrac{v'_{xR}}{v'_{yR}} + \alpha$

其中:

$$\alpha = \begin{cases} 0°, v'_{xR} \geq 0, v'_{yR} \geq 0 \\ 180°, v'_{xR} < 0, v'_{yR} < 0 \\ 180°, v'_{xR} \geq 0, v'_{yR} < 0 \\ 360°, v'_{xR} < 0, v'_{yR} \geq 0 \end{cases}$$

则改向后两船间的 $DCPA$ 为:

$$DCPA = R_T \cdot \sin(\varphi'_R - \alpha_T - \pi)$$

4.3.2 改变航向后对 $TCPA$ 的影响

由于在改变航向前的 $TCPA$ 为:

$$TCPA = R_T \cdot \cos(\varphi_R - \alpha_T - \pi) / v_R$$

则改变航向后的 $TCPA'$ 为:

$$TCPA' = R_T \cdot \cos(\varphi'_R - \alpha_T - \pi) / v'_R$$

4.4 本章小结

本章探讨了船舶各种避碰参数的计算方法,特别是船舶转向幅度与 $DCPA$ 和 $TCPA$ 的关系。得出的结果是,该方法既可用于船舶智能避碰决策仿真系统,也可用于实际船舶避碰中。主要工作归纳如下:

(1)给出了智能避碰决策仿真系统坐标系;

(2)给出了船舶有关避碰参数的计算方法;

(3)分析了航向改变对 $DCPA$ 和 $TCPA$ 的影响;

(4)针对当前研究较少考虑 $DCPA < 0$ 和 $TCPA < 0$ 的问题,分析了来船相对方位、初始 $DCPA$ 符号与通过本船船首尾的关系,指出了 $TCPA < 0$ 的含义,并将其纳入智能避碰决策系统中,使智能避碰决策系统的推理更全面,弥补了当前研究中存在的不足。

第5章

船舶会遇局面划分与避碰责任

本章主要内容如下：

船舶之间的避碰取决于规则或协议的有无及其完善程度。规则对三种会遇局面的划分是定性的，而在实践中，船员对会遇局面的认识并不完全相同。为了使智能避碰决策系统能够模仿人的避碰决策过程，吸取多数人的认识，本章：

（1）对能见度良好情况下的三种会遇局面进行了定量划分；

（2）提出了避碰行动局面的概念，对避碰行动局面进行了定量划分；

（3）建立了驶过让清的判断模型。

5.1 能见度良好时三种会遇局面的划分

当能见度良好时，两船的会遇局面可划分为对遇、交叉相遇和追越局面三种。在实际中，由于对会遇局面认识不统一[30]，而出现船舶不协调避碰问题。在船舶智能避碰决策系统中，明确船舶会遇局面及避碰行动局面的划分是十分重要的。

根据《国际海上避碰规则》的规定，船舶之间的会遇局面不同，船舶在避碰时的责任也不同。在两艘机动船对遇并存在碰撞危险时，各应向右转向，从而各从他船的左舷驶过；当两艘机动船为交叉相遇致有构成碰撞危险时，有他船在本船右舷的船舶应给他船让路，如当时环境许可，还应避免横越他船的前方。但在给两艘机动船舶的对遇局面定义时，规则却使用了模糊的词语。避碰规则第十四条定义为：对遇局面是指两艘机动船在相反的或接近相反的航向上相遇，并致有构成碰撞危险的一种船舶会遇局面。其第三款还规定：当一船对是否存在这样的局面有任何怀疑时，该船应假定确实存在这种局面，并应采取相应的行动。对于两船航向"接近相反"及"对是否存在这样的局面有任何怀疑"的理解，不同的人有不同的解释。概括起来有：

（1）根据规则附录一第9节（水平光弧）第（1）①段规定，舷灯发光强度在光弧外的1°～3°之间，应减弱以达到确实断光，故处于对遇局面中的两船的最大航向交角为4°左右或一船的最大舷角为2°左右。考虑到船舶操舵航向的偏摆，一般将在正前方3°左右范围内同时看见来船两盏舷灯的局面认为是对遇。

（2）在1890年Gulf Steam案件中，两船航向差为3/4个罗经点（约8°），法院认为不适用对遇条款而适用于交叉相遇条款；在1896年Nichols案件中，两船航向差为0.5个罗经点（5.5°），认为适用于对遇条款。

（3）只要两船的航向处于相反（±180°）成6°左右的交叉局面，即可认为两船是处在对遇或接近对遇。

（4）只要两船在关键时刻航向交角大于10°，将认为是交叉会遇局面，而非对遇局面。

5.1.1 三种局面的模糊统计

除其他条件外，避碰规则对交叉相遇与对遇局面的划分，是根据会遇两船的航向交角或舷角来确定的；而交叉相遇与追越局面则是根据一船位于另一船的舷角来确定的。对以适当速度运动的两船，也可以以一船位于另一船的航向交角或舷角来区分对遇与交叉相遇局面。为此，通过对船员三种局面认识的大量调查，运用模糊统计对三种会遇局面进行划分。

模糊统计的原理：设定论域$U = \{0° \sim 360°\}$；U中的一个固定元素为u_0；U中的一个可变动集合为A，它联系着一个模糊集A'（相对于模糊概念α），A的每次固定化，都是对α所做出的一个确切划分，它表示α的一个近似的外延；条件S，它联系着对概念α所进行划分过程的全部客观的或心理的因素，制约着A的变动。做n次实验，计算u_0对A'的隶属度频率：

$$u_0 对 A' 的隶属频率 = "u_0 \in A'"的次数/n$$

许多实验表明：随着n的增大，隶属频率也会呈现稳定性，频率稳定所在的那个数，即为u_0对A'的隶属度。

通过对船员海上避碰行为的调查得出，一船与另一船的航向交角或舷角属于对遇的隶属度函数$H(\theta)$、属于交叉相遇的隶属度函数$C(\theta)$及属于追越的隶属度函数$O(\theta)$的分别为：

$$H(\theta) = \frac{1}{0°} + \frac{1}{1°} + \frac{1}{2°} + \frac{0.951}{3°} + \frac{0.787}{4°} + \frac{0.754}{5°} + \frac{0.164}{6°} + \frac{0.082}{7°} + \frac{0.082}{8°} + \frac{0.066}{9°} + \frac{0.066}{10°}$$

$$(5-1)$$

$H(\theta)$的值相对于0°舷角对称。

$$C(\theta) = \frac{0.036}{2°} + \frac{0.218}{3°} + \frac{0.218}{4°} + \frac{0.855}{5°} + \frac{0.972}{6°} + \frac{0.972}{7°} + \frac{0.964}{8°} + \frac{0.964}{9°} + \frac{1}{10°} + \cdots$$

$$+ \frac{1}{80°} + \frac{0.982}{81°} + \cdots + \frac{0.982}{85°} + \frac{0.963}{86°} + \cdots + \frac{0.962}{90°} + \frac{0.852}{91°} + \cdots + \frac{0.852}{95°} + \frac{0.815}{96°} + \cdots +$$

$$\frac{0.815}{100°}+\frac{0.778}{101°}+\cdots+\frac{0.778}{108°}+\frac{0.759}{109°}+\frac{0.759}{110°}+\frac{0.722}{111°}+\frac{0.722}{112°}+\frac{0.704}{112.5°}+\frac{0.444}{113°}+\frac{0.426}{113.5°}+$$

$$\frac{0.389}{114°}+\frac{0.389}{115°}+\frac{0.352}{116°}+\frac{0.352}{117°}+\frac{0.333}{118°}+\cdots+\frac{0.333}{120°}+\frac{0.259}{121°}+\cdots+\frac{0.259}{125°}+\frac{0.241}{126°}+\cdots+$$

$$\frac{0.241}{135°}+\frac{0.222}{136°}+\cdots+\frac{0.222}{150°}+\frac{0.167}{151°}+\cdots+\frac{0.167}{155°}+\frac{0.111}{157°}+\cdots+\frac{0.111}{160°}+\frac{0.074}{161°}+$$

$$\frac{0.037}{162°}+\cdots+\frac{0.037}{170°}+\frac{0.019}{171°}+\cdots+\frac{0.019}{175°}+\frac{0}{176°}+\cdots+\frac{0}{180°} \tag{5-2}$$

$C(\theta)$ 的值相对于 180° 舷角对称。

$$O(\theta)=\frac{0.111}{90°}+\cdots+\frac{0.111}{94°}+\frac{0.963}{95°}+\cdots+\frac{0.130}{99°}+\frac{0.185}{100°}+\cdots+\frac{0.185}{104°}+\frac{0.207}{105°}+\cdots+$$

$$\frac{0.207}{109°}+\frac{0.259}{110°}+\frac{0.259}{111°}+\frac{0.296}{112°}+\frac{0.556}{112.5°}+\frac{0.574}{113°}+\cdots+\frac{0.574}{117°}+\frac{0.593}{118°}+\frac{0.593}{119°}+$$

$$\frac{0.648}{120°}+\cdots+\frac{0.648}{124°}+\frac{0.685}{125°}+\cdots+\frac{0.685}{134°}+\frac{0.722}{135°}+\frac{0.741}{135.5°}+\cdots+\frac{0.741}{149°}+\frac{0.852}{150°}+\cdots+$$

$$\frac{0.852}{154°}+\frac{0.889}{155°}+\frac{0.889}{159°}+\frac{0.907}{160°}+\cdots+\frac{0.907}{164°}+\frac{0.944}{165°}+\cdots+\frac{0.944}{169°}+\frac{0.963}{170°}+\cdots+$$

$$\frac{0.963}{174°}+\frac{0}{175°}+\cdots+\frac{0}{180°} \tag{5-3}$$

$O(\theta)$ 的值相对于 180° 舷角对称。

5.1.2 ● 三种局面相对于一船舷角的模糊划分

设 $A_1,A_2,\cdots,A_n\in F(U)$ 这 n 个标准模式，$u_0\in U$ 是待识别对象，如果满足：$u_{Ai}(u_0)=\max\{u_{A1}(u_0),u_{A2}(u_0),\cdots,u_{Ai}(u_0),\cdots,u_{An}(u_0)\}$，则认为 u_0 相对地属于 A_i。

现设 $H(\theta)$、$C(\theta)$、$O(\theta)$ 为标准模式，则一船相对于另一船的舷角 θ 属于这三个模式的隶属度。已知，若 $\max\{H(\theta),C(\theta),O(\theta)\}=H(\theta)$，则可称该局面是对遇局面；若等于 $C(\theta)$，则可称该局面是交叉相遇局面；反之则称该局面是追越局面。根据 $H(\theta)$、$C(\theta)$ 和 $O(\theta)$ 值，当 $\theta=3°$、$4°$、$5°$、$6°$ 时有：

$H(3°)=0.9508$　$H(4°)=0.7869$　$H(5°)=0.7541$　$H(6°)=0.1639$

$C(3°)=0.2182$　$C(4°)=0.2182$　$C(5°)=0.8545$　$C(6°)=0.9273$

因此，交叉相遇局面和对遇局面以 $\theta=5°$ 为分界线。

当 $\theta=112°$、$112.5°$、$113°$ 时，有：

$C(112°)=0.7222$　$C(112.5°)=0.7037$　$C(113°)=0.4444$

$O(112°)=0.2963$　$O(112.5°)=0.5556$　$O(113°)=0.5741$

因此，交叉相遇局面与追越局面以 $\theta=112.5°$ 为分界线。

综上所述，对遇局面他船的航向交角或舷角为：位于船首左右舷角为 5° 以内或航向交角相差范围在 175° ~ 185°。交叉相遇局面是：一船位于另一船左右舷角为 5° ~

112.5°。追越局面是:一船位于另一船左右舷角为112.5°~180°。

5.2 基于规则与经验的互见两船行动局面划分

《国际海上避碰规则》对能见度良好时三种会遇局面的划分,是为了确定在特定会遇局面下,两船在避碰中的权利和义务。在交叉相遇和追越局面中,一船负有让路义务,而另一船则负有保向与保速义务。然而,同样是交叉相遇局面,当直航船位于让路船的舷角不同时,让路船采取的避碰行动并不完全相同。在某些情况下采取向右转向,而在另外一些情况下采取向左转向的避碰行动。另外,根据避碰理论,当直航船的舷角大于一定值时,左转比右转更有利于避碰,对让路船造成的偏航损失也相对较小。因此,除避碰规则规定的会遇局面划分外,还有让路船避碰行动局面的划分问题。

在船舶智能避碰决策系统中,研究船舶避碰行动局面划分问题:一方面是把船舶避碰过程程式化,并作为知识库的一部分;另一方面是为了将让路船的最可能行动融入智能避碰决策系统,以便于将有该系统的直航船在必要时采取有利于避免不协调的避碰行动。

5.2.1 互见时两船避碰行动局面划分

当能见度良好时,船舶避碰行动局面基本上是依据规则对会遇局面的三种划分进行的。根据避碰规则规定,避碰行动局面按图 5-1 划分。

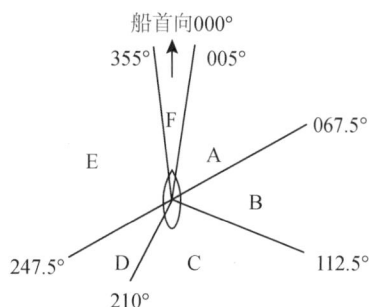

船首向000°
355°　　005°
067.5°
F
E　　A
B
247.5°　D　　C　　112.5°
210°

图 5-1　两船互见中避碰行动局面划分图

互见中两船会遇,将避碰行动局面划分为 A、B、C、D、E、F 六种。其中对位于 A 区域的他船,本船为让路船,采取向右转向的避碰行动;对位于 E 区域的他船,本船为直航船,通常本船不采取任何避碰行动,只有在他船与本船形成紧迫局面而仍未采取任何避碰行动时,本船才采取向右转向的避碰行动;对于 C、D 区域的他船,本船为被追越船,通常本船应保向与保速,只有当他船与本船形成紧迫局面时,根据他船在 C、D 的相应区域及初始 *DCPA* 情况,才采取相应的避碰行动;对于 B 区域的他船,本船为让路船,由于位于本船的舷角较大,而且有时采取较大幅度右转向避碰行动的效果,不如左转避碰行动的效果明显。因此,根据两船速度比,当$v_T/v_0 \leqslant 0.95$时,本船左转向;当$v_T/v_0 > 0.95$时,本船右转向。

关于 C 与 D 分界线的确定:对 236 张调查问卷的统计分析结果显示,当本船追越他船且位于他船舷角 210° 且 $DCPA = 0$ 时,向左和向右转向的比例几乎各占 50%。因此,C 与 D 区域以 210° 作为分界线。

那么,当存在碰撞危险时,对位于 C、D 区域并与本船构成追越局面的他船,当其不采取避碰行动且形成紧迫局面时,本船应采取什么样的转向避碰行动呢? 或者,当本船位于 C、D 区域且追越他船时,本船又该如何行动呢? 避碰知识库中必须包括该方面的知识。

通过对回收的 236 张调查问卷统计分析得知,当本船追越他船时,有 89.75% 的驾驶员是根据初始 $DCPA$ 值及本船是位于 C 或 D 区域确定的。若本船位于 D 区域且 $DCPA \leqslant 0$ 或本船航向平行于被追越船时,采取向左转向避碰行动;若位于 D 区域且 $DCPA \geqslant 0$ 时,采取向右转向避碰行动;若位于 C 区域且 $DCPA \geqslant 0$ 或两船航向平行时,向右转向;若位于 C 区域且 $DCPA < 0$,则向左转向。

因此,若本船被位于 C、D 区域的他船追越,当他船不采取避碰行动时,在预测他船可能采取避碰行动前提下,采取被大多数船员认为是协调的避碰行动。

关于行动局面(或称会遇类型、基本会遇局面),在不同的研究中有不同的划分。参考文献[340]将基本行动局面划分为六个类型,即:

(1)他船从左舷向右舷穿越;

(2)他船从右舷向左舷穿越;

(3)他船追越本船;

(4)本船追越他船;

(5)他船正对本船而来;

(6)他船处在停车状态。

其划分方法基本是根据《国际海上避碰规则》的规定进行的,只是增加了本船与停车的他船会遇一种情况。这种划分对会遇两船在正常情况下的避碰行动是适当的,但当本船为直航船,他船又未及时采取避碰行动,以致形成了紧迫局面时,对本船应如何采取避碰行动涉及得较少。

参考文献[24]将基本会遇局面分为六种:

(1)对遇;

(2)右交叉;

(3)左交叉;

(4)从左舷追越;

(5)从右舷追越;

(6)被追越。

在其划分中,除追越局面外,其他会遇局面基本与《国际海上避碰规则》的规定相同。将追越局面划分为左、右两种追越,在一定程度上是为了确定本船所采取的避碰行动是左让还是右让。

在此指出:不管是英国利物浦工业大学工程技术管理学院对基本行动局面的划分,还是我国海军广州舰艇学院对基本会遇局面的划分,主要是为了确定两船会遇时本船的避碰行动方法。但当本船与多船会遇时,对本船应如何进行避碰操纵问题却基本未涉及。

本书对避碰行动局面的划分有三个目的:

(1)遵守《国际海上避碰规则》的规定;

(2)在他船未按《国际海上避碰规则》采取行动时,为避碰知识库提供本船采取紧急避碰行动的知识;

(3)总结归纳船员在海上避碰行动的实践经验。

对追越局面一分为二,主要目的是:当他船追越本船且未在适当距离上采取避碰行动时,本船在预测他船行动的基础上,采取有利于避免两船不协调的避碰行动。对 C 区域的追越船,当 $DCPA \geqslant 0$ 时,包括了两种情况:

(1)他船位于本船舷角 $112.5° \sim 180°$ 范围内,且过本船船首,预测他船最可能采取右转向行动;

(2)他船位于本船舷角 $180° \sim 210°$ 范围内,且过本船船尾,预测他船最可能采取右转向行动。

因此,当他船未在适当距离上采取避碰行动且形成紧迫局面时,本船采取向左转向行动。对 C 区域的追越船,当 $DCPA < 0$ 时,也包括了两种情况:

(1)他船位于本船舷角 $112.5° \sim 180°$ 范围内,且过本船船尾,预测他船最可能采取左转向的避碰行动;

(2)他船位于本船舷角 $180° \sim 210°$ 范围内,且过本船船首,预测他船最可能采取右转向的避碰行动。

因此,在这种会遇态势下,若他船未采取行动且形成紧迫局面,本船采取右转向行动。

对 D 区域的追越船,当 $DCPA \leqslant 0$ 时,他船过本船船首,预测他船最可能采取左转向的避碰行动,当形成紧迫局面时,本船采取右转向行动;当 $DCPA > 0$ 时,他船过本船船尾,预测他船最可能采取右转向行动,当他船未采取避碰行动且形成紧迫局面时,本船向左转向。

此外,还为了确定本船应采取的避碰行动。当本船在相应区域追越他船时,根据如他船在相对区域追越本船所预测的他船行动一样采取相应的避碰行动。

本书对避碰行动局面划分的优点表现为:根据两船的不同会遇态势,依据规则将船员的经验融入智能避碰决策系统;在追越局面中,本书的划分方法在一定程度上符合船员的一般做法,使避碰行动简单易行,尽量吸收了当前关于船舶避碰行动局面划分的研究成果。

5.2.2 ● 避碰行动局面的定量划分及避碰责任

根据《国际海上避碰规则》的规定,在判断存在碰撞危险船舶间的权利与义务时,是以两船的航向、一船位于另一船的舷角、距离等为依据的。

根据第 4 章,对任何他船 S_T,可计算出其与本船航向的交角 C_T、他船 S_T 位于本船 S_0 的舷角 θ_T。结合本章关于会遇局面及避碰行动局面的划分,在能见度良好情况下,本船 S_0 的权利与义务判断模块可建立如下。

5.2.2.1 判断本船避碰责任的原则

在《国际海上避碰规则》定性规定及定量划分的前提下,为了能够合理地确定本船在避碰中的责任,确定以下原则:

第一,根据对会遇局面及避碰行动局面划分确定本船责任的原则。确定该原则是因为根据《国际海上避碰规则》的定性规定,对某些情况下的会遇无法做出明确的定量划分,在根据规则确定本船责任时产生了困难。例如,对位于本船左舷并与本船航向交角为 174.5° 的他船,到底与本船形成的是对遇局面,还是交叉相遇局面,根据规则可能无法判定。在这种情况下,根据定量划分结果,认定为交叉相遇局面,且本船为让路船。

第二,在增大本船责任的同时,应充分考虑到他船最可能的避碰行动,而有利于避免两船间行动不协调的原则。有时,虽然增加本船所承担的责任对避碰是有利的,但并不总是这样。因此,增加本船在避碰中所承担的避碰责任,应以规则的要求及海上避碰实践为基础,并以充分估计他船可能采取的行动为前提。

第三,根据《国际海上避碰规则》,对他船让路责任实行严格限制原则。这一原则是指在定量判断他船所承担的避碰责任时,进行严格限制,避免对规则的规定进行扩大解释。

第四,对每一局面进行定量判断时,应保证判断结果的唯一性,避免出现对一种会遇局面适用两种避碰行动方式,即保证知识库搜索结果的唯一性,提高知识库推理判断的效率。

5.2.2.2 本船与他船两船会遇时本船避碰责任判断

根据《国际海上避碰规则》规定,在两船会遇并存在碰撞危险时,通常一船权利和义务的确定应该满足两个条件:第一,两船存在碰撞危险或对是否存在碰撞危险有怀疑;第二,适用于规则规定的特定会遇局面。由此,对本船附近存在的任一船,必须首先判断与本船间是否存在碰撞危险;若碰撞危险存在,则应根据船舶间的位置关系等因素,判断本船为让路船还是直航船。

根据会遇局面划分、避碰行动局面划分及他船舷角与最小安全通过距离的关系,在对遇与交叉相遇局面中,由于局面开始适用的两船距离为 6 n mile,所以下述是在他船与本船距离为 6 n mile 时的判断条件。当本船追越他船时,也在两船距离为 6 n mile 时判断,但考虑了追越局面所适用的距离为 3 n mile。

（1）若:

当他船的舷角为 $000° \leqslant \theta_T \leqslant 005°$,且

$|180° - |\varphi_T - \varphi_0|| \leqslant 5°$,且

$R_T \leqslant 6$ n mile,且

$u_T = 1$,

则本船与他船构成对遇局面,采取向右转向的避碰行动。

（2）若:

当他船的舷角为 $000° \leqslant \theta_T \leqslant 005°$,且

$|180° - |\varphi_T - \varphi_0|| > 5°$,且

$R_T \leqslant 6$ n mile,且

$u_T = 1$,

则本船与他船构成交叉相遇局面,本船为让路船并采取向右转向的避碰行动。

（3）若:

当他船的舷角为 $005° < \theta_T \leqslant 067.5°$,且

$|180° - |\varphi_T - \varphi_0|| > 5°$,且

$R_T \leqslant 6$ n mile,且

$u_T = 1$,

则本船与他船构成交叉相遇局面,本船为让路船并采取向右转向的避碰行动。

（4）若:

当他船的舷角为 $067.5° < \theta_T \leqslant 112.5°$,且

$|180° - |\varphi_T - \varphi_0|| > 5°$,且

$R_T \leqslant 6$ n mile,且

$u_T = 1$,

则本船与他船构成交叉相遇局面,本船为让路船并采取向左转向的避碰行动。

（5）若:

当他船的舷角为 $112.5° < \theta_T \leqslant 247.5°$,且

$u_T = 1$,且

$R_T \leqslant 3$ n mile,

则他船追越本船,本船为直航船,他船为让路船。

（6）若:

当他船的舷角为 $247.5° < \theta_T < 355°$,且

$u_T = 1$,且

$\mid 180° - \mid \varphi_T - \varphi_0 \parallel > 5°$,且

$R_T \leqslant 6$ n mile,

则本船与他船形成交叉相遇局面,他船为让路船,本船为直航船。

(7)若:

当他船的舷角为 $355° \leqslant \theta_T < 360°$,且

$\mid 180° - \mid \varphi_T - \varphi_0 \parallel \leqslant 5°$,且

$u_T = 1$,且

$R_T \leqslant 6$ n mile,

则本船与他船构成对遇局面,本船采取向右转向的避碰行动。

(8)若:

当他船的舷角为 $355° \leqslant \theta_T < 360°$,且

$\mid 180° - \mid \varphi_T - \varphi_0 \parallel > 5°$,且

$u_T = 1$,且

$R_T \leqslant 6$ n mile,

则本船与他船构成交叉相遇局面,他船为让路船,并采取右转向的避碰行动。

本船追越他船的判断:

在本船追越他船的局面中,是指本船位于他船的舷角为 $[112.5°, 247.5°]$。但 $\alpha_0 = \alpha_T + 180°$,而:

$$\theta_0 = \begin{cases} \alpha_0 - \varphi_T, & \alpha_0 - \varphi_T \geqslant 0 \\ \alpha_0 - \varphi + 360°, & \alpha_0 - \varphi < 0 \end{cases}$$

因此,$\theta_0 = \alpha_T + 180° - \varphi_T$。即

$(\alpha_T + 180°) \in [(112.5° + \varphi_T), (247.5° + \varphi_T)]$,具体如下:

(9)若:

$\mid \varphi_0 - \varphi_T \mid \leqslant 67.5°$,且

$112.5° + \varphi_T \leqslant \alpha_T + 180° \leqslant 180° + \varphi_T$ (三项都为属于 $[0°, 360°]$ 的数值),且

$R_T \leqslant 3$ n mile,且

$DCPA_0 < 0$,且

$u_T = 1$,

则本船位于 C 区域追越他船,他船为直航船,本船为让路船并采取向左转向的避让行动。

(10)若:

$\mid \varphi_0 - \varphi_T \mid \leqslant 67.5°$,且

$112.5° + \varphi_T \leqslant \alpha_T + 180° \leqslant 180° + \varphi_T$ (三项都为属于 $[0°, 360°]$ 的数值),且

$R_T \leqslant 3$ n mile,且

$DCPA_0 \geqslant 0$,且

$u_T = 1$,

则本船位于 C 区域追越他船,他船为直航船,本船为让路船并采取向右转向的避让行动。

(11)若:

$|\varphi_0 - \varphi_T| \leqslant 67.5°$,且

$180° + \varphi_T < \alpha_T + 180° \leqslant 210° + \varphi_T$(三项都为属于$[0°,360°]$的数值),且

$R_T \leqslant 3$ n mile,且

$DCPA_0 < 0$,且

$u_T = 1$,

则本船位于 C 区域追越他船,他船为直航船且通过本船船尾,本船为让路船并采取向左转向的避让行动。

(12)若:

$|\varphi_0 - \varphi_T| \leqslant 67.5°$,且

$112.5° + \varphi_T < \alpha_T + 180° \leqslant 180° + \varphi_T$(三项都为属于$[0°,360°]$的数值),且

$R_T \leqslant 3$ n mile,且

$DCPA_0 \geqslant 0$,且

$u_T = 1$,

则本船位于 C 区域追越他船,他船为直航船且通过本船船首,本船为让路船并采取向右转向的避让行动。

(13)若:

$|\varphi_0 - \varphi_T| \leqslant 67.5°$,且

$210° + \varphi_T < \alpha_T + 180° \leqslant 247.5° + \varphi_T$(三项都为属于$[0°,360°]$的数值),且

$R_T \leqslant 3$ n mile,且

$DCPA_0 > 0$,且

$u_T = 1$,

则本船位于 D 区域追越他船,他船为直航船且通过本船船首,本船为让路船并采取向右转向的避让行动。

(14)若:

$|\varphi_0 - \varphi_T| \leqslant 67.5°$,且

$210° + \varphi_T < \alpha_T + 180° \leqslant 247.5° + \varphi_T$(三项都为属于$[0°,360°]$的数值),且

$R_T \leqslant 3$ n mile,且

$DCPA_0 \leqslant 0$,且

$u_T = 1$,

则本船位于 D 区域追越他船,他船为直航船且通过本船船尾,本船为让路船并采取向左转向的避让行动。

在本船避碰责任判断中,可以看出,本船追越他船的局面可能与其他的局面重叠,若与其他局面的判断条件重叠,则根据《国际海上避碰规则》规定,追越局面应优先适用。

5.2.3 ● 驶过让清与避碰过程中是否允许转向避让第三船的判断

根据避碰规则规定,当让路船采取避碰行动时,直航船应保向保速。从法理上讲,让路船是相对于直航船存在的[30],让路船避碰义务与直航船保向保速权利同时存在和同时消灭。但从避碰实践及司法实践意义上讲,若让路船初始采取的避碰行动是"及早地、大幅度地且能够保证两船在安全距离上,宽裕地让清直航船",则在整个避碰行动过程中,让路船仍可采取行动避让第三船,只要这种行动不与初始直航船构成危险即可;而直航船在与让路船没有驶过让清之前,除保向保速外,通常不应采取其他行动。若在与让路船驶过让清之前采取了行动,除让路船的让路责任外,他还要承担保证两船安全通过的义务。由于原让路船行动的不确定性,以及一旦造成碰撞事故后的严重性,在避碰过程中,通常要求直航船不应采取其他行动,除非两船驶过让清。

(1)让路船首次转向避碰行动后是否允许再转向避让第三船的判断

本书将"驶过让清"定义为:当让路船采取转向避碰行动后,为一定目的(恢复航向、转向避让他船等)又转向 $\Delta\varphi'$(左转向 $\Delta\varphi'$ 为负,右转向 $\Delta\varphi'$ 为正)的行动,仍能保证两船以最小安全距离(d_1)通过且已驶过最近会遇点时,则认为让路船已与直航船最后驶过让清的一种态势。在该定义下,对于两船会遇驶过让清的判断,建立如第 3 章图 3-2 所示的坐标系。

设:本船采取行动前,他船速度为 v_T、航向为 φ_T;本船为让路船且速度为 v_0、航向为 φ_0;本船坐标(x_0, y_0),他船坐标(x_T, y_T),则初始 $DCPA$ 与 $TCPA$ 如下式所示:

$$\begin{cases} v_{x0} = v_0 \cdot \sin \varphi_0 \\ v_{y0} = v_0 \cdot \cos \varphi_0 \end{cases} \qquad \begin{cases} v_{xT} = v_T \cdot \sin \varphi_T \\ v_{xT} = v_T \cdot \cos \varphi_T \end{cases} \tag{5-4}$$

本船转向后,与他船的相对运动速度矢量在 x 轴、y 轴上的分量及大小分别如下式所示:

$$\begin{cases} v_{xR} = v_{xT} - v_{x0} \\ v_{yR} = v_{yT} - v_{y0} \end{cases} \qquad v_R = \sqrt{v_{xR}^2 + v_{yR}^2} \tag{5-5}$$

直航船相对速度的航向如下式所示:

$$\varphi_R = \arctan \frac{v_{xR}}{v_{yR}} + \alpha \,(\alpha \text{ 为系数}) \tag{5-6}$$

其中:

$$\alpha = \begin{cases} 0°, v_{xR} \geqslant 0, v_{yR} \geqslant 0 \\ 180°, v_{xR} < 0, v_{yR} < 0 \\ 180°, v_{xR} \geqslant 0, v_{yR} < 0 \\ 360°, v_{xR} < 0, v_{yR} \geqslant 0 \end{cases}$$

本船与他船的距离如下式所示:

$$R_T = \sqrt{(x_T - x_0)^2 + (y_T - y_0)^2} \tag{5-7}$$

本船转向后他船相对真方位如下式所示：

$$\alpha_T = \arctan \frac{x_T - x_0}{y_T - y_0} + \alpha \tag{5-8}$$

α 含义同式(5-6)。

他船位于本船的舷角如下式所示：

$$\theta_T = \alpha_T - \varphi_0 \tag{5-9}$$

本船与他船的最近会遇距离($DCPA_T$)如下式所示：

$$DCPA_T = R_T \cdot \sin(\varphi_R - \alpha_T - \pi) \tag{5-10}$$

式(5-10)中,他船 $DCPA_T$ 正、负符号与位于本船舷角的关系是:若位于本船的右舷角 $\theta_T \in (0°, 180°)$,当他船过本船船首时,$DCPA_T$ 为正,否则为负;若位于本船的舷角 $\theta_T \in (180°, 360°)$,当他船过本船船首时,$DCPA_T$ 为负,否则为正。

本船与他船的 $TCPA_T$ 如下式所示：

$$TCPA_T = R_T \cdot \cos(\varphi_R - \alpha_T - \pi) / v_R \tag{5-11}$$

设本船转向 $\Delta\varphi$ 后,与他船以 $DCPA = d_1$ 安全通过,则将 φ_0 以 $\varphi_0 + \Delta\varphi$ 代入式(5-4),可得到本船转向后,他船位于本船的舷角及与 d_1 的关系。

当他船在本船转向时间 t_s 后,位置坐标为 (x'_0, y'_0) 且两船为驶过让清(允许本船采取其他转向行动),他船位置坐标为 (x'_T, y'_T),则根据驶过让清定义如下式所示：

$$\begin{cases} x'_T = x_T + t_s \cdot v_T \cdot \sin \varphi_T \\ y'_T = y_T + t_s \cdot v_T \cdot \cos \varphi_T \end{cases} \begin{cases} x'_T = x_0 + t_s \cdot v_0 \cdot \sin(\varphi_0 \pm \Delta\varphi + \Delta\varphi') \\ y'_T = y_0 + t_s \cdot v_0 \cdot \cos(\varphi_0 \pm \Delta\varphi + \Delta\varphi') \end{cases} \tag{5-12}$$

当本船采取转向避碰行动 t_s 后,又转向 $\Delta\varphi'$,则将 φ_0 以 $\varphi_0 \pm \Delta\varphi + \Delta\varphi'$ 代入式(5-4),根据与式(5-5)~式(5-11)相同计算原理,确定本船再转向 $\Delta\varphi'$ 后,能否保证与他船以 d_1 安全通过。当 $DCPA \geq d_1$ 时,求出 t_s 值,就能预测本船在第一次采取转向避碰行动后,经过多长时间才允许对第三船采取避碰行动。

(2)直航船驶过让清的判断

当让路船驶过两船最近会遇时间 t_g 后,直航船可根据特定目的转向 $\Delta\varphi_s$,且能保证两船以 d_1 安全通过。若本船为直航船,根据上述相同原理,可求得让路船通过最近会遇点多长时间后,可采取行动。

5.3　非互见情况下两船会遇划分及避碰行动

在能见度不良时,船舶避碰行动在一定程度上受能见度良好时两船基本会遇局面的影响。因此,在对能见度不良情况下的避碰行动局面进行划分时,必须对这种影响进行考查。

5.3.1 ● 非互见两船避碰行动局面划分

当前用于船舶避碰行动的图表较多[446,447]，为使避让行动局面划分具有一定的权威性，对于船舶避碰行动局面划分，采用与1970年英国航海学会工作组所提出的船舶操纵图相结合的方法进行划分。该操纵图只限于航向改变，但关于航速改变的意见也载于工作组编写的附加说明中。该图主要是为仅凭雷达观测到一船而未看见时进行转向避碰行动时所使用的。

根据每个危险目标与本船的会遇态势划分为四个区域：A、B、C、D，具体如图 5-2 所示。

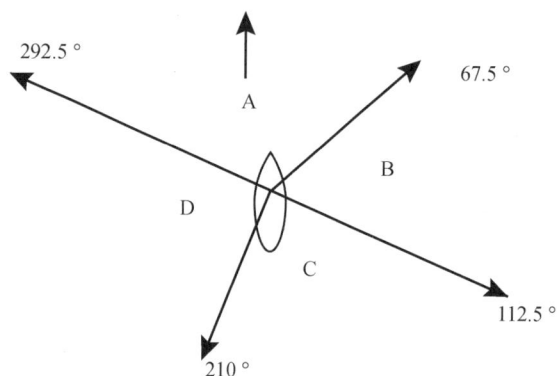

图 5-2　能见度不良时两船会遇避碰行动划分图

图 5-2 中，A 类中除本船追越目标船且位于目标船相对方位[120°,292.5°]时，本船采取向左转向避让外，对其他被追越目标及在该方位的来船，一律采取向左转向的避碰行动；B 类中的危险目标，定义为左让目标；C 类中的危险目标为左让目标；D 类为右让目标。

这种划分的依据是：

（1）它既符合 1970 年英国航海学会工作组所提出的船舶操纵图的划分，同时又吸收了其他避碰行动图的优点，从而更适用于在能见度不良情况下的避碰行动。

（2）划分 A 区域除满足规则第十九条的规定以外，还考虑到位于本船右舷相对方位067.5°以内来船可能的行动及本船采取避碰行动的效果；划分 B 区域，显然满足规则第十九条对正横的船舶避免采取朝着它转向的规定，同时也与能见度良好时的避碰行动相一致，这可简化建立避碰知识库的工作，同时也考虑了本船采取转向避碰行动的效果；划分 C 区域，也满足了规则第十九条的规定，即对正横后的船舶避碰采取朝着它转向的要求，也充分预测了追越船最可能采取的避碰行动，能够较为有效地避免可能产生的不协调避碰行动；划分 D 区域，一方面考虑了 D 区域来船最可能采取的避碰行动，另一方面也符合规则第十九条的规定。

另外，对 A、B、C、D 区域，采取避碰行动时两船距离的要求也不完全相同。对 A、B 区域的来船,一般要求在来船大于 4 n mile 时采取避碰行动;对于 C、D 区域的来船,一般要求在 3 n mile 左右采取避碰行动。

综上所述,可以看到上述对能见度不良时两船会遇局面的划分是较为合理的,符合《国际海上避碰规则》中关于能见度不良时,船舶行动规则的要求。

5.3.2 ● 非互见中两船避碰责任及避碰方式判断

5.3.2.1 对非互见两船避碰的要求

《国际海上避碰规则》第二章第三节规定,在能见度不良时,会遇两船若存在碰撞危险,则两船均应根据当时的情况采取避碰行动。同时,规则规定了应尽可能避免:

(1)除对被追越船外,对正横前的船舶采取向左转向;

(2)对正横或正横后的船舶采取朝着它转向。

根据对非互见行动局面的划分以及与互见情况下尽量协调一致的原则,在图 5-2 中,当来船的相对方位与能见度良好情况下相同时,依据能见度良好情况下的判断进行。

5.3.2.2 非互见两船避碰行动局面的定量判断

定量判断可根据本章 5.2 相同原理进行。

5.4 本章小结

为防止两船碰撞,制定相应的规则是一条重要的途径。虽然《国际海上避碰规则》规定了在能见度良好情况下两船会遇的三种局面,并指出了其各自的适用条件,但没有给出定量的划分方法。而在实践中,对三种局面的划分存在不同的认识。同时,在规则规定的同一种会遇局面中,根据不同的会遇态势,一船可能采取左转也可能采取右转的避碰行动。为此,吸收广大船员、专家学者对规则的认识,并将其融入智能避碰决策系统中。本章的主要工作如下:

(1)在对船员避碰行为大量调查的基础上,结合国际海上避碰规则,采取模糊集值统计方法,对避碰规则规定的三种会遇局面进行了定量划分。从划分结果看,基本符合避碰规则及避碰司法实践的要求。

(2)在对规则规定的三种会遇局面划分及总结前人研究的基础上,提出了避碰行动局面的概念,并对避碰行动局面进行了定量划分。这种划分反映了海员避碰实际,建立了有利于避免船舶不协调避碰行动的一种机制。它同时吸取了有关组织、专家提出的避碰行动建议,使有关组织、专家的建议及海上避碰实际有机地结合在一起。

（3）对非互见情况下两船会遇的避碰行动局面进行了划分，并对其合理性进行了分析。

研究的特点：

（1）以避碰规则、海上船员避碰行为大量调查及前人研究成果为基础；

（2）通过对会遇局面定量划分、避碰行动局面划分，在智能避碰决策系统中融入了一种减少或避免不协调避碰行动的机制。

第6章

船舶最晚施舵点与碰撞危险度的确定

本章主要内容如下:

船舶碰撞危险度是避碰决策的重要内容之一,而船舶最晚施舵点不但与碰撞危险度有关,而且当装有智能避碰决策系统的船舶为直航船时,若他船未及早采取行动,系统也应及时采取避碰行动。为此,(1)建立了考虑多因素的智能动态最晚施舵点模型;(2)如第2章所述,确定船舶碰撞危险度的方法较多,但没有一个公认的方法,因此本书在总结前人研究成果的基础上,使用客观与主观标准相结合的方法,建立了考虑多种主要因素的智能动态碰撞危险度模型;(3)本书提出了时间碰撞危险度和空间碰撞危险度的概念,分别建立了两种危险度的模型,并根据规则、避碰实践及海员通常做法,较合理地确定了两者的合成算子;(4)区别于其他神经网络确定碰撞危险度方法,以一船获得的另一船原始数据为 BP 神经网络输入,实现了以神经网络快速确定碰撞危险度,仿真结果较好。

参考文献[1]中,确定的船舶碰撞危险度是在考虑了会遇两船距离、船长、操纵性能及安全通过距离因素基础上,以会遇两船之间距离表示的概念,反映的是一船进行避让操纵的极限距离。此种方法虽有创新,但并不能全面反映船舶碰撞危险度。参考文献[418]通过调查,研究了船舶领域边界的模糊性,并得出了模糊边界大小。

既然船舶智能避碰决策系统不可能在所有的船上使用,就应考虑到装有智能避碰决策系统的船舶与不装该系统的船舶间会遇的问题。因此,在确定船舶碰撞危险度时,应使用客观标准与主观标准相结合的方法。另外,在确定碰撞危险时,应综合多种主要因素并使用合适的方法。

6.1 紧迫局面概述

在《国际海上避碰规则》中,会遇船舶中一船或两船不遵守规则,通常只有两种情况:一种是规则不适用;另一种则常常与紧迫局面、特殊情况联系在一起。对第一种情况正如本书在多船会遇避碰所采取的措施一样;对第二种情况,则与直航船何时、在何距离、采取何种避碰行动密切相关。因此,建立两船紧迫局面模型是直航船避碰决策的基础。

关于紧迫局面的问题,对避碰研究及碰撞事故后的民事责任判断都是一个十分重要的问题。虽然《国际海上避碰规则》多次使用了"紧迫局面"的概念,如规则第二条第2款,第八条第3款,第十九条第4、5款等。但是从没有根据会遇两船的具体情况给出过较为确切的定义和确定方法。因此,引起了许多专家、学者的兴趣,并进行了许多研究[50~60]。

国内外关于紧迫局面的观点、模型与评述很多。本书并不对文献中所有观点进行评述,只对与本书相关的内容进行分析。

1961 年在 Verena 案件判决中,英国法官 Willmer 指出[54]:紧迫局面应与当事船舶的尺寸、特性和速度有关,并认为在该案件中,紧迫局面是一个相当大的距离。其观点表明,紧迫局面与当事船舶的速度、特性和尺寸有关。

1973 年英国船长 Wylie[55]认为:紧迫局面中的碰撞危险可理解为实际碰撞危险已经存在。

1978 年 Samir Mankatady 在其著作中指出:紧迫局面的存在与很多因素有关,如天气状况、能见度、船型、船舶操纵性能、采用目视瞭望或雷达瞭望等。他还认为当一船单独采取大幅度的转向行动不可能避免碰撞时,紧迫局面可能出现了。同时强调了紧迫局面的形成受多种因素的影响,应根据两船的速度和一船转过 90° 所需的时间来估算接近会遇时的避让临界距离:

$$LMA = \frac{v_A + v_B}{60} \times t_{90°}$$

式中,v_A、v_B——会遇两船的速度(kn);

$t_{90°}$——采取行动的船转过 90° 所需时间(min)。

1982 年,IMCO 航行安全小组委员会第 26、27 次会议曾收到提议用数学模型和数学表达式给出紧迫局面的定义的提议,即"能见度不良存在碰撞危险时,两船停车而后倒车,使两船停住所走的距离",且不管该定义的实用性如何,但肯定的是定义在确定紧迫局面时,考虑了能见度、船舶速度、船舶操纵性能的影响。

1983 年美国船长 R. A. Cahill[399]认为,紧迫局面是指围绕本船一个区域,在该区域内,如果来船突然采取意想不到的大幅度的转向行动,则仅凭本船采取行动不能避免碰撞。不管其定义是否准确,但从其定义中反映出紧迫局面的形成应与他船的行动有关。

1984年吴兆麟[431]提出了适用于一船直航另一船转向的定量模型。其基本思想是根据转向船旋回时各船位点的时间及船首向来估算避让临界距离。其模型反映出:在确定紧迫局面量化模型时,不仅要考虑本船速度、他船速度、本船操纵性能,还要考虑两船的速度比及来船的相对方位。其计算公式为:

$$D_{LMA} = u \cdot t \sqrt{1 + \frac{1}{K^2} - \frac{2\cos C}{K}}$$

式中,v——转向船转向开始时的船速(m/s);

　　　t——转向到参考点的时间(s);

　　　C——碰角;

　　　K——船速比。

1991年王逢辰[423]分析了参考文献[53~56、59]中紧迫局面的定义及量化模型,认为:紧迫局面应定义为单凭一船行动不能在安全距离上驶过的局面;应包括单凭一船的行动已不能在安全距离上驶过的所有情况;在确定紧迫局面量化模型时,应考虑能见度情况,并认为在能见度不良时,以2 n mile作为两船间形成紧迫局面的距离。他提供了可供参考的四种模型并对四种量化模型确定的临界距离进行了比较。

参考文献[26]提出以两船相向旋回避让,旋回初径均为4倍船长,最终两船间保持各自船长的安全距离,并考虑起舵与船舶开始转向等延滞时间约为30 s,相当于行驶约225 m,即可按下式来估算转向避让的临界距离:

$$S_C = 5L_A + 5L_B + 225$$

1991年张昱昆、赵连达[424]分析了文献[53~56]的观点,将紧迫局面定义为:自两船间的距离已接近至单凭一船最有效的避让行动已不能使两船在安全距离上驶过开始直至单凭一船最有效的避让行动已不能避免发生碰撞的一种局面。他在定义中指出了紧迫局面的上限和下限,并认为,单凭直航船采取行动时,有两种情况:

(1) $0° \leqslant \theta \leqslant 90°$,此行动应该是左满舵转向$90° + \theta$角,再直航出一个安全距离$DCPA$;

(2) $90° < \theta \leqslant 180°$,此行动应该是右满舵转向$270° - \theta$角,再直航出一个安全距离$DCPA$。

单凭让路船采取行动时,也有与上述完全相似的两种情况,并认为紧迫局面的外边界为:

$$N = \sqrt{D_A^2 + (D_B + DCPA)^2 + 2D_A(D_B + DCPA) \cdot \cos\theta}$$
$$N' = \sqrt{D_A^2 + D_B^2 + 2D_AD_B\cos\theta}$$

式中,D_A、D_B为两船至会遇地点的距离。

1991年宋和、韩俊[425]分析了文献[53~56]的观点,认为确定紧迫局面时不考虑能见度情况,而应考虑船舶尺度、航速、操纵性能(视为常数)及驾驶人员心理因素(常数为2 min)。在海上将紧迫局面定义为"从让路船单独满舵可以使两船在最小安全距离上驶过开始,至一船单独满舵避让仅能使两船免于碰撞为止",并给出了数学表达式。

1996 年孙立成[430]根据驾驶员安全会遇距离调查所建立的领域模型,以及从保证安全通过距离及本船转向 90°的时间,建立了紧迫局面模型。

1996 年朱军[429]在分析了其他关于紧迫局面模型的基础上,提出了紧迫局面的定义及确定方法。

然而,研究紧迫局面定义的目的是确定直航船或具有避让义务的另一船何时采取避碰行动才是正当的。本书为了确定直航船何时可采取避碰行动,建立了最晚施舵点模型,该施舵点既是直航船独自采取避碰行动的时机,也是让路船采取避碰行动的最晚时机,或具有避碰责任的任一船采取避碰行动的最晚时机。

6.2　最晚施舵点的数学模型

在本书中,最晚施舵点定义为存在碰撞危险两船中的一船,根据避碰规则及避碰行动局面划分,采取 90°及以上(通常为 90°)转向行动能够导致两船以最小安全会遇距离通过时两船的距离。若两船之间的距离小于该值,该船采取仅 90°转向行动达到的最近会遇距离一定小于最小安全会遇距离。当两船的距离等于最晚施舵点时,认为两船已形成紧迫局面。因此,它是直航船采取避碰行动的时机,也是让路船采取转向避碰行动的最晚时机,对避碰研究及判断碰撞事故的民事责任来说都是一个重要的概念。虽然《国际海上避碰规则》多次使用了"紧迫局面"的概念,如规则第二条第 2 款,第八条第 3 款,第十九条第 4、5 款等,但没有根据会遇两船的具体情况给出较确切的定义和确定方法。因此,专家学者进行了许多研究[17,399,423~431]。

6.2.1　建立最晚施舵点模型的原则

第一,在建立最晚施舵点模型时,要考虑多因素[17,399,423~431]。在本章 6.1 中,对紧迫局面进行评述的相关文献都承认一个事实,即紧迫局面模型就是动态的,集中考虑对紧迫局面产生影响的各个因素,以确定直航船合理地独自采取避碰行动的时机,而且本书认为,建立的最晚施舵点模型应该与《国际海上避碰规则》成为一体,与规则的其他概念相衔接。

第二,在建立最晚施舵点模型时,本章的参考文献以及很多的学者都忽略了这样一个事实,即在紧迫局面中对直航船和对让路船采取避碰行动的要求是不完全一致的。关于这一方面,在本书以下所建立的模型中有明确的体现。

第三,以公认的紧迫局面概念确定最晚施舵点,紧迫局面被定义为:存在碰撞危险的两船接近到单凭一船的行动已不能使两船在安全距离上通过的一种会遇局面。这是建立最晚施舵点模型的基础。

第四,由于本书主要是讨论转向避碰,以下所建立的紧迫局面模型,通常只适用于转向避碰情况,但其基本思路同样适用于其他避碰方式。

6.2.2 ● 最晚施舵点的定义

在本书中,最晚施舵点定义为:存在碰撞危险两船中的任意一船,根据避碰规则及避碰行动局面划分,采取 90° 及以上转向行动能够导致两船在最小安全会遇距离通过。在该定义中:

(1)说明船舶最晚施舵点受《国际海上避碰规则》的影响,即在不同的会遇局面中,两艘完全相同的船舶会遇,其最晚施舵点是不同的。

(2)在同一会遇局面中,两船的最晚施舵点也是不同的,因为根据避碰行动局面划分,对处于特定会遇态势的两船,当一船根据避碰行动局面划分采取向右转向时,另一船应当采取向左转向的避碰行动。另外,考虑初始 $DCPA$ 的影响及两船所要求的最小安全通过距离不同,故两船的最晚施舵点不可能相同。

(3)在该定义中,要求建立船舶最晚施舵点模型时,应考虑船舶的操纵性能,主要是特定船舶的进距、横距及转向过程中速度的降低。

(4)在建立模型时还应考虑船舶尺度的大小。

(5)在定义中是定义本船采取 90° 及以上转向行动能够导致两船以最小安全会遇距离驶过让清,但根据有关研究[152、153],通常是采取 90° 的转向行动。

6.2.3 ● 建立最晚施舵点模型应考虑的因素

影响最晚施舵点的因素:两船最小安全通过距离(d_1)、转向 90° 的时间、两船速度、转向 90° 的进距、转向 90° 的横移距离、转向过程中速度的降低、会遇态势、初始 $DCPA$ 、船长、避碰行动局面划分所要求的转向方向、在让路船转向 90° 时间内直航船前进距离。

6.2.4 ● 最晚施舵点模型

根据《国际海上避碰规则》第八条规定,为避免与他船碰撞而采取的行动,应能导致两船在安全的距离驶过。考虑到让路船的操纵性能、让路船的船长及与他船所构成的会遇局面等,让路船在进行避碰时,必然要受到两船之间距离的影响。因此,给出如下定义。

6.2.4.1 定义

设:让路船最晚施舵点为 D_1 。

首次避碰行动时机 D_2 定义为:根据本船与他船所构成的特定会遇局面,按照避碰规则、船员通常避碰操纵方法,以有利于避免不协调避碰行动(本船采取的行动的不确定性最小、直航船满意度最高及考虑直航船可能单独采取避碰行动等)所确定的让路船首次采取避碰行动时两船的距离。

6.2.4.2 D_2 的确定

D_2 是指按本书第 9 章所确定的让路船或有责任避让船采取避碰行动时与另一船之间的距离。

6.2.4.3 根据船舶运动方程确定 D_1 的方法

设：本船速度为 v_1，他船速度为 v_2，两船的相对方位为 θ_T。

根据船舶操纵的一般理论，船舶运动方程可表示为

$$T \cdot \frac{\mathrm{d}\psi}{\mathrm{d}S} + \psi = K \cdot \delta \tag{6-1}$$

式中，ψ ——角速度；

T ——追随性指数(s)；

K ——旋回性指数(1/s)；

δ ——舵角($\mathrm{radoam} \leqslant 0.61 \approx 35°$)。

式(6-1)的通解为式(6-2)及式(6-3)。

$$\psi = K \cdot \delta + C_1 \cdot \exp\left(-\frac{S}{T}\right) \tag{6-2}$$

式中，$C_1 = \psi_0 - K \cdot \delta$

$$\psi = K \cdot \delta \cdot S - C_1 \cdot T \cdot \exp\left(-\frac{S}{T}\right) + C_2 \tag{6-3}$$

式中，$C_2 = \psi_0 + C_1 \cdot T$

初期角速度为 0，使用舵角 δ_1 的时间为 S_1，以后舵角为 δ_2 的时间为 S_2 时，航向改变 ψ_f，当角速度正好为 0 时，S_1 和 S_2 根据牛顿数据计算，可由式(6-4)和式(6-5)求得。

$$\frac{S_2}{T} = \ln\left\{\frac{\delta_1 \cdot \mathrm{e}^{\frac{S_1}{T_1}} - (\delta_1 - \delta_2)}{\delta_2}\right\} \tag{6-4}$$

$$\psi_f = K(\delta_1 \cdot S_1 + \delta_2 \cdot \delta_2) \tag{6-5}$$

设他船初期相对位置为 (x_0, y_0)，S 时间旋回，变向量为 ψ_1 时，他船的相对位置坐标 (x, y) 根据高斯数值积分可由式(6-6)计算。

$$x = x_0 \cdot \cos\psi_1 - y_0\sin\psi_1 - \int v_r \cdot \cos(\varphi + \psi_1 - \psi)\mathrm{d}S \tag{6-6}$$

$$y = x_0 \cdot \sin\psi_1 - y_0\cos\psi_1 - \int v_r \cdot \sin(\varphi + \psi_1 - \psi)\mathrm{d}S$$

式中，$\varphi = \arctan\{[v_1 + v_2 \cdot \sin(\alpha + \psi)]/[v_2 \cdot \cos(\alpha + \psi)]\}$；

$v_r = \sqrt{[v_1 + v_2 \cdot \sin(\alpha + \psi)]^2 + [v_2 \cdot \cos(\alpha + \psi)]^2}$。

根据式(6-6),本船与他船的距离可表示为

$$D = \sqrt{x^2 + y^2} \tag{6-7}$$

将式(6-6)代入式(6-7)并设定 D 为他船在相对本船不同相对方位通过时的领域值,则可求得转向角度的值,同时求得他船初期位置坐标 (x_0, y_0),计算 $\sqrt{x_0^2 + y_0^2}$ 的值并考虑到船长的影响,即为所求的 D_1 值。

从上述情况看,计算相对较为麻烦,为了简化及适应智能避碰决策系统高速度的要求,对 D_1 的计算进行简化。

6.2.4.4 根据两船速度、操纵性能、船舶尺度及来船舷角等确定 D_1 的方法

在能见度良好时,对让路船或有责任避让船而言,对不同相对方位的来船所采取的转向避碰行动是不同的。如本书其他部分所进行的研究那样:当 $DCPA = 0$ 时,对位于让路船舷角 $355° \sim 67.5°$ 的来船,让路船采取右转避碰行动;对舷角为 $67.5° \sim 112.5°$ 的来船采取左转避碰行动,如第 4 章图 4-1 所示。因此,对这两种情况分别建立最晚施舵点模型。

在会遇两船安全通过方面,让路船或有责任避让船所适用的紧迫局面,应该是大幅度转向避碰行动,导致两船在让路船或有责任避让船的领域外通过;而直航船所适用的紧迫局面应该是采取大幅度转向避碰行动,导致两船在安全距离上驶过。对让路船或有责任避让船采取避碰行动所达到的通过距离,见后面以后章节所进行的讨论和分析,即为本书的 d_1。有文献认为[423]:在紧迫局面下,直航船采取大幅度避碰行动所达到的 d_1 可适当减小。但到底减小到何种程度才是适当的呢?在 1976 年的"Sea Star"案例中[120],会遇两船若不采取避碰行动,则在 $3/4 \sim 1$ n mile 的最近会遇距离上通过,其中一船的行动导致碰撞,主持一审的 Brandon 法官认为,"S 轮做出了一个莫名其妙的右转行动从而使得一个相对安全的局面变得极端危险……"。同样在英吉利海峡,两海船曾在最近会遇距离为 0.5 n mile 时发生过碰撞事故。因此,本书认为紧迫局面对直航船而言,也是采取大幅度转向避碰行动,导致两船最低以最近会遇距离 d_1 n mile 通过的局面。

研究最晚施舵点的坐标系的建立是:当研究一船相对于他船的最晚施舵点时,将该船置于坐标原点,以指向北的坐标轴为 X 轴,以指向东的坐标轴为 Y 轴。

位于让路船右舷舷角 $(5° \sim 67.5°)$ 直航船所适用的最晚施舵点模型:

设让路船或有责任避让船最晚施舵时两船的距离为 D_1,最晚施舵时保证两船以 DCPA 为 d_1 n mile 通过;让路船或有责任避让船转向 $90°$ 所用时间为 T_n;让路船或有责任避让船与直航船速度分别为 v_0、v_r;让路船或有责任避让船转向时,它与直航船的坐标分别为 (x_0, y_0) 和 (x_{T0}, y_{T0});让路船或有责任避让船转向 $90°$ 后让路船与直航船的坐标分别为 (x_{01}, y_{01}) 和 (x_{T0}, y_{T0});直航船的相对真方位为 α'_T,两船的距离为 D'。

当让路船或有责任避让船的航向为 $000°$ 时,将让路船或有责任避让船转向过程分为两步:第一步是让路船或有责任避让船移动到 $(\pm T_r, A_d)$;第二步是在 $(\pm T_r, A_d)$ 转向

90°。

设:让路船或有责任避让船转向90°后,两船安全通过距离为d_1,则

$$D' \cdot |\sin(\varphi'_r - \alpha'_T - \pi)| = d_1 \tag{6-8}$$

$$\alpha'_T = \arctan \frac{x_{T01} - x_{01}}{y_{T01} - y_{01}} + \alpha_1 \tag{6-9}$$

$$\begin{cases} x_{T0} = D_1 \sin \alpha_T \\ y_{T0} = D_1 \cos \alpha_T \end{cases} \quad \begin{cases} x_{T01} = x_{T0} + S \cdot \sin \varphi_T \\ y_{T01} = y_{T0} + S \cdot \cos \varphi_T \end{cases} \tag{6-10}$$

设:让路船或有责任避让船转向前位置与转向后位置间的距离为R,则

$$R = \sqrt{x_{01}^2 + y_{01}^2} \tag{6-11}$$

$$\begin{cases} x_0 = 0 \\ y_0 = 0 \end{cases} \quad \begin{cases} x_{01} = R \cdot \sin\left(\varphi_0 \pm \arctan \frac{3}{7}\right) \\ y_{01} = R \cdot \cos\left(\varphi_0 \pm \arctan \frac{3}{7}\right) \end{cases} \tag{6-12}$$

让路船或有责任避让船转向90°后,两船的距离D'为:

$$D' = \sqrt{(x_{T01} - x_{01})^2 + (y_{T01} - y_{01})^2} \tag{6-13}$$

式中,$\pm \arctan \dfrac{3}{7}$当让路船或有责任避让船向右转向时取"$+$";向左转向时取"$-$";

上文A_d为让路船或有责任避让船的进距;S为直航船在让路船转向90°时间内的前进距离;T_r为让路船或有责任避让船的横向移动距离。

6.2.4.5 A_d 的确定

若船上具有在相应装载状态下的数值,可将其直接输入智能避碰决策系统。若无该方面的资料,可根据经验公式加以确定。在船舶全速满舵旋回时,测定进距通常是船舶旋回初径的0.6~1.2倍[121,483],而旋回初径通常为船长的3~6倍[213]。因此,将A_d值定义为船长的7倍通常偏于安全。

6.2.4.6 T_r 的确定

若船上有该方面的资料可直接使用。当没有时,根据参考文献[433],$T_r = 3L$,这样也偏于安全。

6.2.4.7 S 值的确定

若船上具有本船在相应装载状态下旋转90°所需时间T_n值,则可直接使用。若没有该值,则应考虑到转向中旋回的漂角逐渐增大及用舵后都使船的阻力增加,推进效率降低,造成船速下降1/4~1/2,同时还应考虑船舶转向90°行驶的距离大于进距。为了用进距计算让路船转向90°的时间,设船舶在旋转中速度降为$0.6v_0$,但由于船舶在转向过

程中速度是逐渐降低的,则整个转向过程中的平均速度可近似取为 $0.5 \times (1 + 0.6) \cdot v_0$,旋转 $90°$ 的时间 T_n 约为:

$$T_n = \frac{A_d}{0.8 v_0}$$

则:
$$S = T_n \cdot v_T = \frac{v_T}{0.8 v_0} \times 7L \qquad (6\text{-}14)$$

让路船在 (x_{01}, y_{01}) 转向 $90°$ 后,直航船的相对航向为:

$$\varphi'_r = a\tan \frac{v_T \sin \varphi_T - 0.8 v_0 \sin(\varphi_0 \pm 90°)}{v_T \cos \varphi_T - 0.8 v_0 \cos(\varphi_0 \pm 90°)} + \alpha_2 \qquad (6\text{-}15)$$

式(6-15)中 $\pm 90°$ 的含义是:当向右转时,取"$+$";当向左转时,取"$-$"。

由式(6-8)和式(6-14)得:

$$\frac{d_1^2}{\sin^2(\varphi'_r - \alpha'_T - \pi)} = (x_{T01} - x_{01})^2 + (y_{T01} - y_{01})^2 \qquad (6\text{-}16)$$

将式(6-10)、式(6-11)、式(6-12)、$T_r = 3L$、$A_d = 7L$ 代入式(6-16),整理后得到向右转向时,D_1 的方程式为:

$$D_1^2 + \left\{ \frac{14L v_T}{0.8 v_0} \cos(\alpha_T - \varphi_T) - 2\sqrt{58 L^2} \cos\left[\alpha_T - \left(\pm a\tan \frac{3}{7} \right) - \varphi_0 \right] \right\} D_1 + \frac{49 L^2 v_T^2}{0.64 v_0^2} + 58 L^2 -$$

$$\frac{14 L v_T}{0.8 v_0} \sqrt{58 L^2} \cos\left[\varphi_T - \left(\pm a\tan \frac{3}{7} \right) - \varphi_0 \right] - \frac{d_1^2}{\sin^2(\varphi'_r - \alpha'_T - \pi)} = 0 \qquad (6\text{-}17)$$

将式(6-10)、式(6-12)、式(6-15)、$T_r = 3L$、$A_d = 7L$ 代入式(6-9),得:

$$\alpha'_T = a\tan \frac{D_1 \sin \alpha_T + \frac{7 L_T}{0.8 v_0} \sin \varphi_T - \sqrt{58 L^2} \sin\left(\varphi_0 \pm a\tan \frac{3}{7} \right)}{D_1 \cos \alpha_T + \frac{7 L_T}{0.8 v_0} \cos \varphi_T - \sqrt{58 L^2} \cos\left(\varphi_0 \pm a\tan \frac{3}{7} \right)} + \alpha_1 \qquad (6\text{-}18)$$

设:会遇两船初始 $DCPA = a$,$a < d_1$,则有:

$$a = D_1 \cdot \sin(\varphi_R - \alpha_T - \pi) \qquad (6\text{-}19)$$

$$\varphi_R = a\tan \frac{v_T \sin \varphi_T - v_0 \sin \varphi_0}{v_T \cos \varphi_T - v_0 \cos \varphi_0} + \alpha_3 \qquad (6\text{-}20)$$

由式(6-19)和式(6-20)得:

$$\alpha_T = a\tan \frac{v_T \sin \varphi_T - v_0 \sin \varphi_0}{v_T \cos \varphi_T - v_0 \cos \varphi_0} + \alpha_3 - a\sin \frac{a}{D_1} - \pi \qquad (6\text{-}21)$$

将式(6-15)、式(6-18)、式(6-20)和式(6-21)代入式(6-17),得到关于 D_1 的方程。

由于式(6-17)中 $\sin^2(\varphi'_r - \alpha'_T - \pi)$ 与未知数 D_1 有关,为此采取步长增加法求得 D_1。

在式(6-21)中,$-1 \leqslant \frac{a}{D_1} \leqslant 1$,且由于 D_1 是距离,因此其初值取为 $D_1 = |a|$。

6.2.5 ● 最晚施舵点模型的应用

6.2.5.1 本船围绕他船360°的最晚施舵点分布

设:本船航向000°,速度14 kn,船长250 m;他船速度16 kn,初始$DCPA$为0,位于本船右舷舷角(0°~67.5°)时,本船的最晚施舵点如表6-1及图6-1所示。

（1）他船位于右舷角(0°~67.5°)时本船的最晚施舵点

表6-1 他船位于右舷角(0°~67.5°)时本船的最晚施舵点表

舷角	时机(n mile)	舷角	时机(n mile)	舷角	时机(n mile)
0°	1.92	24°	2.41	48°	3.59
4°	1.98	28°	2.53	52°	3.89
8°	2.04	32°	2.68	56°	×
12°	2.12	36°	2.85	60°	×
16°	2.20	40°	3.04	64°	×
20°	2.30	44°	3.28	68°	×

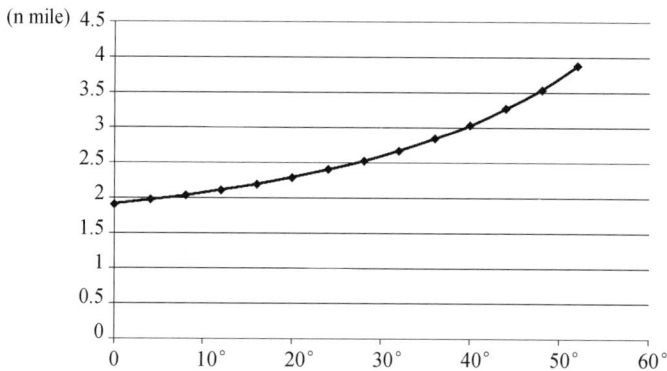

图6-1 他船位于右舷角(0°~67.5°)时本船的最晚施舵点图

（2）当船位于舷角(67.5°~112.5°)时本船的最晚施舵点（表6-2）

根据对避碰行动局面划分,在这种态势下,本船应采取向左转向的避碰行动。

表6-2 他船位于右舷角(67.5°~112.5°)时本船的最晚施舵点表

舷角	时机(n mile)	舷角	时机(n mile)	舷角	时机(n mile)
68°	1.71	84°	×	100°	2.71
72°	1.88	88°	×	104°	2.11
76°	2.18	92°	×	108°	1.80
80°	2.77	96°	×	112°	1.63

（3）当他船位于本船舷角（112.5°～210°）时,本船的最晚施舵点

当他船位于本船舷角（112.5°～210°）时,若他船不采取避碰行动,为保证两船间以 d_1 n mile 通过,当初始 $DCPA=0$ 时,根据他船的不同舷角,本船最晚施舵点如表6-3 及图 6-2 所示。

表 6-3　他船位于右舷角（112.5°～210°）时本船的最晚施舵点表

舷角	时机（n mile）	舷角	时机（n mile）	舷角	时机（n mile）
116°	1.16	152°	0.98	188°	1.16
120°	1.10	156°	0.98	192°	1.22
124°	1.06	160°	0.99	196°	1.29
128°	1.03	164°	0.99	200°	1.37
132°	1.01	168°	1.00	204°	1.47
136°	1.00	172°	1.01	208°	1.57
140°	0.99	176°	1.03	212°	1.69
144°	0.98	180°	1.05	－	－
148°	0.98	184°	1.10	－	－

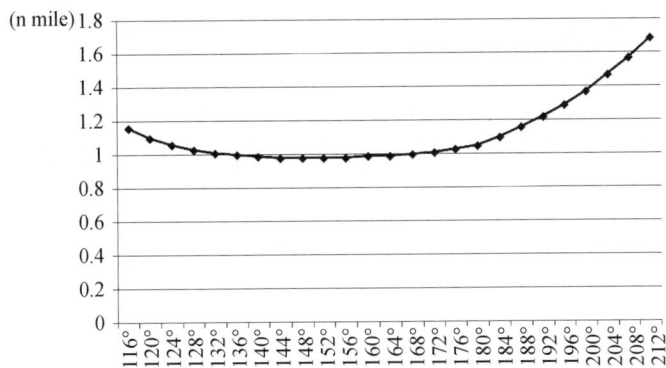

图 6-2　他船位于本船舷角（112.5°～210°）时本船的最晚施舵点图

（4）当他船位于本船舷角（210°～360°）时本船的最晚施舵点

当他船位于本船舷角（210°～360°）时,根据避碰行动局面划分,若他船未采取避碰行动,在紧迫情况下本船应采取向右转向的避碰行动。为保证两船间最近会遇距离为 d_1 n mile,本船的最晚施舵时机如表6-4 所示。

表 6-4　他船位于右舷角（210°～360°）时本船的最晚施舵点表

舷角	时机（n mile）	舷角	时机（n mile）	舷角	时机（n mile）
210°	0.98	262°	2.92	314°	1.43
214°	0.98	266°	×	318°	1.44
218°	0.98	270°	×	322°	1.46
222°	0.99	274°	×	326°	1.48

续表

舷角	时机（n mile）	舷角	时机（n mile）	舷角	时机（n mile）
226°	1.00	278°	3.03	330°	1.52
230°	1.02	282°	2.21	334°	1.55
234°	1.05	286°	1.84	338°	1.59
238°	1.08	290°	1.65	342°	1.64
242°	1.13	294°	1.54	346°	1.69
246°	1.20	298°	1.48	350°	1.75
250°	1.49	302°	1.44	354°	1.81
254°	1.70	306°	1.42	358°	1.88
258°	2.08	310°	1.42	—	—

6.2.5.2 本船与他船在不同速度比、对遇且他船位于右舷角 10°、20°、30° 和 50° 四种情况下，本船最晚施舵点

表 6-5 是本船与他船在不同速度比下，当本船船长为 250 m、$DCPA=0$ 时，在对遇、他船位于右舷角 10°、20°、30° 和 50° 四种情况下，本船的最晚施舵点。

表 6-5　最晚施舵点分布表（初始 $DCPA=0$）　　　　　　（单位：n mile）

速度比	对遇	$\theta=10°$	$\theta=20°$	$\theta=30°$	$\theta=50°$
0.5	1.047	1.074 2	1.081 6	1.020 4	—
0.6	1.106 3	1.125 0	—	—	—
0.7	1.174 0	1.191 3	1.193 9	1.186 8	—
0.8	1.246 3	1.252 2	1.252 0	1.248 9	—
0.9	1.321 4	1.310 5	—	—	1.037 5
1	1.401 6	1.382 6	1.374 0	1.458 3	1.494 0
1.1	1.486 6	1.450 8	—	—	—
1.2	1.570 0	1.522 8	1.502 8	1.594 8	1.654 9
1.3	1.662 0	—	—	—	—
1.4	1.751 2	1.664 5	1.636 3	1.735 0	1.809 1
1.5	1.847 2	—	—	—	—
1.6	1.938 9	1.834 6	1.777 7	1.877 7	1.959 8
1.7	2.037 9	—	—	—	—
1.8	2.131 3	1.992 5	1.923 8	2.026 1	2.111 2
1.9	2.2327	—	—	—	—
2	2.3273	2.156 1	2.071 8	2.174 5	2.262 7

6.3 影响船舶碰撞危险度的主要因素

影响船舶碰撞危险度的因素是非常多的,一般认为包括下列各因素: $DCPA$ 和 $TCPA$ [1,3,5,16,17,30,31,40,42,44,57~64,239,240,242,282,398,399,417~443,484] 、本船速度、他船速度、相对速度、本船的操纵性能、本船船长、 $DCPA$ 及 $TCPA$ 的误差[80,419,444]、来船方位(或舷角)及其误差、能见度情况、航行水域、交通密度、两船尺度、驾驶员的经验等。

6.3.1 ● $DCPA$ 与 $TCPA$

在船舶避碰研究领域中,绝大多数专家、学者都承认 $DCPA$ 与 $TCPA$ 是影响船舶碰撞危险度的重要因素。一般情况下,在分析 $DCPA$ 对船舶碰撞危险度的影响时,不能与 $TCPA$ 分离。当 $|DCPA|$ 小于一定值时, $TCPA$ 越小,存在的碰撞危险度就越高;而当 $|DCPA|$ 越大时,存在的碰撞危险也就越小。因此,如前所述,关于 $DCPA$ 与 $TCPA$ 对碰撞危险度的影响,有的学者采取两者加权方法加以确定,有的则根据经验将两者有机结合等。根据 $DCPA$ 与 $TCPA$ 对船舶碰撞危险度的影响情况,我们首次提出了将碰撞危险度分为空间碰撞危险度和时间碰撞危险度的概念,并认为 $DCPA$ 是空间碰撞危险 SR (Space Risk)的主要影响因素,而 $TCPA$ 则是影响时间碰撞危险度 TR (Time Risk)的主要影响因素。空间碰撞危险度反映的是船舶碰撞可能性的大小,而时间碰撞危险度则反映的是碰撞紧迫程度的大小。

6.3.2 ● $DCPA$ 与 $TCPA$ 的误差

在当前使用 $DCPA$ 与 $TCPA$ 确定船舶碰撞危险度的研究中,有些研究没有考虑 $DCPA$ 与 $TCPA$ 观测误差对船舶碰撞危险度的影响。但当前所使用的观测手段是存在误差的[417],如 ARPA 在观测他船距离时存在的误差随 ARPA 开机稳定时间的不同而不同[418]。但也有参考文献考虑了观测设备的误差,如今津隼马[419]考虑了 $DCPA$ 观测存在的误差,并根据 $DCPA$ 观测误差的可能分布来确定碰撞危险度。中国船舶工业总公司与清华大学联合研制的船舶避碰专家系统[352]在确定船舶位置时,采取了不确定点度量区间推理等。为了综合考虑观测设备对他船各指标观测的误差及对船舶碰撞危险度的影响,在建立船舶碰撞危险度量化模型时,可适当扩大船舶的安全领域。

6.3.3 ● 来船的相对方位

来船的相对方位也是影响船舶碰撞危险度的重要指标,这种影响主要体现在以下六个方面：

（1）根据《国际海上避碰规则》规定，当会遇船舶的相对方位不同时，两船的权利与义务是不同的。因此，当一船为直航船时，通常该船驾驶员所感觉到的碰撞危险度要比其为让路船时相对较小。

（2）根据本书对避碰局面的划分，对于交叉会遇局面中的让路船，一般随着直航船位于让路船的相对方位的增大，让路船避让的转向幅度也增大。而转向幅度越大所需的时间也越长。

（3）根据计算及避碰实践知道，当本船相对方位越大时，本船转向避让的效果也越来越差，如参考文献[120]中所指的"讨厌的会遇局面"就是指直航船处在让路船右舷相对方位100°左右。

（4）根据藤井、Goodwin等所确定的船舶领域，在船舶的不同相对方位，其领域的范围也不相同，这说明对不同相对方位的直航船，让路船驾驶员心理上的感觉也不同。

（5）根据当前的研究与统计，如参考文献[261、380]的统计分析，也得到直航船驾驶员心理上的感觉也不同。

（6）从船舶尺度上看，船舶不同方位的领域范围不同，对不同相对方位来船避让通过情况也不同。因此，最近会遇距离受本船与他船具体通过情况影响。

6.3.4 ● 船舶操纵性能、船舶状态

船舶操纵性能主要是指在不同装载状态、速度下，船舶的旋回性能、船舶的冲程、船舶旋转90°所用时间、船舶旋回初径和船舶进距。

在当前船舶碰撞危险研究中，有的考虑船舶操纵性能的影响，如参考文献[28、45]等，有的则不考虑。但在当前许多学者的研究中，大多数都建议给予考虑。

根据《国际海上避碰规则》规定，当两船存在碰撞危险时，一船所采取的避碰行动应能导致两船在安全距离上通过。因此，当两船间的距离接近到一定程度时，由于受船舶操纵性能影响，即使采取舵角为左右满舵（35°），也不能保证两船在安全距离上通过。当会遇两船完全相同、会遇局面相同、让路船或有责任避让船采取的避让幅度也相同时，若让路船或有责任避让船的操纵性能不同，所获得的通过距离也不同。对于转向90°时间长、进距大的让路船或有责任避让船，为保证会遇两船安全通过，其最晚施舵点相对于转向90°时间短、进距小的让路船或有责任避让船要大，即船舶操纵性能主要影响船舶的最晚施舵点及避碰行动效果。因此，为确定船舶在特定局面下的碰撞危险，必须考虑其操纵性能，合理确定其最晚施舵点。

6.3.5 ● 船舶尺度

船舶尺度对船舶碰撞危险度的影响，主要是指船舶尺度对船舶领域的影响和对船舶

最晚施舵点的影响。对相同装载状态、相同速度及操纵性能的船舶,尺度不同则其转向 90°的进距不同,为保证安全通过的最晚施舵点也不同。另外,由于船舶间相互通过情况 不同,对安全会遇距离的要求也不相同,所以考虑的船舶尺度也不相同。在本书中,因为 一般是指在宽阔水域进行的避碰行动,所以通常不考虑船舶尺度对船舶领域的影响,而 只考虑船舶尺度对船舶最晚施舵点的影响。

6.3.6 ● 船舶速度

让路船速度对船舶碰撞危险度的影响,主要是由于:

(1)它是构成两船间相对速度的因素之一,从而影响两船会遇时间。

(2)根据避碰理论与实践,当直航船速度一定时,让路船速度越低,在两船相同的距 离上,要获得相同安全通过距离,要求其采取避碰行动的幅度越大;同样,若要获得相同 的安全通过距离,采取相同的转向幅度,则要求让路船采取避碰行动的时机也越早。

(3)船舶的速度不同,船舶操纵性能指数也不相同,从而直接或间接地影响船舶的最 晚施舵点。

6.3.7 ● 来船速度、相对速度

船舶碰撞危险度可分为空间碰撞危险度 SR 和时间碰撞危险度 TR,船舶的速度只影 响船舶时间碰撞危险度。在通常情况下,存在碰撞危险的两船是运动的,当一船采取避 碰行动时,根据《国际海上避碰规则》,另一船应保向保速,因为采取避碰行动的船转向避 让需要一定时间,在该时间内另一船仍前进,这势必影响两船间的安全通过距离。因此, 在考虑让路船采取避碰行动的最晚施舵点时,必须将速度因素考虑在内,这样所确定的 船舶间碰撞危险度才更符合实际情况。

6.3.8 ● 环境因素

环境因素包括自然环境因素和交通环境因素。自然环境因素包括水文、气象和地理 因素,其中风、流等因素对船舶碰撞危险度有一定影响,因为根据《国际海上避碰规则》规 定,船舶碰撞危险度基本上是根据两船的航向确定的,而非船舶航迹。在风、流等作用 下,船舶航向与航迹通常是不一致的,在视觉判断中常常会产生偏差。智能避碰决策系 统是从船舶间运动几何上进行判断的,因此风、流等对船舶碰撞危险度的影响可以不考 虑,但能见度不良对碰撞危险的影响则应给予充分考虑。特定水域交通环境因素不同, 船舶交通形式不同,船舶避碰行为也不相同。在智能避碰决策系统内,对交通环境因素 中影响船舶行为的因素,则以规则形式加入避碰知识库,因此对碰撞危险度产生影响的 一般是船舶交通密度。在研究宽阔水域避碰系统中,这方面的影响也可以不考虑,但在

研究狭水道及交通密集水域的智能避碰决策系统中,则应给予充分考虑。

6.4 船舶碰撞危险度的确定

根据上述分析,为了综合地确定来船在一定 $DCPA$、$TCPA$、相对方位下两船间存在的碰撞危险度,深入考虑到碰撞危险度的模糊性及判定碰撞危险度指标在确定碰撞危险度等上的模型性,现采用模型数学与神经网络相结合的方法来确定。其优点是两者的结果相互印证,而经学习的神经网络用于智能避碰决策系统时,具有快速、不断学习的特点,使系统更为智能。当然,碰撞危险度的确定也可以直接采用模糊神经网络进行评价,但考虑到说明和解释上的方便,采用模糊数学与神经网络结合的方法确定。

6.4.1 ● 空间碰撞危险度模型

如前所述,船舶的碰撞危险度主要分为空间碰撞危险度(SR)和时间碰撞危险度(TR)。结合目前研究的成果和我们的调查及对碰撞危险度拟合后的重复调查,得出下面结果:

船舶空间碰撞危险度,主要是指 $DCPA$、船舶领域、驾驶员心理感觉危险度为 0 的边界、来船相对方位、领域边界模糊性及 $DCPA$ 观测误差对船舶碰撞危险度的综合影响,反映的是会遇船舶空间上的碰撞危险。

6.4.1.1 确定原则

(1)较为全面地总结和吸收前人研究的成果;

(2)对船员进行调查;

(3)对各种情况下的船舶会遇进行实船观测;

(4)实用性原则,即满足船舶智能避碰决策系统开发与应用的需求。

6.4.1.2 定义

(1)定义 1:船舶安全会遇领域 d_1

在智能避碰决策系统中,d_1 是指本船周围所保持的与他船间的最小安全会遇距离。在该区域内,本船拒绝他船侵入。在确定本船空间碰撞危险度时,可认为若他船侵入该领域,则空间碰撞危险度为 1。

d_1 与船舶领域概念的区别和联系:d_1 是与船舶领域有密切联系的概念,它以船舶领域为基础,考虑了领域边界模糊和船舶观测设备存在的观测误差。

参考文献[239、242、417、420～422]的研究,认为 Goodwin 的观测最适宜于海上。其观测结果为:对于本船右舷 $0°$ ～ $112.5°$ 的来船,d_1 为 0.85 n mile;对于 $112.5°$ ～ $247.5°$

的来船，d_1 为 0.45 n mile；对于 247.5°～360° 的来船，d_1 为 0.70 n mile，如图 6-3 所示。

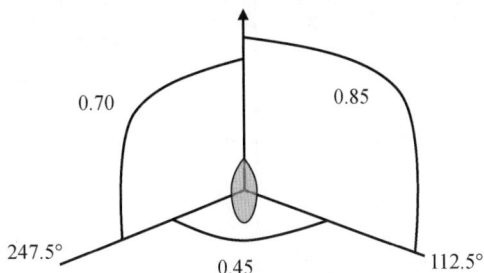

图 6-3 Goodwin 开阔水域船舶领域模型图

在确定最小安全会遇距离 d_1 时，应考虑到观测 $DCPA$ 时存在的误差、$DCPA$ 模糊边界问题。参考文献[31]认为：当 $DCPA_0$（船舶间初始最近会遇距离）与 $DCPA_S$（船舶领域）相差很小时，驾驶员也可能不采取行动。为此，建立模糊集合 $\tilde{S}$ 来表示"很小"这一模糊概念，确定的隶属度函数为：

$$\begin{cases} u_{\tilde{S}}(y) = \lambda_3 y^{\lambda_4} + 1, y \leqslant y_0 \\ u_{\tilde{S}}(y) = 0, y > y_0 \end{cases}$$

式中，

$$y = \left| \frac{DCPA_S - DCPA_0}{DCPA_S} \right|, y_0 = (-\lambda_3) - 1/\lambda_4$$

根据调查结果得出：$\lambda_3 = -1.4, \lambda_4 = 0.8$。当取 0.5 水平集时，得到：

$$FBD(模糊边界值) = 0.276 DCPA_S$$

为保证安全，最小安全通过距离 d_1 由下式确定：

$$d_1 \approx d_{0main} + |0.276 DCPA_S| + |mean\ error|$$

根据上式，在 Goodwin 观测的基础上修正的 d_1 如表 6-6 所示。

表 6-6　围绕本船周围的 d_1 值表

与本船相对舷角	000°	090°	180°	270°
d_1（n mile）	1.1	1.0	0.6	0.9

根据表 6-6，拟合的 d_1 与来船相对舷角关系，如图 6-4 所示。

（2）空间碰撞危险度零边界 d_2

d_2 是指在空间碰撞危险度中，围绕本船周围且空间碰撞危险度为零的 $DCPA$ 值。

根据调查与观测，在海上对于通过本船左舷的来船，当初始 $DCPA$ 为 1.5 n mile 时，有 98% 的船舶不采取任何避碰行动。对于通过本船右舷或通过本船船首的来船，当初始 $DCPA$ 为 1.5 n mile 时，有 94.3% 的船舶不采取任何避碰行动；当初始 $DCPA$ 为 1.6 n mile 时，所有的船舶都不采取任何避碰行动。对于通过本船船尾的船舶，当初始 $DCPA$ 为 0.8 n mile 时，有 98.3% 的船舶不采取任何避碰行动；当初始 $DCPA$ 为 0.9 n mile 时，100% 的船舶不采取避碰行动。因此，d_2 在左舷约为 1.5 n mile，在右舷和船首约为

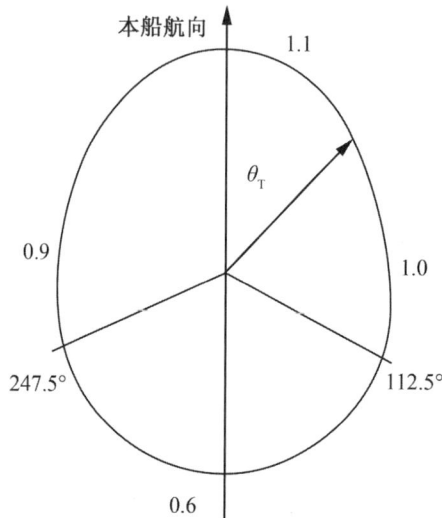

图 6-4 d_1 依 θ_T 分布图

1.6 n mile,在船尾约为 0.9 n mile。考虑到观测使用设备如 ARPA 的误差和边界的模糊性,可令 $d_2 \approx 2 \times d_1$,如表 6-7 所示。

表 6-7 围绕本船周围的 d_2 值表

与本船相对舷角	000°	090°	180°	270°
d_2 (n mile)	2.2	2.0	1.2	1.8

6.4.1.3 船舶空间碰撞危险度的确定

在确定了 d_1 和 d_2 后,设:本船与他船的初始会遇距离 $DCPA$ 的变化域为 U_d、空间碰撞危险度集为 U_{dT},则建立的 U_{dT} 的隶属度函数 u_{dT} 为:

$$u_{dT} = \begin{cases} 1, & |DCPA| < d_1 \\ \left(\dfrac{d_2 - |DCPA|}{d_2 - d_1}\right)^2, & d_1 \leq |DCPA| \leq d_2 \\ 0, & d_2 < |DCPA| \end{cases}$$

式中,$DCPA = R_T \cdot \sin(\varphi_R - \alpha_T - \pi)$

$$d_1 = \begin{cases} \rho(\theta_T) = \begin{cases} 1.1 - \dfrac{\theta_T}{180°} \times 0.2, 0° \leq \theta_T \leq 112.5° \\ 1.0 - \dfrac{\theta_T}{180°} \times 0.4, 112.5° \leq \theta_T \leq 180° \\ 1.0 - \dfrac{360° - \theta_T}{180°} \times 0.4, 180° \leq \theta_T \leq 247.5° \\ 1.1 - \dfrac{360° - \theta_T}{180°} \times 0.4, 247.5° \leq \theta_T \leq 360° \end{cases} \\ 1.5\rho(\theta_T) \end{cases}$$

$$d_2 = 2 \cdot d_1$$

如本船航向 φ_0、航速 v_0 与表6-8中9艘船会遇时,空间碰撞危险如表6-8所示。

表6-8 空间碰撞危险度数值表

	船1	船2	船3	船4	船5	船6	船7	船8	船9
φ_0	343.700	013.800	117.800	124.100	139.600	170.500	253.000	073.900	126.200
v_0	11.830	10.930	9.875	11.920	9.724	9.778	10.090	10.100	8.439
航向	343.700	171.200	106.900	353.100	241.200	306.200	084.900	097.400	180.900
船速	10.970	8.350	13.710	14.840	11.670	16.080	8.465	9.426	13.620
方位	9.440	29.640	121.700	10.430	139.900	0.714	4.637	332.500	300.300
距离	4.290	4.370	3.820	3.105	2.157	2.688	4.645	4.457	2.638
DCPA	−1.140	−2.720	1.149	0.902	0.124	−1.280	0.065	−2.860	−1.220
TCPA	0.183	0.178	0.824	0.122	−0.130	0.098	0.252	0.837	0.210
u_{dT}	0.912	0.000	0.161	1.000	1.000	0.694	1.000	0.000	0.550

6.4.2 ● 时间碰撞危险度

时间碰撞危险度主要反映了两船相对速度、速度比、两船间距离、本船速度、船舶长度、本船在一定装载状态下的操纵性能、船员通常使用的 ARPA 扫描距离及船员避碰方式等对碰撞危险度的影响,它是对碰撞紧迫程度的度量。在这种影响中,由两船相对速度与相对距离所产生的刺激——碰撞危险度是与著名的韦伯定律相一致的。韦伯在1846 年进行的最小可察觉研究中发现100 g 的重量至少要增加3 g,人才会感觉重量有差别,即

$$k = \Delta I / I$$

式中,k——常数;

I——先前刺激能量大小;

ΔI——刺激能量的变化大小。

而且,经过证明这种关系式在通常感受范围的99.9% 以上,是一个非常近似的公式。

1860 年费希尔在韦伯研究的基础上,提出了新的假设,即刚刚可以察觉出来的刺激物增量(差别阈值)是感觉的单位,并从韦伯定律中推导出:

$$E = k \log I$$

式中,E——感觉的大小;

I——刺激强度的大小。

根据他们的研究,发现在阈值外,即感觉到的刺激大小大于阈值时,具有与空间碰撞危险度相同的趋势。根据人们对危险的感觉[478,479] 及船舶领域的概念,只有他船与本船

之间的 $DCPA$ 小于一定值时, 才考虑时间碰撞危险度的问题。而且当 $DCPA \leqslant d_1$ 时, 总有 $D_1 > DCPA$ 。

根据船舶会遇、运动要素图, 有下列关系:

$$TCPA = R_T \cdot \cos(\varphi_R - \alpha_T - \pi) / v_R$$

记本船与他船的初始会遇时间 $TCPA$ 的变化域为 U_t, 并记时间碰撞危险度集为 U_{tT}, 则建立的 U_{tT} 的隶属度函数 u_{tT} 为:

(1)当 $TCPA > 0$ 时

$$u_{tT} = \begin{cases} 1, & TCPA \leqslant t_1 \\ \left(\dfrac{t_2 - TCPA}{t_2 - t_1} \right)^2, & t_1 < TCPA < t_2 \\ 0, & TCPA \geqslant t_2 \end{cases}$$

式中,

$$t_1 = \frac{\sqrt{D_1^2 - DCPA^2}}{v_r}, \quad t_2 = \frac{\sqrt{12^2 - DCPA^2}}{v_r}$$

(2)当 $TCPA \leqslant 0$ 时

$$u_{tT} = \begin{cases} 1, & |TCPA| \leqslant t_1 \\ \left(\dfrac{t_2 + TCPA}{t_2 - t_1} \right)^2, & t_1 < |TCPA| \leqslant t_2 \\ 0, & |TCPA| \geqslant t_2 \end{cases}$$

式中,

$$t_1 = \frac{\sqrt{D_1^2 - DCPA^2}}{v_r}, \quad t_2 = \frac{\sqrt{12^2 - DCPA^2}}{v_r}$$

上述确定时间碰撞危险度的物理意义是: 从人们对危险的认识而言, 当危险比较远的时候, 几乎感觉不到危险的存在, 考虑到船上经常使用 ARPA 长距离扫描, 因此定义了当来船相对距离为 12 n mile 时(t_2)时间碰撞危险度为零。当直航船接近到根据两船的会遇态势、让路船速度、船舶尺度、相对速度及速度比所确定的行动最晚施舵点后, 若让路船仍然不采取行动, 则直航船采取大幅度的转向行动也不能导致两船在安全距离上通过。因此, 当直航船到其最晚施舵点的时间(t_1)为 0 时, 时间碰撞危险度为 1。当 $|TCPA| \in (t_2, t_1)$ 时, 考虑到刺激与感觉的关系, 定义了时间碰撞危险度为 $\left(\dfrac{t_2 - |TCPA|}{t_2 - t_1} \right)^2$。这样所确定的时间碰撞危险度, 在 $[t_1, t_2]$ 之间的变化与费希尔的变化具有相同的趋势。船舶时间碰撞危险度数值表如表 6-9 所示。

表 6-9 船舶时间碰撞危险度数值表

	船1	船2	船3	船4	船5	船6	船7	船8	船9
φ_0	343.700	013.800	117.800	124.100	139.600	170.500	253.000	073.900	126.200
v_0	11.830	10.930	9.875	11.920	9.724	9.778	10.090	10.210	8.439
航向	343.700	171.200	106.900	353.100	241.200	306.200	084.900	097.400	180.900
船速	10.970	8.350	13.710	14.840	11.670	16.080	8.465	9.426	13.620
方位	9.440	29.640	121.700	10.430	139.900	0.714	4.637	332.500	300.300
距离	4.290	4.370	3.820	3.105	2.157	2.688	4.645	4.457	2.638
DCPA	−1.140	−2.720	1.149	0.902	0.124	−1.280	0.065	−2.860	−1.220
TCPA	0.183	0.178	0.824	0.122	−0.130	0.098	0.252	0.837	0.210
u_{tT}	0.010	0.175	0.000	0.406	1.000	0.857	0.204	0.126	0.624

6.4.3 碰撞危险度模型

本船与他船的碰撞危险度,显然是本船与他船空间碰撞危险度与时间碰撞危险度的合成。取论域 $U = U_d \times U_t$,在论域 U 上碰撞危险度可表示为集 U_T:

$$U_T = U_d \times U_t$$

即

$$u_T = u_{dT} \oplus u_{tT}$$

式中,"$\oplus$"是合成算子。

在船舶空间碰撞危险度与时间碰撞危险度合成时,合成算子是十分重要的,若采取的合成算子不合适,则不能真实地反映空间碰撞危险度和时间碰撞危险度对碰撞危险度的影响。

根据海上避碰实践,对于船舶碰撞危险度,船员首先注意的是空间碰撞危险度的大小,若空间碰撞危险度为零,则根本不用考虑时间碰撞危险度;若空间碰撞危险度不为零,再综合考虑时间碰撞危险度的影响。因此,船舶碰撞危险度与空间碰撞危险度、时间碰撞危险度有下列关系:

(1)当 $u_{dT} = 0$ 时,船舶无任何碰撞危险,即 $u_T = 0$;

(2)当 $u_{dT} \neq 0$,$u_{tT} = 0$ 时,船舶也无碰撞危险,即 $u_T = 0$;

(3)当 $u_{dT} \neq 0$,$u_{tT} \neq 0$ 时,船舶才存在碰撞危险,即 $u_T \neq 0$。

上述(1)~(3)可以归纳为:只有当空间碰撞危险度与时间碰撞危险度同时不为零时,才存在船舶碰撞危险。

因此,合成算子"$\oplus$"的定义是:

（1）当 $u_{dT}=0$ 时，$u_T=0$；

（2）当 $u_{dT}\neq 0$，$u_{tT}=0$ 时，$u_T=0$；

（3）当 $u_{dT}\neq 0$，$u_{tT}\neq 0$ 时，$u_T=\max(u_{dT},u_{tT})$。

以上所计算的是本船与他船之间的碰撞危险度。在智能避碰决策系统中，有时本船可能同时与多船会遇，应在此基础上，使其成为确定本船所避让目标的优先顺序的指标之一。船舶碰撞危险度数值如表 6-10 所示。

表 6-10　船舶碰撞危险度数值表

	船 1	船 2	船 3	船 4	船 5	船 6	船 7	船 8	船 9
φ_0	343.700	013.800	117.800	124.100	139.600	170.500	253.000	073.900	126.200
v_0	11.830	10.930	9.875	11.920	9.724	9.778	10.090	10.210	8.439
航向	343.700	171.200	106.900	353.100	241.200	306.200	084.900	097.400	180.900
船速	10.970	8.350	13.710	14.840	11.670	16.080	8.465	9.426	13.620
方位	9.440	29.640	121.700	10.430	139.900	0.714	4.637	332.500	300.300
距离	4.290	4.370	3.820	3.105	2.157	2.688	4.645	4.457	2.638
$DCPA$	−1.140	−2.720	1.149	0.902	0.124	−1.28	0.065	−2.860	−1.220
$TCPA$	0.183	0.178	0.824	0.122	−0.130	0.098	0.252	0.837	0.210
u_{dT}	0.912	0.000	0.161	1.000	1.000	0.694	1.000	0.000	0.550
u_{tT}	0.010	0.175	0.000	0.406	1.000	0.857	0.204	0.126	0.624
u_T	0.912	0.000	0.000	1.000	1.000	0.857	1.000	0.000	0.624

6.5　碰撞危险量化模型的分析

如前所述，很多学者对船舶碰撞危险的量化进行过尝试。为了说明本书所确定的碰撞危险度的合理性，将本书确定碰撞危险度的方法与其他船舶碰撞危险量化方法进行比较。

根据对前人研究成果的概括总结，船舶碰撞危险度的量化研究基本上经历了四个阶段：

第一阶段是基于海上交通工程理论，通过根据交通流理论确定的船舶会遇率（或会遇次数等）、特定水域历史碰撞事故等方面评价特定水域的碰撞危险度。

第二阶段是从微观的角度，根据人体行为学及心理学等所得到的船舶领域或动界，来评价碰撞危险度，其代表人物主要是日本学者藤井、英国学者 Goodwin 等。

第三阶段以泽明和 Davis 等人为代表，他们认识到了在确定船舶碰撞危险度时，应该综合考虑 $TCPA$ 与 $DCPA$ 两方面的影响，但并没有实现该两方面对碰撞危险度影响的综合。

第四阶段是实现 TCPA 与 DCPA 综合阶段。该阶段又可划分为：

（1）在确定碰撞危险度时，采取 DCPA 与 TCPA 加权方法。正如前述分析的那样，这种方法有其明显的不足。表现为：在确定碰撞危险度时，思想正确，但方法不当。以该种方法确定碰撞危险度的代表是今津隼马和小山健夫、Kearon、Holmes 等人。

（2）岩崎宽和原洁、长谷川和彦与上月明彦等人虽然选取了较为合适的数学方法，但除考虑了 TCPA 与 DCPA 影响外，对其他因素的考虑较少，并且建立的模型在使用上十分复杂。

（3）在考虑 TCPA 与 DCPA 对船舶碰撞危险度影响的同时，综合考虑多种因素。本书所建立的碰撞危险度量化模型正是向着该方面努力，并实现了多种因素的综合。

与当前确定船舶碰撞危险度量化模型相比，本书所确定的船舶危险度具有以下特点：

第一，提出了空间碰撞危险度和时间碰撞危险度的概念，并将船舶碰撞危险度划分为空间碰撞危险度与时间碰撞危险度，较全面地综合了在两船会遇过程中，涉及空间和时间的各因素对碰撞危险度的影响。

第二，在确定船舶空间碰撞危险度时，不是直接利用前人的研究成果，如领域、动界的成果，而是在较充分汲取前人研究成果的基础上，根据笔者大量的问卷调查进行了改进。在确定时间碰撞危险度时，没有直接引用如船舶领域、动界的概念和数值，而是采用实际调查与观测的结果，根据让路船行动的不确定、直航船对让路船行动时机的满意度和直航船可能独自采取避碰行动的时机等，将让路船首次避碰时机优化模型所确定的数值，作为确定时间碰撞危险度两船距离的外边界，使结果更为可靠。

第三，在确定船舶碰撞危险度时，不仅考虑了 DCPA 和 TCPA 对船舶碰撞危险度的影响，还考虑了下列因素，即来船与本船的相对方位、来船与本船速度及相对速度、两船速度比、船舶大舵角旋回的进距与横距、本船船长、观测设备误差、船舶领域边界模糊等因素。所采用的数学工具，也被认为是较为合适的数学工具[1]。另外，在考虑船舶空间碰撞危险度与时间碰撞危险度的合成时，本书不是采取统一的合成算子，而是通过时间碰撞危险度与空间碰撞危险度实际影响碰撞危险度的定性分析，根据不同的情况，采取不同的合成算子，使合成结果更符合实际情况。

第四，从确定的碰撞危险度结果看，本书的结果具有更强的适用性。根据参考文献［434］，在海上船舶会遇，要求最近会遇距离为 2 n mile 左右；而在船舶交通密集水域，最近会遇距离为 1 n mile 也是可以接受的。在本书中，通过参考前人关于船舶领域的数值，并考虑观测设备误差及领域边界的模糊，在一船船首、左右舷，空间碰撞危险度为 1 的边界与 DCPA = 1 n mile 的结果相吻合。而空间碰撞危险度为 0 的边界也与 DCPA ≈ 2 n mile 的结果相符。在确定时间碰撞危险度时，充分考虑了船舶操纵性能及海上避碰操纵的实际。因此，利用本书模型所确定的碰撞危险度，不仅适用于装有智能避碰决策系统的船舶对装有智能避碰决策系统船舶的避碰、装有智能避碰决策系统的船舶对人的避碰,也适用于人与人避碰时的碰撞危险度确定。

第五,在确定船舶碰撞危险度时,本书所确定的碰撞危险度突破了过去碰撞危险是静态的限制。本书所确定的碰撞危险度是智能动态的,具有更强的适用性。其智能动态性主要表现为:根据来船的相对方位、本船速度、他船速度与本船速度比自动调整;根据避碰时机结果动态调整;根据本船所采取的行动种类及幅度智能调整;根据能见度情况(主要区分能见度良好和不良两种情况)自动调整。

第六,考虑能见度不良时船舶碰撞危险的影响。根据大多数专家、学者的观点,在能见度不良时,两船通过时需要更大的最近会遇距离,为此,定义在能见度不良时的最近会遇距离为能见度良好的 1.5 倍。同时,也给出了在能见度不良时的避碰操纵方式。

因此,本书所建立的碰撞危险度模型是智能动态的、自动调整的。除可以实现上述智能动态调整外,还可实现考虑船舶密度等因素的动态调整。该模型为交通密集水域及狭水道船舶碰撞危险度的确定,提供了参考思路和方法。

当然,本书所确定的碰撞危险度也存在问题,在考虑的因素方面,还没有将诸如风、流等的影响考虑进去。

需要特别说明的是:虽然上述所确定的船舶碰撞危险度与海员海上避碰实际较为相符,但是为了简化在以后章节中所建立的船舶碰撞数据库以及系统仿真,智能避碰决策系统在考虑空间碰撞危险度时,只要 $|DCPA|$ 大于或等于 d_1 以及时间碰撞危险度大于或等于最晚施舵点到最近会遇距离点的时间即可。

6.6 船舶碰撞危险度的 BP 网络实现

6.6.1 概述

在船舶智能避碰决策系统中,为了尽可能提高计算机计算和推理的速度,设计了以人工神经网络实现船舶碰撞危险度的计算方法,并利用了神经网络的学习和泛化功能。

目前,以人工神经网络确定船舶碰撞危险度的方法中,大多是以 ARPA 获得的他船运动参数经过加工后的中间结果作为神经网络的输入来确定碰撞危险度的,如 $DCPA$ 和 $TCPA$ 等,即通过样本对网络训练,使神经网络通过学习获得各因素的权重系数,从而以网络计算碰撞危险度。但是这种方法存在如下缺陷:

(1)必须提供足够的样本训练网络,若样本数量少或提供的样本没有权威性,经过训练的网络是不能确定碰撞危险度的,否则就会出现难以预料的结果;

(2)在实际中取得权威样本比较困难;

(3)确定船舶碰撞危险度的因素不是直接观测的数据,而是经过处理的数据。

本书首先根据所建立的模型确定船舶碰撞危险度,并以一船 ARPA 获得的另一船运动的原始数据作为神经网络的输入,利用网络的逼近功能实现网络的学习和训练,这样网络随着船舶的运行不断学习和训练,当达到一定的样本数量时,即可由网络计算碰撞危险度。采用这种处理方法具有很多优点[435]:

(1)模型系统试图描述和处理人的语言和思维中存在的模型性概念,从而模仿人的智能。神经网络则是根据人脑的生理结构和信息处理过程来例行人工神经网络的,其目的也是模仿人的智能,因此,实现了两模仿人的智能工具的结合。

(2)从知识的表达方式来看,模型系统可以表达人的经验性知识,便于理解,而神经网络只能描述大量数据之间的复杂函数关系,难以理解。本书以模糊数学确定碰撞危险度便于解释和理解,通过实际操船中样本的积累,以神经网络找出数据间的关系,经过网络的学习和训练,从而逐渐达到快速确定碰撞危险度的目的。

(3)从知识的运用方式来看,模型系统和神经网络都具有并行处理的特点。模型系统同时激活的规则不多,计算量小,而神经网络涉及的神经元很多,计算量大。也就是说,用神经网络确定碰撞危险度需要网络经过较长时间的学习和训练,才能充分发挥其优势,而本书正是采取这种做法。

为什么要探讨以人工神经网络确定船舶碰撞危险度呢?因为本书在确定时间碰撞危险度为1的边界时,采用了最晚施舵点,而最晚施舵点的计算所采取的是步长增加法,当他船速度和本船速度相差比较大时,最晚施舵点的计算需要较长时间,很难满足船舶智能避碰决策系统实时的要求,所以才提出以神经网络快速确定碰撞危险度的方法。

6.6.2 ● 用 BP 神经网络结构的算法

BP 网络是目前非线性预测领域中应用最为广泛的神经网络之一[218]。它是反向传播算法的前馈型多层次网络,它能表示复杂的非线性映射。Cybenko 证明多层感知器仅用一个隐含层和 Sigmoidal 隐含层激活函数,就可以在任何一个精度内接近任何一个连续函数。

图 6-5 所示是一个反向传播神经元网络,输入信号先向前递推计算网络的隐含层输出 H,由 H 向前递推计算网络的输出 Y,Y 与网络期望输出 $D = (d_1, d_2, \cdots, d_n)$ 进行比较。给定一个集合就包括 P 个"输入-输出"样本 $|X_\lambda, d_\lambda|_{\lambda=1}^P$,其中 X_λ 表示 N 维网络输入矢量,d_λ 表示 U 维网络的期望输出。

对于图 6-5 所示网络,P 个样本学习后的总误差为:

$$E_P = \frac{1}{2} \sum_\lambda \sum_k (yk^\lambda - d_k{}^\lambda)^2$$

通过得到的误差 E_P 反向传播来修正网络的权值。

用 BP 算法训练网络时有两种方式:一种是每输入一个样本修改一次权值;另一种是批处理方式,即待组成一个训练周期的全部样本都依次输入后计算总的平均误差,即

$$\xi_{AV} = \frac{1}{2N} \sum_{n=1}^N \sum_{j \in C} e_j^2(n)$$

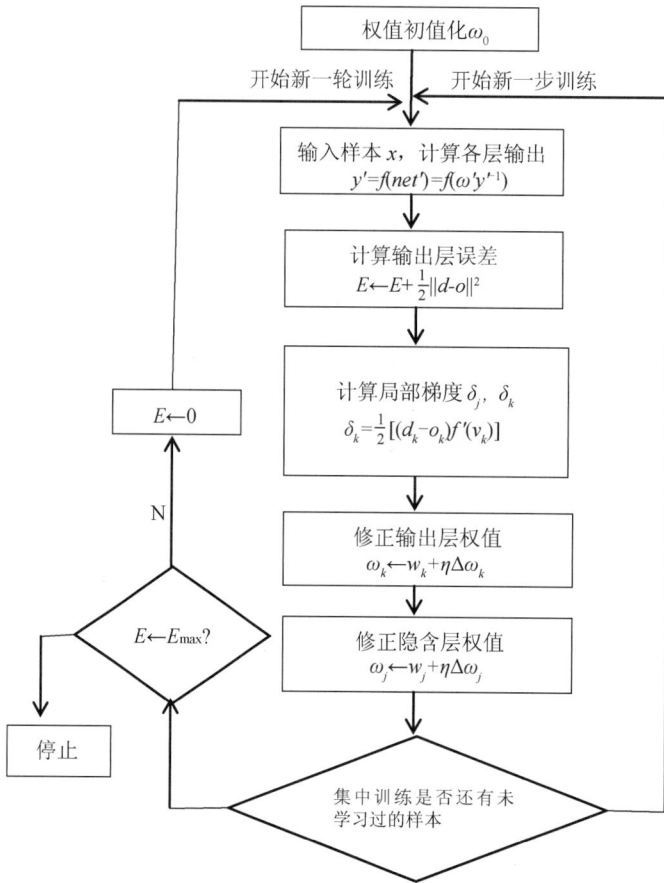

$$v_j^l(n) = \sum_{i=0}^{p} \omega_{ji}^{(l)}(n) y_i^{(l-1)}(n)$$

图 6-5 反向传播算法流程图

在图 6-5 中,反向传播算法的步骤可归纳为:

(1)初始化,选定合理的网络结构,设置所有可调参数(权和阈值)为均匀分布的较小数值。

(2)对每个输入样本做如下计算:

①前向计算

对第 l 层的 j 单元:

$$v_j^l(n) = \sum_{i=0}^{p} \omega_{ji}^{(l)}(n) y_i^{(l-1)}(n)$$

式中,$y_i^{(l-1)}(n)$ 为前一层 $(l-1)$ 的单元 i 送来的工作信号[$i=0$ 时置 $y_i^{(l-1)}(n) = -1$,$\omega_{j0}^{(l)}(n) = \theta_j^{(l)}(n)$]。若单元 j 的作用函数为 Sigmoid 函数,则:

$$y_j^{(l)}(n) = \frac{1}{1 + \exp[-v_j^{(l)}(n)]}$$

且:

$$\varphi_j \left[v_j(n) \right] = \frac{\partial y_j^{(l)}(n)}{\partial v_j(n)} = \frac{\exp\left[-v_j^{(l)}(n) \right]}{1 + \exp\left[-v_j^{(l)}(n) \right]} = y_j^{(l)}(n) \left[1 - y_j^{(l)}(n) \right]$$

若神经元 j 属于第一隐含层,则有:

$$y_j^{(l)}(n) = x_j(n)$$

若神经元 j 属于输出层,则有:

$$y_j^{(l)}(n) = O_j(n)$$

且:

$$e_j(n) = d_j(n) - O_j(n)$$

②反向计算 δ

对输出单元:

$$\delta_j^{(l)}(n) = e_j^{(l)}(n) O_j(n) \left[1 - O_j(n) \right]$$

对隐含层单元:

$$\delta_j^{(l)}(n) = y_j^{(l)}(n) \left[1 - y_j^{(l)}(n) \right] \sum \delta_k^{(l+1)}(n) \omega_{kj}^{(l+1)}(n)$$

③按下式修正权值

$$\omega_{ji}^{(l)}(n+1) = \omega_{ji}^{(l)}(n) + \eta \delta_j^{(l)}(n) y_i^{(l-1)}(n)$$

6.6.3 ● BP 算法的改进

在实际运用 BP 算法时,存在两个重要问题:一是收敛速度慢,二是目标存在函数局部极小。为了解决存在的这些问题,对 BP 算法的改进主要有两种途径:一种是采用启发式学习方法;另一种是采用更有效的优化算法。其中主要的措施如下:

(1)加动量项,工作中学习步长 η 的选择很重要,η 大收敛快,但过大则可能引起不稳定;η 小可能避免不稳定,但收敛速度就慢。解决这一问题的最简单方法是加"动量项",即

$$\Delta\omega_{ji}(n) = \alpha\Delta_{ji}(n-1) + \eta\,\delta_j(n)\,y_j(n), 0 < \alpha < 1$$

式中,第二项是 BP 算法的修正量,第一项称为动量项;α 为某一正数,其作用是在稳定调节的同时加快了调节速度。

(2)对 Sigmoid 函数,反对称函数比不对称函数更好,其中最常用的反对称函数是双曲线正切,即

$$\varphi(v) = \mathrm{arctan}h(bv) = \alpha\left[\frac{1 - \exp(-bv)}{1 + \exp(-bv)} \right] = \frac{2\alpha}{1 + \exp(-bv)} - \alpha$$

一般选 $\alpha = 1.716, b = 2/3$。

(3)应使目标值 d_j 在输出单元 j 的作用函数值域内,若输出单元的 Sigmoid 函数的渐近值分别为 $-\alpha$、$+\alpha$,则应使 $d_j = \alpha - \varepsilon$,例如 $\alpha = 1.716$ 时,可令 $\varepsilon = 0.716$,这样 d_i 的范围刚好是 $(-1, +1)$。

(4)各权值及阈值的起始值应先为均匀分布的小数经验值,约为 $(-2.4F, 2.4F)$,其

中 F 为所连单元的输入端个数。

（5）最好使网络中各种神经元的学习速度差不多，例如，一般输出单元的局部梯度比输入端的大，可使前者的步长 η 小些。另外，有较多输入端的单元的 η 可比较少输入端的 η 小些。

（6）每一周期的训练样本输入顺序都要随机排序。

常规的 BP 算法收敛速度慢的一个主要原因是采用了瞬时梯度来修正权值，因而利用的信息很少，这样还可以从其他方面来提高收敛速度。一方面，学习过程实际上是一个优化问题，用瞬时梯度相当于爬山法，如果用共轭梯度法或牛顿法，虽然计算复杂些，但是可以改善收敛过程；另一方面，可以把监督学习过程看作一个线性自适应滤波器，如果放弃简单的 LMS 法而采用递推最小二乘法（RLS）或扩展的卡尔曼滤波算法（EKA）也可改进收敛过程。这方面可参阅文献［435］。为避免局部极小点的全局优化算法还可参考文献［439～443］。

在本书中为加快学习和收敛速度，采用动量-自适应学习率调整算法。

6.6.4 ● 用 BP 神经网络计算碰撞危险度

6.6.4.1 确定船舶碰撞危险度的因素

（1）确定空间碰撞危险度的因素

确定空间碰撞危险度的因素主要包括：最近会遇距离（$DCPA$）、他船通过时位于本船最近会遇点（CPA）的相对方位 θ_T、最小安全通过距离 d_1 和空间碰撞危险度为 0 的边界 d_2。

（2）确定时间碰撞危险度的因素

确定时间碰撞危险度的因素主要包括：船舶转向 90° 的进距、转向 90° 的横距、转向 90° 的时间、转身 90° 的速度降低、本船船长、他船速度、本船速度、两船相对速度、来船通过 CPA 点的相对方位、$TCPA$ 及经常使用的 ARPA 长扫描距离。

在上述确定碰撞危险度的因素中，由于对特定船舶的船长、转向 90° 所用时间、从转向开始至转向 90° 时重心横移距离、转向 90° 的进距等，都能以自身的状态加以确定。而确定船舶碰撞危险度因素中的中间结果，也可由表征两船会遇的原始参数通过计算获得。因此，它们可不作为神经网络的输入。所以，设计的神经网络的输入仅有下列各因素：他船航向、他船舷角、两船距离、他船速度、本船速度、本船航向、D_1 等七个输入。由于本船船长基本不变，且在设本船进距、横距及转向 90° 的速度降低不变情况下，D_1 可由前六个参数求得。

设计的神经网络的输入仅有下列因素：他船航向、他船舷角、两船距离、他船速度、本船速度、本船航向六个参数。

6.6.4.2　网络隐含层结点数的确定

关于神经网络隐含层结点数的选择是一个较复杂的问题。一般而言,隐单元数与层数有关,层数增加时,函数映射复杂性增大,可形成更为复杂的分类边界,提高分类精度,从而有利于减小隐单元数,但收敛速度可能降低。其优化选择是期望函数映射性能恰好能使网络形成所需复杂的分类边界,既能解决分类问题,又不致影响收敛速度。

增加隐含层结点可以改善网络与训练组匹配的精确度,然而为了改善网络的概括推论能力,即对新图形的适应性,则要求适当减少隐含层结点,因此,还要通过试验选择最佳隐含层结点数。

经过多次试验,在本书中选择六个输入结点、一个隐含层,隐含层结点数为 87 个并只有一个输出的 BP 神经网络。

网络初始化采取:输入层与隐含层为 logsig 函数、隐含层与输出层采取 tansig 型函数。

网络训练样本:网络训练样本采取随机方法产生了包括本船航向、本船速度、他船航向、他船速度、相对舷角、相对距离的样本,共计 160 套,并首先计算出其各自的碰撞危险度,然后对 BP 网络进行训练。

为了加快网络训练速度,在训练过程中采取了动量-自适应学习率调整算法。经过100 万次训练,各因素误差平方和达到 0.004 5 及以下。本船航速、本船航向、他船航速、他船航向、两船相对距离及来船舷角的权重系数分别如表 6-11 ~ 表 6-19 所示。

表 6-11　本船航速权重系数表

神经元 1 ~ 10	神经元 11 ~ 20	神经元 21 ~ 30	神经元 31 ~ 40	神经元 41 ~ 50	神经元 51 ~ 60	神经元 61 ~ 70	神经元 71 ~ 80	神经元 81 ~ 87
− 0.075 9	− 0.373 4	− 0.402 0	0.398 7	− 0.100 5	− 0.109 8	− 0.649 8	− 0.428 4	− 0.354 7
− 0.546 4	0.076 6	− 0.311 0	0.664 1	− 0.252 0	0.371 3	− 0.602 8	− 0.520 3	0.291 1
− 0.566 8	− 0.358 3	0.315 8	0.506 4	− 0.032 5	0.399 6	0.075 8	− 0.056 7	− 0.542 5
0.398 5	0.106 4	− 0.161 6	0.311 0	− 0.608 3	0.131 8	0.409 9	− 0.689 4	0.324 8
− 0.434 7	− 0.235 5	− 0.502 2	0.349 6	− 0.047 3	− 0.819 5	0.355 2	0.162 5	− 0.040 5
0.784 5	0.658 1	0.658 4	0.468 6	0.025 8	− 0.316 4	0.458 8	− 0.648 2	0.602 2
0.392 5	− 0.181 5	0.000 5	− 0.412 3	0.184 3	0.211 9	− 0.619 7	0.430 8	− 0.935 5
0.546 9	− 0.418 0	− 0.445 5	− 0.524 0	− 0.285 0	0.538 1	0.446 6	− 0.335 6	−
0.493 4	0.437 4	− 0.502 9	0.478 5	0.514 8	− 0.028 5	− 0.374 5	− 0.043 4	−
− 0.553 6	0.586 9	0.474 1	0.548 4	0.037 4	0.478 6	0.435 8	0.430 8	−

表 6-12　本船航向权重系数表

神经元 1~10	神经元 11~20	神经元 21~30	神经元 31~40	神经元 41~50	神经元 51~60	神经元 61~70	神经元 71~80	神经元 81~87
−0.048 6	0.054 9	0.002 8	−0.003 2	−0.001 1	0.002 2	−0.016 8	−0.012 9	0.009 9
0.019 2	0.025 1	−0.029 8	−0.031 9	0.044 8	−0.055 1	−0.024 3	0.001 8	−0.041 7
−0.017 6	0.003 8	−0.037 9	−0.009 6	0.024 5	0.079 5	0.018 5	0.018 3	−0.005 8
0.069 2	0.002 4	−0.181 7	6.011 4	0.137 9	0.004 2	0.161 7	0.014 2	−0.010 3
−0.032 6	0.023 5	−0.012 5	−0.020 6	−0.033 8	−0.043 0	0.029 8	−0.000 5	−0.011 2
−0.209 4	−0.300 0	−0.147 6	−0.009 8	0.046 2	−0.014 8	0.003 2	0.007 9	−0.044 4
−0.005 8	0.007 2	0.033 5	0.016 1	−0.007 6	0.021 5	0.014 1	0.036 1	−0.158 6
−0.012 2	−0.036 1	−0.225 8	−0.015 4	−0.043 2	0.016 9	−0.124 1	−0.002 1	—
0.015 9	−0.042 2	0.064 3	0.010 1	−0.023 1	−0.001 7	−0.018 0	−0.034 0	—
−0.015 8	0.003 0	0.033 3	0.027 9	−0.000 5	0.030 9	0.023 0	0.025 6	—

表 6-13　他船航速权重系数表

神经元 1~10	神经元 11~20	神经元 21~30	神经元 31~40	神经元 41~50	神经元 51~60	神经元 61~70	神经元 71~80	神经元 81~87
0.480 6	−0.206 5	0.509 4	0.313 4	−0.198 9	−0.290 1	0.628 6	−0.469 8	−0.095 1
0.538 2	0.296 2	0.022 7	0.363 3	0.322 2	0.215 9	−0.571 4	0.089 5	−0.361 5
0.417 3	−0.254 9	0.261 5	−0.683 5	−0.642 3	0.054 3	−0.704 3	−0.045 1	−0.542 5
0.272 4	−0.787 2	0.466 0	−0.594 0	0.022 8	−0.365 9	0.057 6	0.040 3	−0.010 3
0.323 9	0.531 6	−0.166 7	0.021 6	0.188 2	−0.375 5	−0.728 4	−0.261 4	−0.160 2
0.085 2	0.039 6	0.070 1	−0.482 1	−0.188 6	−0.218 9	−0.594 3	−0.562 9	−0.291 4
−0.260 3	−0.922 2	0.172 5	−0.470 1	−0.754 7	−0.689 8	−0.688 0	−0.257 5	0.522 2
−0.356 4	0.152 6	0.369 1	0.542 8	0.575 3	0.747 1	0.335 3	0.065 9	—
−0.576 1	0.474 7	−0.035 4	−0.900 9	0.677 8	0.404 2	−0.585 1	−0.466 5	—
−0.020 4	−0.008 9	0.342 9	−0.409 0	0.652 7	0.484 5	0.333 0	−0.660 7	—

表 6-14　他船航向权重系数表

神经元 1~10	神经元 11~20	神经元 21~30	神经元 31~40	神经元 41~50	神经元 51~60	神经元 61~70	神经元 71~80	神经元 81~87
0.011 2	−0.067 2	−0.008 9	0.010 5	−0.003 1	−0.049 7	−0.003 6	0.029 1	0.053 0
0.009 4	−0.008 0	−0.027 5	−0.007 1	−0.057 1	0.043 5	−0.018 1	0.005 2	0.047 9
0.082 8	−0.018 3	0.041 8	−0.019 0	0.018 3	−0.094 4	0.019 7	0.004 3	−0.019 0
0.001 1	0.007 2	0.100 9	0.021 5	−0.001 0	0.014 9	−0.037 7	−0.004 0	−0.014 1

续表

神经元 1~10	神经元 11~20	神经元 21~30	神经元 31~40	神经元 41~50	神经元 51~60	神经元 61~70	神经元 71~80	神经元 81~87
-0.000 8	-0.024 5	-0.011 1	0.003 0	0.034 1	0.042 9	-0.016 3	0.011 4	-0.004 9
0.020 4	0.074 1	0.015 3	0.009 6	0.077 0	-0.062 6	0.022 1	-0.008 1	0.085 3
-0.017 8	-0.021 7	0.009 1	0.013 1	-0.021 2	0.024 3	0.021 5	-0.062 3	0.070 4
-0.006 6	-0.002 5	0.091 8	0.061 5	0.063 7	-0.011 3	0.025 4	-0.017 3	—
-0.007 2	-0.014 2	0.050 6	0.024 5	0.039 6	0.018 2	0.135 4	0.099 9	—
0.008 0	-0.005 6	-0.012 3	0.011 8	0.011 6	-0.033 2	-0.032 9	-0.040 1	—

表 6-15　两船相对距离权重系数表

神经元 1~10	神经元 11~20	神经元 21~30	神经元 31~40	神经元 41~50	神经元 51~60	神经元 61~70	神经元 71~80	神经元 81~87
1.472 4	0.152 8	0.251 8	1.428 3	1.807 2	1.175 0	-0.079 5	0.740 7	0.534 3
-0.165 9	1.516 3	1.116 9	0.786 4	1.203 7	-1.206 3	-1.356 8	-1.839 6	1.331 6
0.917 3	-0.812 5	0.392 9	-1.139 8	-0.979 7	-0.109 8	0.843 5	-1.504 5	-0.161 4
0.402 3	-0.934 4	0.558 6	0.590 3	-0.939 0	1.428 8	1.016 5	1.080 3	-1.153 3
-1.402 7	0.236 3	-1.276 8	1.125 5	-1.258 5	0.019 1	0.026 4	-0.155 8	-0.324 2
-0.496 3	-0.118 6	-0.324 2	0.801 3	-1.102 2	-0.145 3	-0.992 0	1.388 8	0.523 7
-1.422 1	-0.492 2	-1.517 5	1.155 6	-0.573 6	1.345 5	1.009 3	1.055 4	0.058 1
1.256 9	-1.254 4	1.133 3	0.362 0	-0.226 5	0.911 4	-0.243 2	1.164 2	—
1.373 5	-0.440 8	0.990 4	-0.481 3	0.387 1	1.560 6	-1.040 1	1.134 0	—
0.341 7	1.390 0	-0.609 7	-0.647 5	1.126 5	-1.284 5	-0.886 8	-1.009 3	—

表 6-16　他船位于本船舷角权重系数表

神经元 1~10	神经元 11~20	神经元 21~30	神经元 31~40	神经元 41~50	神经元 51~60	神经元 61~70	神经元 71~80	神经元 81~87
0.083 5	-0.027 8	-0.044 5	-0.025 4	0.031 5	0.014 2	0.141 2	0.014 3	-0.034 8
0.010 0	-0.000 1	0.073 1	0.005 2	0.007 9	-0.015 4	0.097 2	-0.020 1	0.049 6
-0.049 9	-0.024 8	-0.080 7	0.057 9	0.000 4	0.126 4	0.009 1	0.009 8	0.217 3
-0.001 1	0.063 6	-0.285 3	0.009 3	-0.030 9	0.008 9	-0.098 5	-0.038 3	-0.102 3
-0.095 3	-0.028 2	0.103 5	-0.028 5	-0.061 5	0.131 8	0.023 8	0.024 0	-0.019 5
0.183 0	-0.212 6	0.054 7	0.090 4	-0.118 0	0.125 1	-0.121 3	-0.041 3	0.024 6
0.059 7	0.186 6	0.004 0	-0.005 0	0.203 2	0.009 4	-0.019 7	0.093 1	-0.188 7
0.007 7	-0.181 3	-0.270 9	-0.012 1	-0.082 9	-0.006 9	0.040 7	-0.030 0	—
0.055 1	-0.033 3	-0.246 7	0.072 7	0.046 7	-0.033 5	0.052 2	-0.024 5	—
0.062 1	0.003 4	0.019 0	0.004 2	-0.011 8	-0.016 5	0.001 3	0.092 7	—

表 6-17　神经网络隐含层各神经元的阈值表

神经元 1~10	神经元 11~20	神经元 21~30	神经元 31~40	神经元 41~50	神经元 51~60	神经元 61~70	神经元 71~80	神经元 81~87
− 2.437 2	6.352 9	3.677 7	− 14.788 6	− 2.633 9	− 0.508 0	3.158 1	13.959 2	− 4.778 5
5.404 7	− 16.978 9	10.909 9	− 9.639 6	− 10.709 2	7.420 3	27.740 3	9.867 0	− 0.610 9
− 3.693 4	14.987 5	0.603 6	10.119 5	16.752 7	− 12.792 6	2.517 9	12.979 9	5.023 0
− 15.50 4	5.067 2	− 12.959 9	− 0.854 9	11.877 3	3.511 4	− 7.516 9	5.699 5	8.324 3
16.014 1	− 2.550 3	15.775 9	− 4.326 6	10.290 2	17.318 2	− 0.148 5	− 10.034 8	14.835 3
− 12.649 6	− 8.861 0	− 13.628 4	− 7.499 4	3.087 8	24.932 8	10.568 0	16.121 3	− 5.827 4
10.923 4	17.926 3	− 4.022 3	− 2.690 0	11.838 5	− 2.547 8	7.333 0	− 14.383 2	− 5.736 7
− 5.024 1	22.170 0	− 6.338 3	− 4.501 2	− 3.274 1	− 22.301 5	− 18.052 4	12.436 8	−
− 7.314 8	− 6.104 6	− 5.714 7	− 2.146 4	− 18.142 9	− 13.469 1	15.128 8	0.685 3	−
5.983 3	− 15.671 9	− 19.152 0	− 5.641 7	− 17.351 6	− 12.138 8	− 14.935 3	− 2.892 0	−

表 6-18　BP 神经网络隐含层各神经元与输出层神经元间的权重值表

神经元 1~10	神经元 11~20	神经元 21~30	神经元 31~40	神经元 41~50	神经元 51~60	神经元 61~70	神经元 71~80	神经元 81~87
− 0.363 7	0.086 0	0.392 7	− 0.372 4	− 0.754 4	0.203 4	− 0.564 8	0.079 4	0.437 4
− 0.196 2	− 0.243 9	− 0.339 4	− 0.368 3	− 0.570 8	0.080 0	0.633 8	0.536 6	0.169 3
0.106 0	0.205 4	0.170 7	− 0.214 7	− 0.203 8	0.423 2	− 0.478 2	− 0.292 3	− 0.547 6
− 0.759 2	− 0.447 4	1.260 7	− 0.335 4	− 0.352 4	0.062 9	− 0.462 4	− 0.633 2	0.386 9
0.320 5	0.391 5	0.484 3	− 0.349 9	0.594 6	− 0.452 0	0.230 1	0.197 4	− 0.149 5
− 0.706 7	− 1.239 3	0.634 8	0.320 3	− 0.378 0	0.920 0	0.547 4	− 0.531 2	0.280 1
− 0.607 4	0.613 8	0.541 8	0.282 6	0.871 0	− 0.507 7	− 0.451 2	− 0.321 2	− 1.388 9
− 0.193 8	0.672 8	1.148 3	0.152 1	− 0.469 5	− 0.449 9	0.332 0	0.471 7	−
− 0.785 9	− 0.220 0	0.444 9	0.898 4	− 0.179 8	− 0.357 4	− 0.323 2	0.099 6	−
− 0.169 9	− 0.261 1	0.245 0	− 0.112 6	− 0.230 7	0.452 7	− 0.116 7	− 0.414 0	−

输出层神经元的阈值 $b_2 = -0.131\ 6$。

表 6-19　仿真结果表

本船航速	本船航向	他船航速	他船航向	两船距离	来船舷角	危险度	网络仿真	误差
12.204 0	74.058 0	18.752 0	337.196 0	2.696 0	77.307 0	0.760 0	0.760 2	0.000 2
16.526 0	27.360 0	14.163 0	271.349 0	2.366 0	32.802 0	1.000 0	0.997 8	0.002 2
9.768 0	88.970 0	9.991 0	310.114 0	2.476 0	0.420 0	1.000 0	0.999 0	0.001 0
8.107 0	47.851 0	12.535 0	321.408 0	4.407 0	54.647 0	1.000 0	0.992 9	0.007 1

续表

本船航速	本船航向	他船航速	他船航向	两船距离	来船舷角	危险度	网络仿真	误差
9.995 0	40.572 0	15.957 0	301.692 0	2.228 0	54.693 0	1.000 0	0.999 9	0.000 1
17.400 0	46.791 0	17.632 0	297.176 0	5.504 0	65.403 0	0.000 0	0.000 9	0.000 9
19.354 0	48.082 0	18.047 0	345.791 0	4.774 0	35.793 0	0.000 0	0.003 1	0.003 1
11.110 0	47.305 0	8.052 0	355.935 0	3.595 0	21.699 0	0.393 0	0.393 4	0.000 4
15.027 0	61.563 0	11.062 0	355.078 0	3.742 0	80.123 0	0.000 0	0.002 0	0.002 0
8.086 0	54.141 0	19.292 0	340.756 0	4.307 0	12.819 0	0.000 0	0.007 9	0.007 9
10.668 0	0.385 0	12.596 0	307.614 0	2.329 0	59.356 0	1.000 0	0.993 8	0.006 2
18.261 0	72.998 0	8.778 0	329.588 0	4.766 0	72.245 0	0.000 0	0.000 5	0.000 5
14.362 0	12.849 0	16.228 0	332.057 0	4.912 0	69.998 0	1.000 0	0.982 4	0.017 6
14.869 0	13.640 0	12.336 0	290.260 0	3.701 0	72.261 0	0.183 0	0.183 1	0.000 1
14.205 0	67.641 0	19.880 0	301.101 0	2.676 0	59.159 0	0.729 0	0.728 8	0.000 2
13.903 0	62.980 0	8.762 0	315.434 0	2.590 0	85.465 0	0.000 0	0.010 6	0.010 6
9.699 0	62.362 0	18.862 0	297.275 0	3.706 0	6.334 0	0.292 0	0.292 2	0.000 2
19.600 0	13.791 0	16.198 0	348.955 0	5.287 0	52.386 0	0.000 0	0.008 4	0.008 4
10.887 0	81.208 0	14.257 0	279.578 0	5.611 0	39.756 0	0.000 0	0.017 9	0.017 9
8.961 0	15.461 0	17.385 0	357.698 0	5.104 0	78.337 0	0.000 0	0.003 0	0.003 0
9.842 0	79.686 0	15.444 0	354.520 0	2.783 0	70.171 0	1.000 0	0.989 9	0.010 1
15.747 0	81.826 0	15.881 0	310.992 0	5.685 0	59.778 0	0.000 0	0.000 8	0.000 8
14.595 0	42.457 0	12.152 0	363.749 0	5.3 88 0	28.520 0	0.000 0	0.001 4	0.001 4
13.473 0	88.470 0	11.263 0	296.803 0	4.957 0	51.057 0	0.000 0	0.003 8	0.003 8
10.352 0	75.552 0	17.136 0	305.790 0	4.004 0	80.117 0	0.000 0	0.006 2	0.006 2
8.330 0	51.535 0	19.936 0	274.546 0	4.125 0	17.467 0	1.000 0	0.986 9	0.013 1
18.117 0	59.187 0	15.521 0	287.807 0	5.369 0	11.100 0	0.000 0	0.001 0	0.001 0
9.391 0	28.267 0	16.918 0	354.699 0	3.144 0	30.269 0	0.000 0	0.008 1	0.008 1
9.683 0	75.118 0	16.797 0	333.722 0	4.401 0	67.251 0	0.000 0	0.013 5	0.013 5
11.033 0	0.146 0	9.734 0	275.491 0	5.225 0	76.739 0	0.000 0	0.006 2	0.006 2
10.527 0	49.790 0	9.387 0	271.283 0	2.455 0	40.907 0	1.000 0	0.994 3	0.005 7
9.809 0	51.260 0	15.636 0	307.985 0	5.772 0	48.653 0	1.000 0	0.969 6	0.030 4
14.943 0	22.977 0	14.438 0	305.727 0	3.401 0	3.296 0	0.000 0	0.005 7	0.005 7
15.544 0	45.374 0	9.922 0	3 56.676 0	4.783 0	83.235 0	0.000 0	0.000 9	0.000 9
10.279 0	16.052 0	12.031 0	359.569 0	3.830 0	89.824 0	0.443 0	0.443 1	0.000 1
9.170 0	8.496 0	15.502 0	309.397 0	5.726 0	4.359 0	0.000 0	0.000 7	0.000 7

续表

本船航速	本船航向	他船航速	他船航向	两船距离	来船舷角	危险度	网络仿真	误差
18.736 0	20.458 0	11.480 0	339.218 0	3.643 0	18.178 0	0.848 0	0.847 9	0.000 1
17.543 0	6.326 0	10.358 0	305.049 0	4.363 0	6.383 0	0.069 0	0.068 9	0.000 1
10.372 0	57.992 0	9.810 0	310.891 0	4.417 0	62.763 0	0.009 0	0.011 7	0.002 7
16.889 0	55.836 0	15.345 0	332.203 0	5.218 0	13.421 0	0.000 0	0.001 9	0.001 9
14.913 0	82.043 0	18.413 0	325.325 0	4.911 0	3.889 0	0.000 0	0.004 2	0.004 2
16.014 0	28.352 0	19.719 0	321.230 0	3.223 0	15.654 0	0.000 0	0.004 2	0.004 2
9.303 0	76.612 0	18.429 0	336.990 0	2.620 0	29.423 0	0.833 0	0.833 5	0.000 5
8.952 0	57.690 0	8.919 0	343.802 0	4.180 0	40.344 0	1.000 0	0.998 0	0.002 0
12.908 0	41.950 0	11.585 0	315.110 0	2.611 0	29.074 0	1.000 0	0.998 5	0.001 5
16.856 0	74.404 0	11.767 0	356.319 0	5.493 0	65.255 0	0.000 0	0.000 3	0.000 3
11.601 0	11.451 0	19.329 0	275.917 0	5.140 0	47.214 0	0.000 0	0.004 7	0.004 7
15.316 0	6.504 0	19.474 0	348.810 0	4.616 0	28.992 0	0.000 0	0.006 7	0.006 7
9.258 0	20.439 0	14.061 0	296.127 0	5.680 0	49.606 0	0.000 0	0.023 3	0.023 3
15.954 0	44.330 0	9.374 0	304.123 0	3.987 0	71.405 0	0.000 0	0.002 8	0.002 8
14.111 0	61.936 0	12.589 0	317.895 0	4.425 0	35.568 0	1.000 0	0.989 0	0.011 0
8.071 0	9.056 0	16.495 0	326.078 0	5.453 0	44.236 0	0.000 0	0.009 7	0.009 7
16.968 0	34.211 0	13.963 0	340.685 0	4.211 0	32.140 0	0.402 0	0.402 2	0.000 2
19.469 0	15.893 0	15.570 0	0.683 0	2.527 0	66.897 0	1.000 0	0.997 5	0.002 5
19.421 0	2.505 0	15.344 0	299.687 0	2.224 0	57.531 0	1.000 0	0.999 5	0.000 5
9.558 0	77.791 0	18.165 0	323.721 0	4.887 0	76.860 0	0.000 0	0.002 3	0.002 3
8.176 0	63.714 0	9.518 0	325.546 0	2.870 0	5.936 0	0.953 0	0.953 0	0.000 0
8.565 0	120.277 0	8.705 0	0.326 0	3.594 0	38.952 0	0.337 0	0.336 9	0.000 1
19.354 0	138.082 0	18.047 0	75.791 0	4.774 0	35.793 0	0.000 0	0.005 7	0.005 7
11.110 0	137.305 0	8.052 0	85.935 0	3.595 0	21.699 0	0.393 0	0.393 2	0.000 2
15.027 0	151.563 0	11.062 0	85.078 0	3.742 0	80.123 0	0.000 0	0.003 4	0.003 4
8.086 0	144.141 0	19.292 0	70.756 0	4.307 0	12.819 0	0.000 0	0.012 8	0.012 8
10.668 0	90.385 0	12.596 0	37.614 0	2.329 0	59.396 0	1.000 0	0.994 2	0.005 8
11.552 0	242.799 0	18.222 0	95.653 0	4.723 0	43.731 0	0.000 0	0.002 0	0.002 0
10.363 0	191.322 0	14.318 0	24.452 0	3.865 0	48.574 0	0.000 0	0.004 1	0.004 1
10.253 0	188.312 0	19.424 0	35.570 0	3.301 0	3.848 0	1.000 0	0.990 4	0.009 6
17.541 0	209.890 0	16.464 0	54.375 0	4.285 0	48.379 0	0.000 0	0.001 4	0.001 4
18.654 0	262.043 0	18.539 0	164.311 0	5.045 0	62.302 0	0.000 0	0.001 6	0.001 6

续表

本船航速	本船航向	他船航速	他船航向	两船距离	来船舷角	危险度	网络仿真	误差
18.468 0	242.431	16.487 0	163.986 0	3.116 0	86.740 0	0.656 0	0.656 1	0.000 1
13.952 0	256.360 0	17.387 0	117.682 0	3.558 0	66.257 0	0.286 0	0.006 0	0.006 0
14.082 0	191.009 0	18.157 0	29.138 0	4.749 0	84.853 0	0.000 0	0.000 2	0.000 2
18.708 0	259.705 0	17.160 0	23.457 0	4.431 0	81.142 0	0.000 0	0.000 8	0.000 8
11.114 0	226.601 0	16.580 0	149.390 0	4.190 0	43.701 0	1.000 0	0.286 0	0.000 0
16.910 0	188.323 0	10.734 0	138.332 0	4.940 0	84.570 0	0.000 0	0.000 2	0.000 2
11.012 0	198.563 0	11.930 0	58.445 0	5.866 0	68.930 0	0.000 0	0.000 0	0.000 0
14.534 0	251.256 0	9.506 0	105.552 0	3.037 0	23.301 0	1.000 0	0.997 9	0.002 1
11.900 0	184.848 0	17.501 0	29.588 0	5.957 0	0.437 0	0.000 0	0.001 9	0.001 9
9.350 0	231.389 0	19.415 0	169.540 0	4.897 0	39.229 0	0.000 0	0.001 3	0.001 3
12.724 0	223.978 0	19.219 0	95.642 0	2.336 0	45.604 0	0.258 0	0.998 9	0.001 1
9.547 0	260.851 0	16.319 0	93.010 0	4.716 0	43.640 0	1.000 0	0.002 8	0.002 8
15.840 0	189.105 0	13.957 0	152.533 0	4.160 0	29.769 0	0.529 0	0.007 4	0.007 4
18.416 0	234.333 0	13.773 0	169.485 0	4.148 0	22.032 0	0.000 0	0.258 2	0.000 2
10.081 0	256.695 0	9.543 0	176.116 0	2.067 0	20.301 2	0.000 0	0.999 9	0.000 1
12.800 0	225.635 0	15.872 0	130.872 0	3.425 0	0.756 0	0.000 0	0.529 2	0.000 2
14.956 0	211.404 0	14.498 0	69.943 0	5.049 0	2.549 0	1.000 0	0.001 0	0.001 0
19.694 0	185.128 0	16.223 0	85.331 0	5.972 0	47.324 0	1.000 0	0.000 0	0.000 0
19.506 0	246.414 0	9.969 0	151.143 0	3.555 0	63.615 0	1.000 0	0.007 1	0.007 1
17.238 0	254.289 0	11.477 0	137.749 0	3.219 0	9.998 0	0.907 0	0.994 8	0.005 2
12.962 0	220.476 0	18.249 0	95.290 0	3.337 0	32.066 0	0.810 0	0.993 7	0.006 3
17.322 0	199.334 0	9.988 0	75.217 0	3.059 0	30.080 0	0.331 0	0.993 3	0.006 7
18.338 0	192.792 0	18.499 0	114.908 0	2.381 0	78.332 0	0.000 0	0.907 2	0.000 2
10.847 0	227.033 0	19.784 0	24.847 0	3.740 0	4.428 0	1.000 0	0.810 2	0.000 2
17.286 0	211.906 0	16.561 0	82.012 0	3.469 0	55.976 0	1.000 0	0.331 1	0.000 1
15.912 0	305.290 0	17.548 0	267.539 0	3.414 0	36.152 0	0.948 0	0.005 4	0.005 4
14.124 0	299.017 0	17.806 0	100.482 0	2.036 0	39.658 0	0.000 0	0.997 8	0.002 2
14.192 0	301.472 0	8.162 0	154.175 0	3.142 0	14.742 0	1.000 0	0.998 1	0.002 9
13.926 0	315.195 0	10.723 0	237.786 0	2.909 0	2.821 0	0.000 0	0.947 8	0.000 2
16.619 0	346.654 0	12.279 0	110.562 0	4.596 0	79.123 0	0.000 0	0.001 6	0.001 6
17.345 0	338.325 0	14.375 0	198.151 0	2.214 0	54.037 0	0.656 0	0.999 1	0.000 9
10.797 0	300.791 0	8.605 0	101.756 0	2.450 0	70.880 0	0.286 0	0.006 7	0.006 7

实际计算结果与神经网络仿真结果分别如图 6-6 和图 6-7 所示。

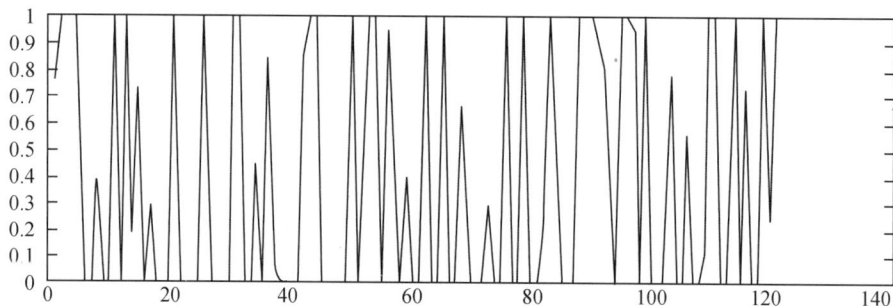

图 6-6　计算碰撞危险度分布

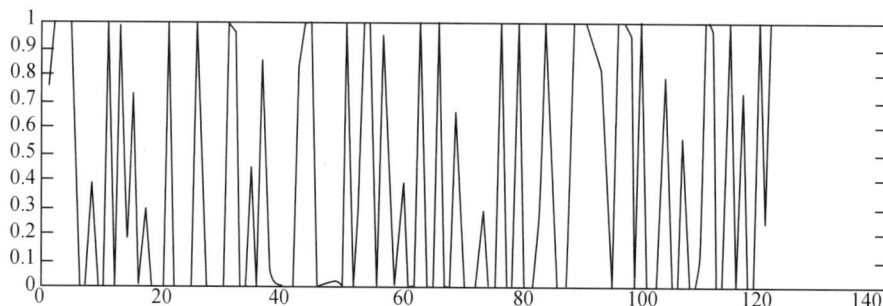

图 6-7　BP 网络仿真结果分布图

6.6.5 ● 结论及总结

第一,虽然用神经网络确定船舶碰撞危险度的方法不是本书首先提出的,但本书却较参考文献[99、100、382]的做法向前推进了一步。这主要表现在,作为神经网络的输入不是采取原始数据的中间结果,如 $DCPA$ 或 $TCPA$ 等,而是将原始数据直接作为神经网络的输入,实现了以神经网络快速确定船舶碰撞危险度。这种输入方法使经过训练的神经网络包括了下列知识:$DCPA$ 与 $TCPA$ 的计算、本船最晚施舵点的确定、时间碰撞危险度和空间碰撞危险度计算、时间碰撞危险度与空间碰撞危险度的合成等。

第二,由于本书只是运用了神经网络的逼近能力,在开始确定计算船舶碰撞危险度所适用的神经网络时,决定采取 BP 网络或径向基函数网络,并首先用径向基函数网络进行了试验,结果如下:

(1)径向基函数神经网络具有较强的逼近能力,本书用 BP 动量−自适应学习率调整算法要用 100 万次才能逼近到平均误差为 0.004 5 以下,而用径向基函数网络则只用了45 步,训练时间不足 3 s。

(2)用径向基函数网络逼近所需的神经元数少,在本书中只需要 45 个,而采取 BP 神经网络则需要 87 个。在本书中采取径向基函数神经网络,当输入同样为他船航向、他船速度、相对距离、来船相对方位、本船航向和航速六个量时,经训练后输入层各因素的误差可接近零。

(3)用其他样本对训练的径向基人工神经网络和BP人工神经网络进行仿真时,发现经训练的径向基人工神经网络的泛化功能——插值功能,不如BP人工神经网络的强。

(4)在对BP神经网络训练的过程中,曾采取了通常训练方法、L-M算法和动量-自适应学习率调整算法三种。一般训练方法训练速度慢,而且若选择的学习率不合适,很难达到收敛的目的;而L-M算法训练的速度虽然较一般的训练方法和动量-自适应学习率调整算法快,但是需要计算机具有较大的可用内存,若可用内存不足也难以达到训练神经网络的目的。本书在实际中采取动量-自适应学习率调整算法,克服了一般训练方法收敛速度慢及选择学习率的困难性,同时也避免了L-M算法需要较大可用内存的问题。因此,通常情况下,对BP网络采取动量-自适应学习率调整算法是可取的。

(5)虽然本书经过140多个小时对计算机碰撞危险度的BP神经网络进行了训练,在考虑神经网络以原始数据输入为主方面,取得了可喜的成果,表明以原始数据输入计算船舶碰撞危险度是完全可行的,但是考虑到神经网络的可靠性问题,还应该经过大量样本的反复训练和学习才能够在实际中运用。另外,在BP网络的输入中没有包括本船变速情况。但可以肯定,若能够取得本船变速过程情况及相应的样本对BP神经网络进行训练,以BP网络确定各种情况下的船舶碰撞危险度是完全可能的。

6.7 本船与多目标船碰撞危险度的确定

在判断本船是让路船还是直航船的基础上,判断本船与所有目标船的碰撞危险度。

在判断本船与所有目标船碰撞危险度时,不同的参考文献所采取的方法是不同的。文献[3]简单地采取了多个目标各单船碰撞危险度的代数和,有的则以碰撞危险度最大的单船危险度作为多船会遇的碰撞危险度[45]。本书认为,该种简单采取多个单船危险度代数和的方法是不可取的。在理论实际避碰中,不难发现在本船采取避碰行动后,虽然本船与所有目标船间碰撞危险度的代数和减小了,但是可能出现与某一目标船的碰撞危险度增大了的情况。

本船与多目标船避碰,碰撞危险度取决于所采取的避碰方法。从整体上讲,关于多船避碰方法当前主要有两种:第一种方法是将本船与多目标船会遇分解为本船与他船两船会遇,并根据两两会遇所确定的诸方案选择最优的避碰方案;第二种方法是将多船从整体上考虑,并采取一定数学方法,如动态规划方法等,确定本船所采取的避碰行动。在这两种方法中,不能笼统地讲哪种方法更好。本书将采取第一种方法,确定本船的避碰行动。这主要是由于:首先,在实际中本船与多船会遇的情况并不多见,而且驾驶员所采取的避碰行动经常受两船会遇避碰方法的影响。其次,通过两船会遇分析,有利于预测他船可能采取的避碰行动,从而本船采取最有利于避免不协调的避碰行动。因此,在本书中,本船与多船会遇碰撞危险度定义为重点船的碰撞危险度,也体现出了将碰撞危险度划分为空间碰撞危险度与时间碰撞危险度的好处。

根据本书在多船会遇中所采取的避碰方法,本船与多船会遇的碰撞危险度定义为:

设:本船与 n 艘船会遇,若根据两两会遇所构成的会遇,目标船接近到 6 n mile 后,其中对 m 艘船本船为让路船,则对 $n-m$ 艘船本船为直航船。

(1)当 $m=0$ 时:

在此种情况下,本船对所有会遇船舶为起舵直航船,确定本船与所有船舶碰撞危险的目的是,在他船不让路行动的情况下,确定本船最晚施舵点。本船与多目标船的碰撞危险度为目标船进入 6 n mile 后计算的各船的碰撞危险度,即

$$u_T = \max\{u_T(i)\}, i = 1, 2, \cdots, m$$

在 m 艘船舶中,当碰撞危险度最大的目标船采取避碰行动并确认驶过让清后,本船与 $m-1$ 艘目标船的碰撞危险度为:

$$u_T = \max\{u_T(i)\}, i = 1, 2, \cdots, m-1$$

依次进行,直到碰撞危险为零。

(2)当 $m \neq 0$ 时,分别计算:

$$u_{Tg}(i), i = 1, 2, \cdots, n-m$$

式中, $u_{Tg}(i)$ 为本船对第 i 艘船为让路船时的碰撞危险度。

本船对该 n 艘船舶的多船会遇碰撞危险度为:

$$u_{Tg} = \max\{u_{Tg}(i)\}, i = 1, 2, \cdots, n-m$$

6.8 本章小结

碰撞危险度是船舶进行避碰决策的基础,在第 2 章总结前人研究成果的基础上,本章根据对船舶碰撞危险度与最晚施舵点的要求,即要求采用合适的方法并尽量多地合理综合各种影响因素,将船舶碰撞危险度首次划分为空间碰撞危险度和时间碰撞危险度,并给出了确定船舶碰撞危险度的多因素、动态及进化方法。使确定的碰撞危险度更加智能并与实际相符合,更能与船舶智能避碰决策系统的要求相符合,从而根据当前在确定多船避碰中,确定碰撞危险度所存在的问题,提出了适应于智能避碰决策系统的确定多船碰撞危险度的方法。

本章的主要工作:

(1)在考虑主要因素对船舶最晚施舵点影响的前提下,建立了多因素的动态最晚施舵点模型

最晚施舵点不仅是确定危险度的重要因素,也是直航船独自采取避碰行动的时机,而且是让路船或责任采取避让行动船采取转向避碰,以保证两船安全通过的最后时机。但由于最晚施舵点受最小安全通过距离、船舶操纵性能等的影响,对最小安全通过距离

要求不同,最晚施舵点的数值也不相同。另外,利用本书所确定的最晚施舵点通常偏于安全。这主要是由在船舶的进距及横距上数值偏大导致的。对特定船舶而言,若有在特定装载状态下的相应数值,所确定的最晚施舵点则具有参考价值和实用性。

(2)首次将船舶碰撞危险度划分为空间碰撞危险度与时间碰撞危险度

根据前人利用 DCPA 和 TCPA 确定船舶碰撞危险度的思想,通过分析两个量所代表的实质,提出了船舶时间碰撞危险度与空间碰撞危险度的概念。根据对其影响因素分析,采用被认为是合适的数学工具,分别建立了多因素的相应模型。

(3)确定了空间碰撞危险度与时间碰撞危险度的合成算子

合成算子对能否正确反映空间或时间碰撞危险度对碰撞危险度的影响十分关键,为此,本章在总结海上避碰实践及人们对危险认识的基础上,根据"刺激-反应"的思想,较合理地确定了两者的合成算子。

(4)探讨了利用 BP 人工神经网络确定碰撞危险度的快速方法

由于在确定碰撞危险度过程中,采取了各种较为有效的数学工具,在计算上相对复杂,所占的计算机内存也较大,为了节省内存并提高计算速度,利用人工神经网络的逼近功能,探讨了人工神经网络计算碰撞危险度的快速方法。区别于他人的研究,以一船从ARPA 上获得的另一船运动的原始数据作为 BP 网络输入,建立了输入层为六个神经元、隐含层为 87 个神经元及输出层为一个神经元的 BP 人工神经网络。借助 MATLAB 计算机软件,采取动量-自调整学习率算法,经过 100 万次反复训练,实现了该网络能够包含所有确定碰撞危险模型知识的快速确定方法,通过仿真,结果理想。同时比较了 BP 网络与径向基函数网络在训练时间上和在插值数值计算功能上的差异,为其他学者研究不同神经网络功能时,提供参考。

第7章

影响船舶避碰的主要因素关系分析

本章主要内容如下:

为了确定船员采取避碰行动时机与幅度的关联性,通过对避碰行为调查与分析,本章获得了两者几乎无关的结论,并以前人研究成果印证了结论的正确性。根据该结论分别建立了避碰行动时机优化模型与转向幅度优化模型。所建立的模型既吸取了船员对避碰行动是"及早的、大幅度的"的理解,也符合规则对避碰行动的要求。在建立避碰时机优化模型时:建立了基于信息熵理论的船舶避碰行为不确定性评价模型;建立了基于直航船模糊满意度的让路船避碰行动时机模型;建立了基于直航船满意度期望的随机规划模型;建立了基于直航船可能采取避碰行动的减少或避免不协调避碰行动时机模型;提出了转向避碰过程控制与终止模型,使转向避碰造成的位置偏差及时间损失相对较小。

7.1 影响转向避碰行动的主要因素

根据两船会遇几何,有下列关系:

$$\sin\beta = \frac{DCPA}{R_T}$$

$$\beta = \arctan \frac{\sin(\Delta C + \theta_T) - \sin\theta_T}{\cos(\Delta C + \theta_T) + \sqrt{k^2 - \sin^2\theta_T}}$$

式中,R_T——行动时两船距离;

θ_T——来船舷角;

$k = \dfrac{v_0}{v_T}$——本船与他船船速比;

β ——相对运动线转角;

ΔC ——转向角度。

当行动时机(行动时两船距离)和 $DCPA$ 确定后,即 β 角已知。要达到 β 角,必须完成一定的转向角 ΔC。从上式中可知,转向角的大小和来船舷角、船速比相关。因此,转向避让时,影响的主要因素有 $DCPA$、R_T、θ_T、ΔC 和 k 五个因素。

7.2 调查样本的处理方法

在本部分的研究过程中,利用对船员培训之机对 486 名从事无限航区、3 000 总吨及以上的船长、大副和二副进行了 4 次问卷调查,并在问卷调查后在成山角进行了动态观测。由于各方面的原因,调查对象可能对问题的回答不十分准确,需要对调查获得的样本进行处理。处理方法如下:

第一,对问题不理解、回答明显错误的,在处理之前删去。

第二,对上述粗处理的样本,根据数据处理样本舍弃原则进一步取舍。其基本方法是:

对某一指标的调查结果,如船舶避碰行动时机,通常应服从正态分布规律。

设 m 为各被调查对象的真值,$\overline{m}$ 为均值,ε_i 为调查对象结果的误差,γ_i 为剩余,则:

$$\gamma_1 = \overline{m} - m_1$$
$$\vdots$$
$$\gamma_n = \overline{m} - m_n \tag{7-1}$$

同样:

$$\varepsilon_1 = m - m_1$$
$$\vdots$$
$$\varepsilon_n = m - m_n \tag{7-2}$$

由于对各个被调查人员的调查结果是等权重处理的,因此:

$$\sum_{i=1}^{n} \gamma_i = n \cdot \overline{m} - \sum_{i=1}^{n} m_i = 0, \overline{m} = (\sum_{i=1}^{n} m_i)/n \tag{7-3}$$

同样得到式(7-4)如下:

$$\sum_{i=1}^{n} \varepsilon_i = n \cdot m - \sum_{i=1}^{n} m_i = 0, \sum_{i=1}^{n} m_i = n \cdot m - \sum_{i=1}^{n} \varepsilon_i \tag{7-4}$$

将式(7-4)代入式(7-3)得到:

$$\overline{m} = m - (\sum_{i=1}^{n} \varepsilon_i)/n$$

由此得到:

$$\gamma_1 = m - \frac{1}{n}\sum_{i=1}^{n}\varepsilon_i - m_1 = \varepsilon_1 - \frac{1}{n}\sum_{i=1}^{n}\varepsilon_i = \varepsilon_1 - \frac{1}{n}\varepsilon_1 - \frac{1}{n}\varepsilon_2 - \cdots - \frac{1}{n}\varepsilon_n \quad (7\text{-}5)$$

$$= \frac{n-1}{n}\varepsilon_1 - \frac{1}{n}\varepsilon_2 - \cdots - \frac{1}{n}\varepsilon_n$$

同理得到：

$$\gamma_2 = -\frac{1}{n}\varepsilon_1 + \left(\frac{n-1}{n}\right)\varepsilon_2 - \frac{1}{n}\varepsilon_3 - \cdots - \frac{1}{n}\varepsilon_n$$

$$\gamma_n = -\frac{1}{n}\varepsilon_1 - \frac{1}{n}\varepsilon_2 - \cdots - \frac{n-1}{n}\varepsilon_n$$

显然，剩余 γ_1 和误差 ε_i 是线性关系。如果函数 F 是 n 个独立回答量的函数，则这个函数 F 服从误差规律。如果函数 F 为：

$$F = \alpha_1 M_1 + \alpha_2 M_2 + \cdots + \alpha_n M_n$$

则 F 的精密度指数 H 给出为：

$$\frac{1}{H^2} = \frac{\alpha_1^2}{h_1^2} + \frac{\alpha_2^2}{h_2^2} + \cdots + \frac{\alpha_n^2}{h_n^2} = \sum_{i=1}^{n}\frac{\alpha_i^2}{h_i^2} \quad (7\text{-}6)$$

因此得到：

$$\frac{1}{H^2} = \frac{\left(\frac{n-1}{n}\right)^2}{h^2} + \frac{\frac{1}{n^2}}{h^2} + \cdots + \frac{\frac{1}{n^2}}{h^2} = \frac{1}{n^2 h^2}\left[(n-1)^2 + (n-1)\right] = \frac{n-1}{n}\cdot\frac{1}{h^2} \quad (7\text{-}7)$$

这里 h 是误差 ε 的精密度指数，所以：

$$H = h\left(\frac{n-1}{n}\right)^{\frac{1}{2}}$$

因此得到剩余的概率方程为：

$$y = \frac{H}{\sqrt{\pi}}\mathrm{e}^{-H^2\gamma^2} \quad (7\text{-}8)$$

则 n 个剩余同时出现的概率是：

$$P = P_1 \cdot P_2 \cdots P_n = \frac{H}{\sqrt{\pi}}\mathrm{e}^{-H^2(\gamma_1^2 + \gamma_2^2 + \cdots + \gamma_n^2)}d\gamma_1 d\gamma_2 \cdots d\gamma_n \quad (7\text{-}9)$$

将式(7-9)对 H 求导数，并且使之等于 0，得到：

$$\frac{1}{H\sqrt{2}} = \sqrt{\frac{\gamma_1^2 + \gamma_2^2 + \cdots + \gamma_n^2}{n}}, \mu\sqrt{\frac{n-1}{n}} = \sqrt{\frac{\gamma_1^2 + \gamma_2^2 + \cdots + \gamma_n^2}{n}}$$

因此

$$\mu = \sqrt{\frac{\gamma_1^2 + \gamma_2^2 + \cdots + \gamma_n^2}{n-1}} \quad (7\text{-}10)$$

所以

$$r = 0.674\,5\mu = 0.674\,5\sqrt{\frac{\gamma_1^2 + \gamma_2^2 + \cdots + \gamma_n^2}{n-1}} \quad (7\text{-}11)$$

平均值的可几误差是：

$$r_0 = \frac{r}{\sqrt{n}} = 0.674\ 5\sqrt{\frac{\sum_{i=1}^{n} \gamma_1^{\ 2}}{n-1}}$$

则坏样本的舍弃原则为：求出所有被调查者的平均值，再求出每个被调查者选择结果与平均值的差值（即剩余）。用式(7-11)计算每个被调查者选择结果的可几误差。对任意一个被调查者的选择结果，它的剩余超过每个被调查者选择结果的可几误差3.45倍时，该样本被舍弃。

上述原则是根据下面的条件得到的：假定误差 x 出现的机会，在100个样本中有5个，因此它的概率是 $P=0.05$。该误差不发生的概率为0.95。从标准正态分布表中查得 $hx=1.645$，根据可几误差计算，有 $hr=\rho=0.476\ 9$，所以 $h=0.476\ 9/r$，则 $hx=0.476\ 9x/r=1.645$，所以 $x=1.645r/0.476\ 9=3.45r$。

当两船速度均为15 kn、直航船位于让路船右舷角30°时，让路船的避碰时机调查样本经消除明显错误样本后，样本的均值为3.777 8，3.45r=2.574 6，各样本与均值的差值为：

当 $D=3$ 时，$\Delta D=0.777\ 8$；

当 $D=2$ 时，$\Delta D=1.777\ 8$；

当 $D=4$ 时，$\Delta D=-0.222\ 2$；

当 $D=3.5$ 时，$\Delta D=0.277\ 8$；

当 $D=4.5$ 时，$\Delta D=-0.722\ 2$；

当 $D=5$ 时，$\Delta D=1.222\ 2$；

当 $D=6$ 时，$\Delta D=-2.222\ 2$；

当 $D=1$ 时，$\Delta D=2.777\ 8$。

由于 $D=1$ 时，$\Delta D>3.45r$，所以该样本被舍弃。

经重新计算，剩余样本的均值为：3.822 6 n mile。

转向幅度的样本经去掉明显错误的样本后，样本的均值为38.709 7°，3.45r=29.035 2，经计算后，转向90°的样本不合适被删去。去掉不合适的样本后，转向幅度均值为38.0°。

其他样本的处理方法同上。

7.3　驾驶员避碰行动时机及幅度的统计分析

7.3.1 ● 概述

为叙述方便，以下的"让路船"是指交叉相遇局面中的让路船、追越局面中的追越船、对遇局面中的两船;"直航船"是指交叉相遇局面中的直航船和追越局面中的被追越船。

　　船舶首次避碰时机对避碰相当重要,是因为:第一,它是判断避碰行动是否满足避碰规则所规定的"及早"的标准;第二,让路船的首次避碰时机与是否发生两船间的不协调避碰行动有密切关系;第三,在智能避碰决策系统中,首次避碰时机也是能否全面吸取专家避碰知识和经验的反映。

　　根据笔者调查,在海上避碰行动种类中,有98%的让路船采取的是转向避碰行动;根据统计[255],对遇中100%、交叉相遇中94.2%、追越中96.4%及在能见度不良时92.3%的避碰行动是转向;参考文献[256、380]100%使用的是转向避碰。因此,在本书中,除非特别说明,首次避碰决策时机是指让路船采取转向行动时两船之间的距离,行动幅度是指首次采取避碰行动的航向改变量。

　　关于避碰决策的重要性,已有许多论述。事故和灾难的历史,经常是决策错误的历史。对 Light Brigade 事故的指责、Titanic 号船的沉没、Amoco Cadiz 号船的灾难性事故以及相当数量的搁浅与碰撞事故都是由于决策失误造成的。而且通常是决策者已经进行了正规的训练且拥有决策所需的信息,但由于某些原因仍会做出错误的决策;由于决策失误造成的事故也占有非常大的比例[395]。

　　让路船首次避碰行动决策涉及心理学、系统论等问题,很难用单一数学工具加以确定,同时又是避碰的核心问题。因此,本书对避碰时机决策问题从不同侧面采取多种方法综合确定。

7.3.2　船舶驾驶员对及早及大幅度转向的理解

　　为建立智能避碰决策系统作为让路船时对直航船采取避碰行动的时机与转向幅度模型,首先研究海上避碰行动中,在一定 DCPA 情况下,让路船避碰行动时机与幅度是如何受两船速度、速度比、相对速度及会遇态势影响的。

7.3.2.1　统计分析

　　关于样本的处理及筛选方法,见本章7.2内容。

　　虽然已有很多专家学者对船员的避碰行为进行过调查统计[253、255],但为获得第一手资料,并与他们的调查结果进行比较,利用对船员培训之机对从事无限航区航行、3 000总吨及以上的船长、大副和二副进行了问卷调查,并在问卷调查后又在成山角进行了实际观测。

　　在调查问卷中,两船会遇分为对遇和交叉相遇两种局面,初始 DCPA = 0 且两船均为1 万吨及以上船舶。

　　(1)交叉会遇局面,两船速度均为 15 kn,直航船位于让路船的右舷角分别为30°、60°;

　　(2)交叉会遇局面,直航船速度为 20 kn,让路船速度为 15 kn,直航船位于让路船的右舷角分别为30°、60°；

（3）交叉会遇，直航船速度为15 kn，让路船速度为20 kn，直航船位于让路船的右舷角也为30°、60°；

（4）交叉会遇，两船均为20 kn，直航船位于让路船的舷角也分为30°、60°两种情况。

在实际观测中，获得与上述设定的船舶大小、会遇两船速度及交叉会遇态势完全相同的样本比较困难。因此，取船舶为1万吨及以上船舶，而速度18~22 kn之间的船舶与13.5~16.5 kn之间的船舶交叉会遇；直航船位于让路船的右舷角取20°~70°。

问卷调查结果为：当交叉会遇两船速度均为15 kn时，统计结果见表7-1，分布见图7-1；当直航船速度为20 kn，让路船速度为15 kn时，统计结果见表7-2，分布见图7-2。当直航船速度为15 kn，让路船速度为20 kn时，统计结果见表7-3，分布见图7-3；对遇结果统计见表7-4，分布见图7-4。

表7-1　直航船与让路速度均为15 kn时转向幅度分布表

转向角度	5°	10°	15°	20°	30°	40°	50°	60°	70°	80°	90°
10°	0	0.06	0.14	0.319	0.319	0.139	0.028	0.000	0.000	0.000	0.000
30°	0	0	0	0.068	0.356	0.288	0.164	0.096	0.027	0	0
60°	0	0	0	0.032	0.111	0.143	0.206	0.238	0.127	0.095	0.048

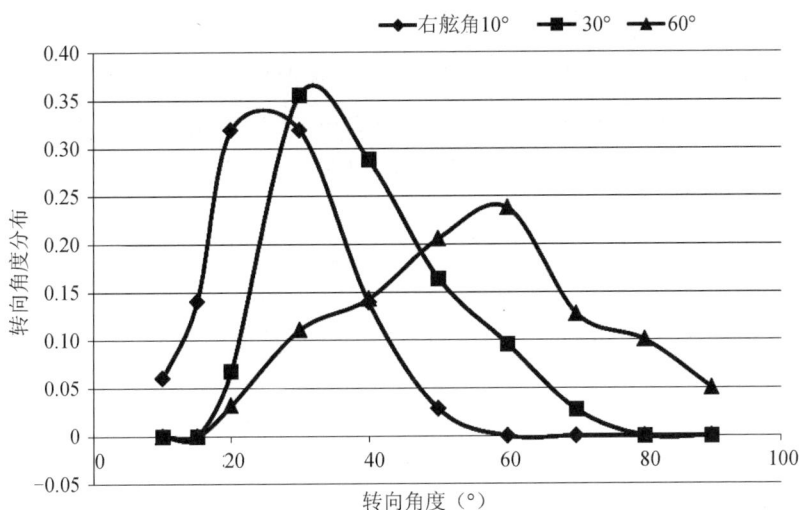

图7-1　避碰行动幅度分布图

当直航船位于让路船有舷角30°时，最小转向幅度为20°，最大转向幅度为70°，平均转向幅度为38°，采取转向幅度在30°~50°的让路船占总数的80.8%；当直航船位于让路船右舷角60°时，最小转向角度为20°，最大转向幅度为90°，平均转向幅度为55.6°，采取转向幅度在30°~70°的让路船占总数的82.5%。交叉相遇两船船速均为15 kn时，让路船采取避碰行动时机（两船距离）分布如表7-2及图7-2所示。

表 7-2 让路船采用避碰行动时机分布表

行动时机(n mile)	1	2	3	4	5	6	7
右舷角 10°	0.026	0.077	0.420	0.280	0.140	0.051	0.000
右舷角 30°	0.013	0.104	0.250	0.312	0.182	0.091	0.000
右舷角 60°	0.014	0.130	0.220	0.290	0.220	0.130	0.014

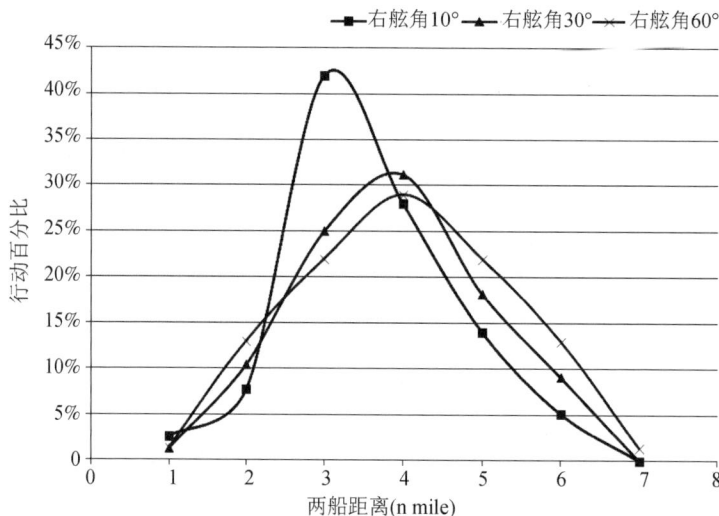

图 7-2 船舶采取避碰行动时机分布图

由图 7-2 可以看出,当两船速度均为 15 kn,直航船的有舷角分别为 30° 和 60° 时,让路船的避碰行动时机分布几乎相同。即船员采取避碰行动时机与直航船所处的舷角关系不大。

直航船速度为 20 kn,让路船速度为 15 kn,当直航船位于让路船的右舷角分别为 30°、60° 时,转向行动幅度概率分布如表 7-3 和图 7-3 所示。

从 7-3 图中可以看到,当直航船速度为 20 kn、让路船速度为 15 kn、直航船位于让路船右舷角 30° 时,让路船最小转向幅度为 15°,最大转向幅度为 70°,平均转向幅度为 35.5°,采取转向幅度在 20° ~ 50° 的让路船占总数的 85.7%;当直航船位于让路船右舷角 60° 时,让路船最小转向幅度为 20°,最大转向幅度为 90°,平均转向幅度为 56°,采取转向幅度在 40° ~ 80° 的让路船占总数的 86.6%。

当直航船速度为 20 kn、让路船速度为 15 kn、直航船位于让路船右舷角 30° 和 60° 时,让路船采取避碰行动时机分布如表 7-4 和图 7-4 所示。

表 7-3 直航船速度 20 kn、让路船速度 15 kn 时,转向幅度概率表

转向角度	15°	20°	30°	40°	50°	60°	70°	80°	90°
右舷角 30°	0.057	0.129	0.357	0.257	0.114	0.057	0.029	0.000	0.000
右有 60°	0.000	0.014	0.071	0.124	0.206	0.301	0.163	0.096	0.025

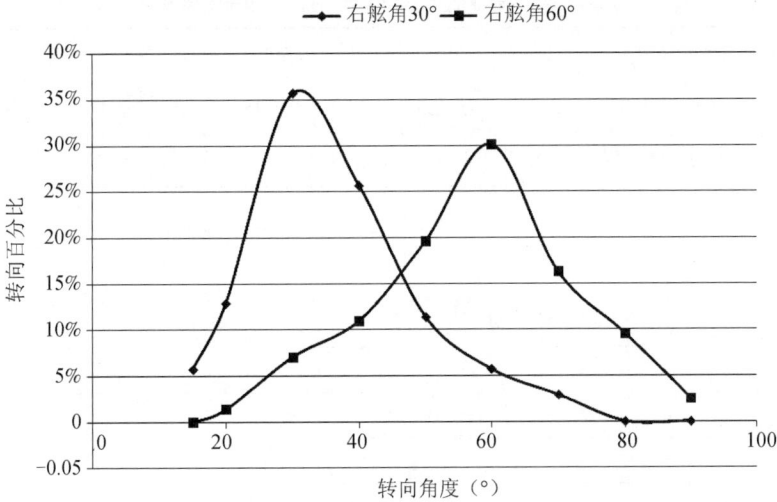

图 7-3 直航船速度 20 kn、让路船速度 15 kn 时，避让行动幅度分布图

表 7-4 $v_T = 20$ kn, $v_0 = 15$ kn, $\theta_T = 30°$ 和 $\theta_T = 60°$ 时，让路船避碰时机分布表

行动时机(n mile)	2	3	4	5	6	7
右舷角 30°	0.027	0.247	0.342	0.247	0.123	0.014
右舷角 60°	0.041	0.219	0.315	0.247	0.151	0.000

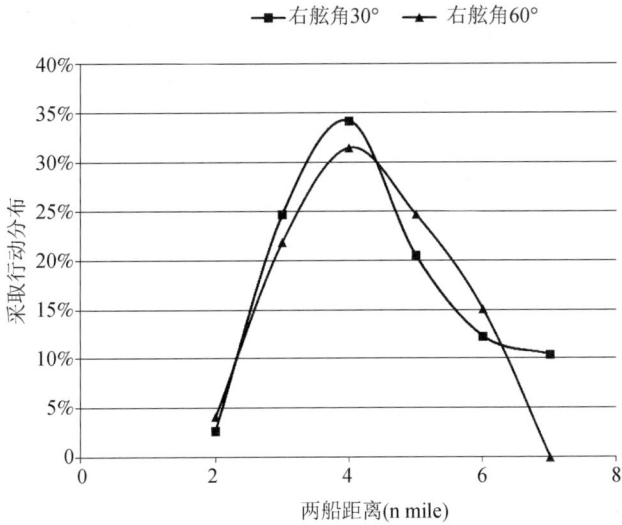

图 7-4 $v_T = 20$ kn, $v_0 = 15$ kn, $\theta_T = 30°$ 和 $\theta_T = 60°$ 时，让路船避碰时机分布图

由图 7-4 可以看出，当直航船与让路船速度分别为 20 kn 和 15 kn，直航船位于让路船的右舷角分别为 30° 和 60° 时，让路船的避碰行动时机也没有明显的变化，两种会遇态势下的避碰行动时机分布具有相似性，而且与图 7-2 的分布也具有相似性。

$v_T = 15$ kn, $v_0 = 20$ kn,直航船位于让路船右舷 30° 和 60° 时，让路船转向幅度如表 7-5 所示，分布如图 7-5 所示；行动时机分布如表 7-6 和图 7-6 所示。

表 7-5　$v_T = 15\ \mathrm{kn}$，$v_0 = 20\ \mathrm{kn}$ 时，转向幅度概率表

转向幅度	10°	15°	20°	30°	40°	50°	60°	70°	80°	90°
右舷角 30°	0.000	0.055	0.121	0.425	0.219	0.096	0.068	0.014	0.000	0.000
右舷角 60°	0.000	0.000	0.043	0.090	0.133	0.177	0.271	0.129	0.096	0.061

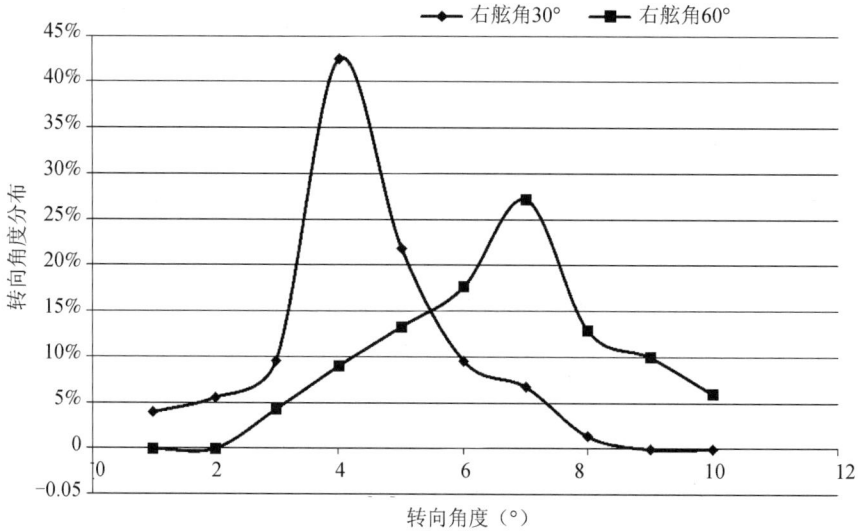

图 7-5　$v_T = 15\ \mathrm{kn}$，$v_0 = 20\ \mathrm{kn}$，$\theta_T = 30°$ 和 $\theta_T = 60°$ 时，转向幅度分布图

表 7-6　$v_T = 15\ \mathrm{kn}$，$v_0 = 20\ \mathrm{kn}$ 时，转向时机概率表

行动时机(n mile)	2	3	4	5	6	7	8
右舷角 30°	0.062	0.259	0.321	0.160	0.136	0.037	0.025
右舷角 60°	0.070	0.197	0.282	0.239	0.169	0.028	0.014

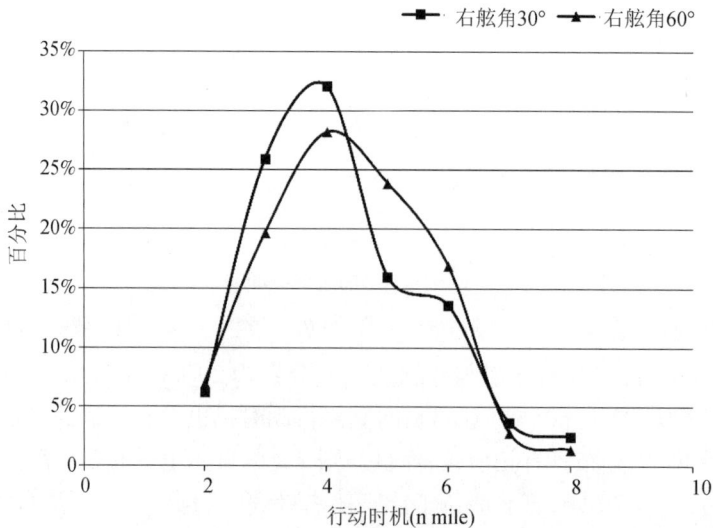

图 7-6　$v_T = 15\ \mathrm{kn}$，$v_0 = 20\ \mathrm{kn}$，$\theta_T = 30°$ 和 $\theta_T = 60°$ 时，避碰时机分布图

当直航船速度 15 kn,让路船速度 20 kn,直航船位于让路船右舷角 30° 时,让路船转向最小幅度为 10°,最大转向幅度为 70°,平均转向幅度为 42°,采取转向幅度在 20° ~ 50° 的让路船占总数的 83.6%。转向行动时机最小为 2 n mile,最大时机为 8 n mile,有 87.6% 的让路船是在两船距离为 3 ~ 6 n mile 时采取避碰行动的。

当直航船速度 15 kn,让路船速度 20 kn,直航船位于让路右舷角 60° 时,让路船转向最小幅度为 20°,最大转向幅度为 90°,平均转向幅度为 56.2°,采取转向幅度在 40° ~ 80° 的让路船占总数的 80.6%。转向行动时机最小为 2 n mile,最大为 8 n mile,有 88.7% 的让路船是在两船距离为 3 ~ 6 n mile 时采取避碰行动的。

当对遇两船速度均为 15 kn 时,转向避让最小幅度为 5°,最大幅度为 40°,平均转向幅度为 18°,采取转向幅度在 10° ~ 30° 的让路船占总数的 92.7%;当对遇本船速度为 15 kn、他船速度为 20 kn 时,最小转向幅度为 5°,最大转向幅度为 40°,平均转向避让幅度为 18.3°,采取转向幅度在 10° ~ 30° 的让路船占总数的 91.8%;当对遇本船速度为 20 kn、他船速度为 15 kn 时,最小转向避让幅度为 5°,最大转向避让幅度为 40°,平均转向避让幅度为 15.7°,采取转向幅度在 10° ~ 30° 的让路船占总数的 89.8%,如图 7-7 及图 7-7 所示。

表 7-7　A、B、C 三种对遇情况下转向幅度概率分布表

避让幅度	5°	10°	15°	20°	30°	40°	50°
A	0.061	0.202	0.268	0.250	0.207	0.012	0
B	0.041	0.223	0.263	0.270	0.162	0.041	0
C	0.076	0.354	0.245	0.191	0.108	0.026	0

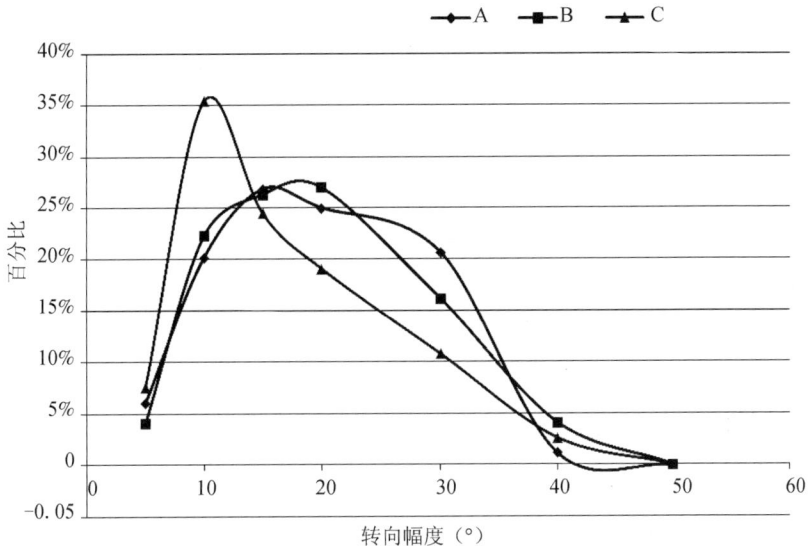

图 7-7　两船速度均为 15 kn,本船 15 kn、他船 20 kn,本船 20 kn、他船 15 kn 时,转向幅度概率分布图

另外,还包括两船船速均为 20 kn,直航船位于让路船的右舷角分别为 30° 和 60° 两种交叉会遇态势。关于采取转向幅度的最小、最大和平均角度在表 7-8 中给出。通过比较,可看出交叉会遇舷角、速度与避让角度之间的关系。

表 7-8 在不同速度、会遇角度下,让路船转向幅度汇总表

			直航船速度 15 kn		直航船速度 20 kn	
让路船速度	15 kn	右舷角 10°	最小转向避让角度	10°	最小避让转向角度	10°
			最大转向避让角度	50°	最大避让转向角度	50°
			平均转向避让角度	25.6°	平均避让转向角度	27.8°
		右舷角 30°	最小转向避让角度	20°	最小避让转向角度	15°
			最大转向避让角度	70°	最大避让转向角度	70°
			平均转向避让角度	39.4°	平均避让转向角度	35.5°
		右舷角 60°	最小转向避让角度	20°	最小避让转向角度	20°
			最大转向避让角度	90°	最大避让转向角度	90°
			平均转向避让角度	55.6°	平均避让转向角度	56°
	20 kn	右舷角 30°	最小转向避让角度	10°	最小避让转向角度	20°
			最大转向避让角度	70°	最大避让转向角度	70°
			平均转向避让角度	42.0°	平均避让转向角度	40.2°
		右舷角 60°	最小避让转向角度	20°	最小避让转向角度	20°
			最大避让转向角度	90°	最大避让转向角度	90°
			平均避让转向角度	56.2°	平均避让转向角度	54.4°

7.3.2.2 统计分析结论

第一,驾驶员转向幅度受直航船舷角的影响比较大。如表 7-8 中,当让路船速度为 20 kn、直航速度为 15 kn 时,直航船位于让路船的右舷角从 30° 变为 60° 转向避碰幅度由平均 42° 增加到平均 56.2°。

第二,在避碰行动时机方面,让路船驾驶员受两船速度、速度比、相对速度及两船会遇态势的影响相对较小。通过表 7-2、表 7-4 及表 7-6 可看出,让路船避碰时机分布,反映出相对的趋势,而且分布均值相差不大。

第三,通过图 7-1 ~ 图 7-6 可看出,当两船速度、速度比、相对速度及会遇态势不同时,

让路船基本上是以改变航向进行避碰的。即让路船避碰行动时机与转向幅度之间的关联程度较小。

第四,在对遇局面中,驾驶员注意到了本船与他船速度上的差异,但从总体上讲,速度的影响并不大。在两船速度均为 15 kn 时,转向角度均值为 18°;当本船速度为 15 kn、他船速度为 20 kn 时,转向角度均值为 18.3°;当本船速度 20 kn、他船速度 15 kn 时,转向角度均值为 15.7°,相差并不大。

第五,从结论上看,结论具有一定的代表性和正确性。参考文献[256]只模拟了两种情况,即一种是他船位于本船右舷角 17.5° 和 35° 的交叉会遇局面,另外一种是与他船对遇。得到在交叉局面中,让路船平均转向幅度分别为 24° 和 39°;在对遇中平均转向幅度为 16°。而本书调查的结果是:在对遇中根据对遇船舶速度的不同,采取行动的幅度为 15.7° ~ 18.3°;当直航船位于让路船右舷角 30° 时,根据会遇两船不同速度,让路船转向幅度为 35.5° ~ 42°,与参考文献[256]的模拟结果基本相同。

7.3.3 ● 预计 *DCPA* 与实际 *DCPA* 的关系

对调查问卷获得的统计数据计算在设定的两船会遇速度及直航船位于让路船舷角情况下,船员采取的行动实际所获得的 *DCPA* 数值,并与船实际希望所达到的 *DCPA* 数据进行比较。

(1)当两船速度均为 15 kn、直航船位于让路船右舷角 10° 的交叉相遇局面中,在不考虑船舶转向时间损失的情况下,根据实际计算有下列结果:

DCPA ≥ 1 n mile 的比例仅占 26.23%;*DCPA* < 0.5 n mile 的比例占 19.67%;*DCPA* ≥ 0.6 n mile 的比例占 63.93%。

船员预计 *DCPA* ≥ 1 n mile 的比例为 67.21%;预计 *DCPA* < 0.5 n mile 的比例占 8.20%;预计 *DCPA* > 0.6 n mile 的比例占 84.92%。

由上述数据可知:

①有 19.67% 的驾驶员第一次所采取的避碰幅度太小,行动所产生的最近会遇距离小于 0.5 n mile。因此,需要采取第二次避碰行动,这与规则的要求是完全不一致的,也是不可取的。

②从船员采取避碰行动时机和幅度所预期达到的最近会遇距离上看,只有 44.26% 的驾驶员能够达到预期的结果。

③从实际和预计所达到的结果上看,部分驾驶员过高地估计了行动产生的结果,与预测结果有较大偏差,其中过高估计预测结果偏差大于 0.5 n mile 的占 18.30%,预测结果偏差大于 1 n mile 的只占 13.11%,有的估计达到 1.5 n mile 的最近会遇距离,而行动实际产生的最近会遇距离不足 0.4 n mile。另外,也有部分过低估计了行动达到的效果,如有的驾驶员预计行动达到 0.5 n mile 最近会遇距离,但根据计算却达到了 2 n mile 以上。

（2）让路船速度 15 kn、直航船速度 20 kn,直航船位于让路船右舷角 30°的交叉会遇局面。

根据对让路船避让时机、幅度,计算实际通过距离并进行比较。

在实际计算中,$DCPA \geqslant 1$ n mile 的比例为 70.97%;$DCPA > 0.6$ n mile 的比例为 96.77%。

将计算的 $DCPA$ 与预计的 $DCPA$ 比较发现,绝大多数预计的数值比实际的数值低。

（3）让路船速度 20 kn、直航船速度 15 kn,直航船位于路船右舷角 60°的交叉会遇局面。

根据对让路船避让时机及幅度,计算实际通过距离并进行比较。

在实际计算中,$DCPA \geqslant 1$ n mile 的比例为 34.92%;$DCPA > 0.6$ n mile 的比例为 68.25%;$DCPA \leqslant 0.5$ n mile 的比例为 17.46%。

与船员预计的 $DCPA$ 比较发现:绝大多数驾驶员预计的 $DCPA$ 比实际的 $DCPA$ 数值低。

（4）两船速度均为 15 kn,直航船位于让路船右舷角 30°的交叉会遇局面。

实际计算中,$DCPA \geqslant 1$ n mile 的比例为 64.52%;$DCPA > 0.6$ n mile 的比例为 87.10%;$DCPA \leqslant 0.5$ n mile 的比例为 12.90%。

船员预计 $DCPA \geqslant 1$ n mile 的比例为 69.35%;预计 $DCPA \leqslant 0.5$ n mile 的比例占 29.03%。因此,实际比预计的 $DCPA$ 大。

根据（2）（3）（4）可得出下列结论:

①本船速度、他船速度对驾驶员避碰行动幅度的影响比较小。

②在交叉相遇局面中,来船的舷角对驾驶员避碰行动幅度影响比较大,在一定程度上起着决定性作用。

③少数驾驶员对转向幅度是“大幅度的”缺乏较为深入的理解,行动幅度与预计结果之间经常存在较大差异,为保证与他船间安全通过,需要进行第二次避让操纵。

④不同驾驶员间避碰操纵的方式不同,存在着个体差异性。对同一个驾驶员,避碰行动的幅度与他船速度、避碰时机等没有直接的联系。这一结论与参考文献[255]的结论完全相同。

7.4 行动距离、转向幅度的灰色关联分析

7.4.1 灰色关联分析的原理与模型

灰色系统是指既含有已知的又含有未知的或非确知的信息的系统。

在港口船舶事故以及港口诸要素的系统中,事故的数量和港口诸要素的情况通过调

查可以获得,但是诸要素对事故的作用程度却是未知的,因此它们组成了一个灰色系统。灰色关联分析的基本思想是,根据系统相关因素序列曲线的形状与特征序列曲线的几何形状的相似程度,或相对于始点的变化率的大小,来判定诸相关因素对结果的影响程度,这种程度称为"关联度"。因素曲线的几何形状与结果曲线的几何形状越相似或变化速率越接近,则关联度越大,因素对结果的影响程度也就越大;反之影响程度就小。因素序列与结果序列的关联度有多种,如灰色绝对关联度、灰色综合关联度等。本节采用综合关联度,它不但反映了因素序列与结果序列几何形状的相似程度,而且也反映了因素序列与结果序列相对于始点的变化率,因此,更能反映出因素对结果的影响程度[5,6]。

7.4.1.1 灰色绝对关联度

设:结果序列 $Y = [Y(1), Y(2), \cdots, Y(n)], n = 1, 2, \cdots$;因果序列 $X_i = [X_i(1), X_i(2), \cdots, X_i(n)], n = 1, 2, \cdots$;而且结果序列和诸因素序列的长度相同。称序列 $Y_0 = Y(n) - Y(1)$ 为结果序列的始点零化象,$X_{0i} = X_i(n) - X_i(1)$ 为因素序列 i 的始点零化象。

令

$$S_0 = \int_1^n [Y(n) - Y(1)] \mathrm{d}t$$

$$|S_0| = \left| \sum_{k=1}^{n-1} Y_0(k) + Y_0(n)/2 \right|$$

$$S_i = \int_1^n [X_i(n) - X_i(1)] \mathrm{d}t$$

$$|S_i| = \left| \sum_{k=1}^{n-1} X_{0i}(k) + X_{0i}(n)/2 \right|$$

$$S_i - S_0 = \int_1^n (X_{0i} - Y_0) \mathrm{d}t$$

$$|S_i - S_0| = \left| \sum_{k=1}^{n-1} [X_{0i}(k) - Y_0(k)] + [X_{0i}(n) - Y_0(n)]/2 \right|$$

则称

$$A_i = (1 + |S_0| + |S_i|)/(1 + |S_0| + |S_i| + |S_i - S_0|)$$

为结果序列 Y 与因素序列 X_i 的灰色绝对关联度。绝对关联度 A_i 只与 Y 和 X_i 的几何形状关系,而与其空间相对位置无关。Y 与 X_i 几何相似程度越大,A_i 越大。

7.4.1.2 灰色相对关联度

若结果序列 Y 与因素序列 X_i 的长度相同,且初值都异于零,Y_z、X_{zi} 分别为 Y、X_z 的初值象,则称 Y_z 与 X_{zi} 的灰色绝对关联度为 Y 与 X_i 的灰色相对关联度,记为 R_i。

定义:

$$Y_z = Y/Y(1)$$
$$= [Y(1)/Y(1), Y(2)/Y(1), \cdots, Y(n)/Y(1)]$$
$$X_{zi} = X_i/X(1)$$
$$= [X(1)/X(1), X(2)/X(1), \cdots, X(n)/X(1)]$$

为 Y、X_i 的初值象。

R_i 仅与序列 Y、X_i 相对于始点的速度变换速率有关,而与各观测点数据大小无关;当 Y、X_i 相对于始点的变化速率趋于一致时,R_i 越大。

7.4.1.3　灰色综合关联度

设:序列 Y、X_i 长度相同,且初值都不为零,A_i 和 R_i 分别为 Y、X_i 的灰色绝对关联度和灰色相对关联度,$0 \leqslant k \leqslant 1$,称

$$P_i = k \cdot A_i + (1 - k) \cdot R_i$$

为 Y、X_i 的灰色综合关联度。综合关联度既体现了 Y 和 X_i 的相似程度,又可反映出 Y 和 X_i 相对于始点的变化速率,乃是较为全面地表征序列之间联系是否紧密的一个数量指标。

7.4.2 ● 船舶避碰行为调查样本的实际灰色关联分析

7.4.2.1　调查样本

为了分析在一定会遇态势下,采取行动时机、幅度之间的关系,若将全部486套样本序列列出,则所占的篇幅太大,因此样本的内容省略,只给出分析结果。

设:$T_{30}^{15/15}(A)$、$W_{30}^{15/15}(B)$ 分别为舷角30°、两船速度均为 15 kn 的避碰时机和转向幅度样本;

$T_{60}^{15/15}(C)$、$W_{60}^{15/15}(D)$ 分别为舷角60°、两船速度均为 15 kn 的避碰时机和转向幅度样本;

$T_{30}^{20/15}(E)$、$W_{30}^{20/15}(F)$ 分别为舷角30°、让路船速度为 20 kn、直航船速度为 15 kn 的避碰时机和转向幅度样本;

$T_{60}^{20/15}(G)$、$W_{60}^{20/15}(H)$ 分别为舷角60°、让路船速度为 20 kn、直航船速度为 15 kn 的避碰时机和转向幅度样本;

$T_{30}^{15/20}(I)$、$W_{30}^{15/20}(J)$ 分别为舷角30°、让路船速度为 15 kn、直航船速度为 20 kn 的避碰时机和转向幅度样本;

$T_{60}^{15/20}(K)$、$W_{60}^{15/20}(L)$ 分别为舷角60°、让路船速度为 15 kn、直航船速度为 20 kn 的避碰时机和转向幅度样本。

7.4.2.2 计算灰色绝对关联度

根据计算机程序计算,有下列结果 M_{ij}:

$$
M_{ij} =
\begin{pmatrix}
 & A & B & C & D & E & F & G & H & I & J & K & L \\
A & 1 & 0.501\,3 & 0.688\,0 & 0.500\,4 & 0.504\,7 & 0.582\,2 & 0.505\,4 & 0.505\,7 & 0.504\,9 & 0.705\,3 & 0.930\,7 & 0.518\,9 \\
B & & 1 & 0.500\,7 & 0.639\,1 & 0.581\,6 & 0.500\,5 & 0.561\,7 & 0.554\,4 & 0.574\,8 & 0.744\,7 & 0.500\,8 & 0.500\,2 \\
C & & & 1 & 0.500\,2 & 0.501\,7 & 0.718\,3 & 0.501\,9 & 0.501\,9 & 0.501\,8 & 0.501\,1 & 0.717\,5 & 0.550\,2 \\
D & & & & 1 & 0.522\,7 & 0.500\,2 & 0.517\,2 & 0.515\,1 & 0.520\,8 & 0.568\,1 & 0.500\,3 & 0.500\,1 \\
E & & & & & 1 & 0.500\,9 & 0.878\,0 & 0.833\,3 & 0.958\,3 & 0.666\,7 & 0.502\,9 & 0.500\,2 \\
F & & & & & & 1 & 0.500\,9 & 0.501\,0 & 0.500\,9 & 0.500\,7 & 0.594\,9 & 0.615\,0 \\
G & & & & & & & 1 & 0.940\,9 & 0.912\,3 & 0.626\,0 & 0.503\,3 & 0.500\,2 \\
H & & & & & & & & 1 & 0.863\,6 & 0.611\,1 & 0.503\,5 & 0.500\,2 \\
I & & & & & & & & & 1 & 0.652\,8 & 0.503\,0 & 0.500\,2 \\
J & & & & & & & & & & 1 & 0.501\,5 & 0.500\,2 \\
K & & & & & & & & & & & 1 & 0.521\,8 \\
L & & & & & & & & & & & & 1
\end{pmatrix}
$$

7.4.2.3 计算灰色相对关联度

设灰色相对关联矩阵为 R_{ij},则根据计算机程序有:

$$
R_{ij} =
\begin{pmatrix}
 & A & B & C & D & E & F & G & H & I & J & K & L \\
A & 1 & 0.515\,5 & 0.628\,0 & 0.511\,5 & 0.513\,6 & 0.817\,8 & 0.515\,1 & 0.521\,5 & 0.514\,1 & 0.479\,2 & 0.998\,9 & 0.722\,1 \\
B & & 1 & 0.504\,4 & 0.742\,0 & 0.852\,9 & 0.517\,9 & 0.960\,1 & 0.577\,1 & 0.883\,4 & 0.828\,9 & 0.513\,4 & 0.507\,1 \\
C & & & 1 & 0.503\,9 & 0.504\,2 & 0.580\,7 & 0.504\,4 & 0.504\,9 & 0.504\,3 & 0.504\,6 & 0.627\,2 & 0.788\,0 \\
D & & & & 1 & 0.842\,9 & 0.512\,2 & 0.763\,0 & 0.537\,3 & 0.815\,6 & 0.659\,2 & 0.509\,9 & 0.506\,0 \\
E & & & & & 1 & 0.515\,1 & 0.883\,5 & 0.554\,5 & 0.960\,2 & 0.732\,1 & 0.511\,8 & 0.506\,6 \\
F & & & & & & 1 & 0.517\,3 & 0.528\,8 & 0.515\,8 & 0.521\,2 & 0.817\,4 & 0.640\,2 \\
G & & & & & & & 1 & 0.571\,0 & 0.916\,7 & 0.802\,6 & 0.513\,0 & 0.507\,0 \\
H & & & & & & & & 1 & 0.559\,2 & 0.617\,3 & 0.518\,6 & 0.508\,4 \\
I & & & & & & & & & 1 & 0.752\,2 & 0.512\,2 & 0.506\,8 \\
J & & & & & & & & & & 1 & 0.515\,1 & 0.507\,6 \\
K & & & & & & & & & & & 1 & 0.720\,8 \\
L & & & & & & & & & & & & 1
\end{pmatrix}
$$

7.4.2.4 计算灰色相对关联度

设灰色综合关联度为 C_{ij},并设 $k = 0.5$,则根据灰色综合关联度计算公式 $C_{ij} = k \cdot R_{ij} + (1 - k) \cdot M_{ij}$,有:

$$
C_{ij} = \begin{pmatrix}
 & A & B & C & D & E & F & G & H & I & J & K & L \\
A & 1 & 0.508\,4 & 0.658\,0 & 0.506\,0 & 0.509\,2 & 0.700\,0 & 0.510\,3 & 0.513\,6 & 0.509\,5 & 0.592\,3 & 0.964\,9 & 0.620\,5 \\
B & & 1 & 0.502\,6 & 0.690\,6 & 0.717\,3 & 0.509\,2 & 0.760\,9 & 0.565\,8 & 0.729\,1 & 0.786\,8 & 0.507\,3 & 0.503\,7 \\
C & & & 1 & 0.502\,1 & 0.503\,0 & 0.649\,5 & 0.503\,2 & 0.503\,4 & 0.503\,1 & 0.502\,9 & 0.672\,4 & 0.669\,1 \\
D & & & & 1 & 0.682\,8 & 0.506\,2 & 0.640\,1 & 0.526\,2 & 0.668\,2 & 0.613\,7 & 0.505\,1 & 0.503\,1 \\
E & & & & & 1 & 0.508\,0 & 0.880\,8 & 0.693\,9 & 0.959\,3 & 0.699\,4 & 0.507\,4 & 0.503\,4 \\
F & & & & & & 1 & 0.509\,1 & 0.514\,9 & 0.508\,4 & 0.511\,0 & 0.706\,2 & 0.627\,6 \\
G & & & & & & & 1 & 0.756\,0 & 0.914\,5 & 0.714\,3 & 0.508\,2 & 0.503\,6 \\
H & & & & & & & & 1 & 0.711\,4 & 0.614\,3 & 0.511\,1 & 0.504\,3 \\
I & & & & & & & & & 1 & 0.702\,5 & 0.507\,6 & 0.503\,5 \\
J & & & & & & & & & & 1 & 0.508\,3 & 0.503\,9 \\
K & & & & & & & & & & & 1 & 0.621\,3 \\
L & & & & & & & & & & & & 1
\end{pmatrix}
$$

7.4.2.5 调查样本灰色关联分析

从调查样本情况来看,船舶避碰行动时机、采取避碰行动幅度与会遇局面的关系及其相互关系中,有如下结论:

(1)在交叉相遇相同局面下,驾驶员采取避碰行动时机与采取转向避碰行动的幅度之间没有必要的联系。表7-9列出了在不同会遇局面下,船舶驾驶员采取避碰行动时机与幅度的各种灰色关联度。

表7-9 不同会遇局面下行动时机和幅度的各种灰色关联度表

会遇局面	A 和 B	C 和 D	E 和 F	G 和 H	I 和 J	K 和 L
M_{ij}	0.501\,3	0.500\,2	0.500\,9	0.940\,6	0.652\,9	0.521\,8
R_{ij}	0.515\,5	0.503\,9	0.515\,1	0.571\,0	0.752\,2	0.720\,8
C_{ij}	0.508\,4	0.502\,1	0.508\,0	0.756\,0	0.720\,5	0.621\,3

从表7-9中可看到,除 G 与 H、I 与 J、K 与 L 的灰色关联度相对较大外,其他局面下的避碰行动时机与幅度的灰色关联相对都比较小。

根据灰色关联度的原理,行动时机与幅度的关系不是十分密切的。

这说明:在交叉相遇局面中,船舶驾驶员在采取避碰行动时,并不是随着直航船让与让路船的相对舷角越大,让路船驾驶员采取的避碰行动时机越早,采取的转向避碰幅度也越大,而且仅从表7-9看,船舶驾驶员基本上没有考虑会遇两船速度不同对避碰效果所产生的不良影响。

(2)在交叉相遇的不同会遇局面下,采取避碰行动幅度的各种灰色关联分析,从整体上反映出驾驶员在不同会遇局面及速度比情况下,采取避碰行动幅度相互之间的密切程度关系不大。但从整体上讲,在不同会遇局面下,采取的避碰行动幅度相互之间的灰色综合关联度,小于在相同局面下避碰行动时机与幅度之间的灰色综合关联度。

这说明船舶会遇局面对船舶驾驶员采取避碰行动幅度的影响相对较大。各种会遇局面下,采取避碰行动幅度的灰色综合关联度矩阵 C_{ij} 如下:

$$C_{ij} = \begin{pmatrix} & B & D & F & H & J & L \\ B & 1 & 0.690\,6 & 0.509\,2 & 0.565\,8 & 0.786\,8 & 0.503\,7 \\ D & & 1 & 0.506\,2 & 0.526\,2 & 0.613\,7 & 0.503\,1 \\ F & & & 1 & 0.514\,9 & 0.511\,0 & 0.627\,6 \\ H & & & & 1 & 0.614\,3 & 0.504\,3 \\ J & & & & & 1 & 0.503\,9 \\ L & & & & & & 1 \end{pmatrix}$$

(3)在交叉相遇的不同会遇局面下,根据采取避碰行动时机的各种灰色关联分析得知,船舶驾驶员在不同会遇局面下,采取避碰行动时机之间的灰色关联度数值也不是太大,说明驾驶员是根据不同局面而确定采取避碰行动时机的。但从整体上讲,在不同会遇局面下,采取避碰行动时机之间的关联度,要略大于在同一局面下避碰行动时与幅度的关联度。

不同会遇局面下,采取避碰行动时机之间的灰色综合关联度矩阵 T_{ij} 如下:

$$T_{ij} = \begin{pmatrix} & A & C & E & G & I & K \\ A & 1 & 0.658\,0 & 0.509\,2 & 0.510\,3 & 0.509\,5 & 0.964\,9 \\ C & & 1 & 0.503\,0 & 0.503\,2 & 0.503\,1 & 0.669\,1 \\ E & & & 1 & 0.880\,8 & 0.959\,3 & 0.503\,4 \\ G & & & & 1 & 0.914\,5 & 0.503\,6 \\ I & & & & & 1 & 0.503\,5 \\ K & & & & & & 1 \end{pmatrix}$$

(4)比较而言,驾驶员采取避碰行动时机具有一贯性,受船舶会遇局面及两船速度的影响相对较小。如在灰色关联矩阵中,A 和 C 间的灰色综合关联度为 $0.658\,0$;A 和 K 间的灰色综合关联度为 $0.964\,9$;E 和 G 间的灰色综合关联度为 $0.880\,8$;E 和 I 间的灰色综合关联度为 $0.959\,3$;G 和 I 间的灰色综合关联度为 $0.914\,5$。但这种结论并非是绝对的。如 A 和 E 灰色综合关联度为 $0.092\,0$;A 和 G 间的灰色综合关联度为 $0.510\,3$;A 和 I 间的灰色综合关联度为 $0.509\,5$ 等。

船舶驾驶员在避碰中,采取避碰行动的一贯性还表现在,没有考虑本船与他船的速度比。从理论上讲,当让路船与直航船速度均为 15 kn、直航船位于让路船相对舷角 60°时,采取转向避让幅度,应与让路船速度为 15 kn、直航船速度为 20 kn、直航船位于让路船相对右舷角为 30°情况下的转向避让幅度关系较为密切。但根据关联分析,结果并非如此,如在灰色综合关联矩阵中,D 与 F 间的灰色综合关联度为 $0.506\,2$ 等。

486 名调查者在会遇船舶速度不同、本船与来船速度比不同及会遇状态不同情况下,在采取避碰行动时机及采取转向行动幅度方面具有一致性。这包括两层含义:

①船员采取避碰行动受本船速度、他船速度及来船相对舷角的影响相对较小。从样

本在不同速度及直航船位于不同舷角情况下的分布情况看,驾驶员基本是在相对固定的距离上采取避碰行动的,即驾驶员采取避碰行动的时机除在整体上具有相对固定性外,每个驾驶员采取避碰行动时机也具有相对固定性。

②驾驶员在不同舷角、不同方位、不同速度及两船速度比不同情况下,为保证与会遇船舶安全通过,主要是通过改变行动幅度来调整的,并且幅度改变量也基本上一致。

7.4.3 ● 船员避碰行为观测样本的实际灰色关联分析

7.4.3.1 观测样本的获得与统计分析

虽然通过对船员避碰行为的调查,基本获得了船舶采取避碰行动时机、幅度、两船速度及会遇局面等的关系,但是为了核查数据的有效性,本书又进行了海上避碰行为的实际观测。

为了能够及时地获得分析所用的样本,选择在成山角周围的水域,以 VTS 进行观测。由于在调查中,对特定会遇局面、两船的速度等都可以自行设定,并能够获得相对较为集中的样本,但在实际观测中,若对两船的速度、让路船的速度、会遇局面等条件要求苛刻,要获得一定数量的样本是非常困难的。因此,在观测中,对交叉相遇局面中让路船的速度、直航船的速度及相对舷角等都不限定;对对遇情况下的观测样本也进行同样处理。这样做的目的是:若能够获得大量的观测样本,则可根据情况进行选择;若获得的样本有限,则不做区分,混合分析。

由于观测样本大都是直航船位于让路船舷角 20°～40°,而直航船位于让路船舷角 60°的样本较少,所以只对直航船位于让路船舷角 20°～60°左右的样本进行分析。

在交叉会遇局面中,当 $k = v_0/v_T < 1$ 时,实际观测样本共有 27 套,其中让路船平均转向避碰幅度为 16.67°,最大转向避碰幅度为 30°,最小转向幅度为 10°,平均行动时机为 1.7 n mile,最大行动时机为 3 n mile,最小行动时机为 1 n mile。

在交叉会遇局面中,当 $k = v_0/v_T > 1$ 时,实际观测样本共有 18 套,其中让路船平均转向避碰幅度为 13.5°,最大转向避碰幅度为 35°,最小转向幅度为 6°,平均行动时机为 2.27 n mile,最大行动时机为 5.5 n mile,最小行动时机为 1 n mile。

从上述统计可以看出:在交叉相遇局面中,让路船驾驶员的避碰决策与理论要求是不相符的,因为从理论上讲,当 $k = v_0/v_T < 1$ 时,让路船采取避碰行动的时机或转向幅度应大于在 $k = v_0/v_T > 1$ 时的相应指标数值,而实际上并不完全是这样。这从一个侧面可得到:让路船驾驶员采取避碰行动的时机,几乎不考虑本船与来船的速度比。

在对遇中的统计,也有与上述相同的结论。

7.4.3.2 实际观测样本的灰色关联分析

经过 82 天的实际观测,所获得的样本数量相对较少。因此,在进行灰色关联分析时,不像对调查样本那样做各种区分,即不做局面上、两船速度等方面的区分,而根据会遇局面的不同,将交叉相遇与对遇局面下所获得的样本,分别进行统一分析。

(1)交叉相遇局面下样本的关联分析

设:让路船采取避碰行动距离序列为:

$$D_i = [d(1), d(2), \cdots, d(23)]$$

让路船采取转向避碰幅度序列为:

$$M_i = [m(1), m(2), \cdots, m(23)]$$

①灰色绝对关联度

设:让路船采取避碰行动时两船距离及转向避碰幅度的灰色绝对关联度为 A。

根据灰色绝对关联度分析模型,由计算机程序得到让路船采取避碰时两船距离及采取转向避碰行动幅度的绝对关联度为:

$$A = 0.500\ 0$$

②灰色相对关联度

设:让路船采取避碰行动时两船距离及转向避碰幅度的灰色相对关联度为 R。

根据灰色相对关联度分析模型,由计算机程序得到让路船采取避碰时两船距离及采取转向避碰行动幅度的相对关联度为:

$$R = 0.499\ 3$$

③灰色综合关联度

设:让路船采取避碰行动时两船距离及转向避碰幅度的灰色综合关联度为 C。

根据灰色综合关联度分析模型,并设 $k = 0.5$,由计算机程序得到让路船采取避碰时两船距离及采取转向避碰行动幅度的综合关联度为:

$$C = 0.493\ 3 \times 0.5 + 0.500\ 0 \times 0.5 = 0.496\ 7$$

(2)对遇局面下样本的关联分析

设:对遇局面中,一船首先采取避碰行动时两船距离序列为:

$$D_i = [d(1), d(2), \cdots, d(22)]$$

首先采取行动船采取转向避碰幅度序列为:

$$M_i = [m(1), m(2), \cdots, m(22)]$$

①灰色绝对关联度

设:对遇局面中,一船首先采取避碰时两船距离与转向幅度的灰色绝对关联度为 A。

根据灰色关联度分析模型,由计算机程序计算,有:

$$A = 0.507\ 7$$

②灰色相对关联度

设:对遇局面中,一船首先采取避碰时两船距离与转向幅度的灰色相对关联度为 R。

根据灰色关联度分析模型,由计算机程序计算,有:

$$R = 0.566\ 8$$

③灰色综合关联度

设:对遇局面中,一船首先采取避碰时两船距离与转向幅度的灰色综合关联度为 C。根据灰色关联度分析模型,并设 $k = 0.5$,由计算机程序计算,有:

$$C = 0.507\ 7 \times 0.5 + 0.566\ 8 \times 0.5 = 0.537\ 3$$

(3)观测样本灰色关联分析结论

由于海上船舶避碰的实际情况复杂多变,虽然经过长时间实际观测,所获得的样本数量相对较少,不能同对调查样本一样进行划分,但是从采取避碰行动时机与采取转向避碰幅度的关联分析中,得到了与调查结果相同的结论,即船舶驾驶员采取避碰行动时机与采取转向避碰行动的幅度之间几乎无任何关系。这与调查样本分析的结果完全相同。

根据调查数据与观测数据分析得出:在对船员进行培训时,应加强对避碰基本理论知识的培训,特别是会遇两船速度比不同时,在采取避碰行动时机相同情况下,让路船速度越慢,转向的幅度应该越大,才能获得相同的避碰效果等方面的培训。

上述结论指出了在建立船舶避碰时机模型时,应主要以驾驶员采取避碰时两船间的相对距离为基础,可以不考虑直航船的相对舷角及速度。

7.5 船舶避碰主要因素关系分析的研究成果

(1)参考文献[481]介绍了英国船长 J. S. Habberly 和 D. H. Taylor 博士用模拟器进行海员避碰行为的研究成果。在实验中设定来船舷角分为 $0°$、$17.5°$ 和 $35°$ 三种,来船航速分为 16.2 kn 和 30 kn;本船速度分为 8.1 kn、10.4 kn 和 15 kn;能见度为 6 n mile。通过实验数据分析,得到的结论是:来船舷角和本船航速对 ACD(转向时两船距离)没有任何影响,相对速度对 ACD 的影响也不大,当相对速度为 16.2 kn 时,ACD 为 4.45 n mile;当相对速度为 30 kn 时,ACD 为 4.81 n mile。

(2)Holmest[259]利用在开阔水域模拟器、直布罗陀/多佛尔海峡模拟器上所获得的数据,以及在 Sunk 和 NMI 多佛尔海峡观测数据,研究驾驶员决定采取避让行动时机的时间和两船间距离的问题。没有获得一船采取避让行动时两船距离与两船速度、方位、他船时间等 11 个自变量和 8 个因变量之间的任何关系,仅获得了两船间接距离与他船时间、他船速度等的回归关系式。这从侧面也可能说明了船舶避碰行动时机与转向幅度关系不大这一结论的正确性。

(3)原洁等[258]采用大阪大学 SR151 操船模拟器,以改向避让为中心,围绕下面三个因素进行了研究:第一,在什么位置开始避让;第二,花多少时间;第三,在什么情况下用反舵恢复原航向。以结束避让返回原航时两船的距离作为避让的效果。通过对 145 次样本的回归分析,得到的结果如下:

$$D_f = -984 + 0.316 D_R + 690 \tau / t$$

式中，D_f、D_R、τ/t 分别表示结束避让返回原航向时两船的距离、避让开始时两船距离和避让开始时间与避让时间之比。

原洁等分析"会遇状况与避让动作"时指出："如回来分析的结果所示，当然，及早开始避让会有明显的避让效果，概括地说，这是由于驾驶员与其说是用距离，还不如说是用与他船的舷角作为控制标准进行避碰的。"

（4）参考文献［470］，利用关联分析方法，在 $DCPA=0$ 时，分析了交叉相遇两船在不同速度、直航船位于让路船不同舷角情况下，让路船避碰行动时机与转向避让角度之间的关系，得到的结论是：在会遇两船不同速度、直航船位于让路船不同舷角时，让路船采取避碰行动时机与转向避让幅度之间关系不大。

另外，根据笔者的海上经历，若用雷达或视觉观测来船且本船为让路船，通常当来船接近到一定距离范围时采取避碰行动，而很少考虑两船的速度或速度比问题。

根据前人研究成果及本书统计分析结果，在船舶智能避碰决策系统中，可分别建立避碰行动时机优化和转向避碰行动幅度优化模型。

7.6 本章小结

影响船舶避碰主要因素的关系分析，对船舶避碰决策以及智能避碰决策系统的建立十分重要。本章在设定会遇两船不同速度及不同会遇局面态势下，首先采取统计分析方法，分析了不同速度、不同会遇态势下的避碰行动时机与转向幅度，读者从几种统计分布图上也会得到相关的结论。为了保证所得到的样本的可靠性，本章7.2部分给出了样本的筛选方法，对样本进行了预选。

针对调查问卷所获得的样本，在进行预处理的基础上，对船员对"大幅度"的理解进行了统计分析，并与实际观测的结果进行了比较分析。基于特定的会遇局面，研究了船舶转向幅度、行动距离、预计 $DCPA$ 与实际 $DCPA$ 的关系。同时对船员避碰行为调查样本进行了灰色关联分析、对船员避碰行为的观测样本进行了关联分析，并进行了比较分析。

本章分析了影响船舶避碰行动主要因素，总结了当前国内外相关研究成果。

第8章

船舶避碰行动不确定性分析与评价

8.1 避碰行动不确定性与碰撞事故

8.1.1 ● 研究避碰行动不确定性的重要性

在船舶碰撞事故中,会遇两船之间的不协调避碰行动,是造成船舶碰撞事故的重要原因之一[19、20]。文献[19、20]认为所有碰撞事故都是由于会遇两船的不协调行动而造成的。在所有的不协调碰撞事故中,又以对遇两船在对遇或接近对遇时的右对右会遇最多;参考文献[398]也指出"在右舷对右舷对驶局面下,造成的碰撞事故为数不少";著名船长 Cahill 也讲过[399],"对海员而言,一切会遇局面中最令人焦心的莫过于他发现来船从右前方小角度接近本船"。在交叉局面中,让路船初始通过直航船船首时,所造成的碰撞事故居第二位。以上都反映出避碰行动的不确定性对避碰的影响。

8.1.2 ● 产生不协调避碰行动的原因

根据分析[400、401],除少数碰撞事故外,碰撞事故的发生是会遇两船中的一船或两船不适当的行动所致。在右舷对右舷相遇局面中,造成不协调避碰行动的主要原因可归纳为:其一,是随着两船之间 DCPA 增加,其中一船认为不属于对遇局面,但保向保速又不十分安全,为此采取了向左转向行动,以增加两船间的会遇距离,而另一船则认为属于对遇局面,采取了向右转向的行动;其二,是判断碰撞危险失误;其三,是规则本身的原因[485];其四,是由于两船未保持正规瞭望,在近距离时才发现来船。

交叉相遇局面中,产生不协调避碰行动的原因可归纳为:其一,让路船采取避碰行动过迟,致使直航船独自采取了避碰行动,而在直航船采取行动前后,让路船又采取了避碰行动,且行动不协调;其二,直航船过早地采取了避碰行动,在其采取行动前后,让路船也采取了避碰行动,且行动不协调;其三,根据调查发现,在让路船初始过直航船船首情况下,让路船行动过晚且采取了向左转向行动,同时直航船采取了向右转向行动;其四,两船中任一船采取的行动幅度过小,未被另一船察觉,导致另一船也采取了不协调的避碰行动。

8.1.3 ● 船舶避碰行动不确定性研究现状

对船舶避碰行为的不确定性问题,已有学者进行过分析[17,400,401]。参考文献[400]为了研究在现代化驾驶台中驾驶员的避碰行为,对计算机避碰系统进行评估(Collision Avoidance System,CAS)。参考文献[401]基于所有让路船最终一定会让路的观点,根据避碰行动的概率密度分布函数、概率分布函数,并假定避碰行动的条件概率等于韦伯感应强度,得到了避碰行动的不确定性。参考文献[17]提到在1976年美国位于King's Point的国家海事研究中心,开始应用CAORF产生驾驶员利用视觉进行避碰行动的数据,并与用雷达和CAS的数据进行比较,利用的参数为$DCPA$、$TCPA$、操纵量和操纵的不确定性,但没有关于不确定性的定量表述。根据收集的资料,船舶避碰行动的不确定性问题,虽已引起了个别专家学者的注意,但在研究中还是一个薄弱环节。

据说,除通信系统外,在其他系统的研究中,关于不确定性问题研究还不十分深入[402,403]。在信息论中,信息熵理论的研究已有一定进展。如参考文献[404]在一般信息熵的基础上,首先提出了混合熵的概念,这是为了确定具有模糊和随机性质系统的不确定性问题;参考文献[405]也是基于概率论研究模糊系统中的不确定性问题,提出了混合熵的表达式;参考文献[406]分析和讨论了混合熵的性质及应遵守的公理,提出了另外一种混合熵的表达式及其可能的一些应用。当然关于这方面的研究还很多,但从信息熵形式和基本内涵方面上讲,从信息论产生至今并未有实质性的改变[407]。

信息熵被定义为随机事件的平均自信息量,它表示某一随机事件集中各事件出现的平均不确定性。因此,可以用信息熵的概念研究在船舶避碰中系统存在的不确定性,或会遇中船舶采取行动及行动种类的平均不确定性,从而为船舶的避碰决策提供参考依据。

8.1.4 ● 避碰行动不确定性研究内容

由于所获得的样本的限制,只评价船舶在对遇局面和交叉相遇局面中避碰行为的不确定性问题。在对遇局面中只评价在右舷对右舷接近对遇情况下,一船随两船距离、$DCPA$不同等采取避碰行动的不确定性[416]。在交叉相遇情况下,仅分析评价让路船在行动前通过直航船船首一种情况下,让路船避碰行动的不确定性问题。

8.2 船舶避碰行动不确定性定义及模型

特别说明:由于本书只研究转向避碰问题,下述的不确定性评价不包括速度变化的情况。

8.2.1 信息熵理论简介

在信息论中信源输出是随机量,因而其不定度可以用概率分布来度量。记:
$$H(X) = H(P_1, P_2, \cdots, P_n) = - P(x_i) \log P(x_i)$$
式中,$P(x_i)$ 为取第 i 个符号的概率 $i = 1, 2, \cdots, n$。

$$\sum_{i=1}^{n} P(x_i) = 1$$

$H(X)$ 称为信源的信息熵。

熵的概念来源于热力学。在热力学中,熵的定义是系统可能状态数的对数值,称为热熵。它是用来表达分子状态杂乱程度的一个物理量。热力学指出,对任何已知孤立的物理系统的演化,热熵只能增加,不能减少。然而这里的信息熵则相反,它只能减少,不能增加。所以热熵和信息熵互为负量。且已证明,任何系统要获得信息必须要增加热熵来补偿,即两者在数量上是有联系的。

可以从数学上加以证明,只要 $H(X)$ 满足下列三个条件:

①连续性:$H(P, 1 - P)$,是 P 的连续函数$(0 \leqslant P \leqslant 1)$;

②对称性:$H(P_1, P_2, \cdots, P_n)$ 与 $P_1, P_2, \cdots, P_n$ 的排列次序无关;

③可加性:若 $P_n = (Q_1 + Q_2) > 0$,且 $Q_1 \geqslant 0$,$Q_2 \geqslant 0$,则有:

$$H(P_1, P_2, \cdots, P_{n-1}, Q_1, Q_2) = H(P_1, P_2, \cdots, P_{n-1}) + P_n\left(\frac{Q_1}{P_n}, \frac{Q_2}{P_n}\right)$$

则一定有下列唯一表达形式:

$$H(P_1, P_2, \cdots, P_n) = - C \sum_{i=1}^{n} P(x_i) \log P(x_i) \tag{8-1}$$

式中,C 为正整数,一般取 $C = 1$。式(8-1)是信息熵的最基本表达式。

信息熵的单位与公式中对数的底有关。最常用的是以 2 为底,单位为比特(bit);在理论推导中常采用以 e 为底,单位为奈特(Nat);还可以采用其他的底和单位,并可进行互换。

信息熵除了上述三条基本性质外,还具有一系列重要性质,其中最主要的有

①非负性:

$$H(P_1, P_2, \cdots, P_n) \geqslant 0$$

②确定性：

$$H(1,0) = H(0,1) = H(0,1,0,\cdots) = 0$$

③扩张性：

$$\lim_{\varepsilon \to 0} H_{n-1}(P_1,P_2,\cdots,P_n-\varepsilon,\varepsilon) = H_n(P_1,P_2,\cdots,P_n)$$

④极值性：

$$P(x_i)\log P(x_i) \leqslant P(x_i)\log Q(x_i)$$

式中，

$$\sum_{i=1}^{n} Q(x_i) = 1$$

⑤上凸性：

$$H[\lambda P + (1-\lambda)Q] > \lambda H(P) + (1-\lambda)Q$$

式中，$0 < \lambda < 1$。

最简单的二元信源的熵函数如图 8-1 所示。

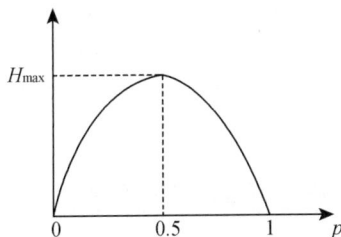

图 8-1 二元信源的熵函数

当实际信源用随机序列 X 来表示时，它的熵可以直接推广为：

$$H(X) = -\sum_{i=1}^{n} P(x)\log P(x_i)$$

但对连续信源则不能进行类似的推广。因为这样就必然会出现无限大量。1948 年 C.E.仙农建议用概率密度 $P(x_i)$ 来定义：

$$H(X) = -\int_{\infty}^{-\infty} p(x)\log p(x)\mathrm{d}x$$

这样定义的熵虽然仍具有可加性等熵的主要性质，但已不具有非负性，因此也不再代表连续信源的信息量。但由于在大量实际问题中需要的仅是两个熵的差值，这时它仍具有信息量特征的非负性。因此，连续熵 $H(X)$ 具有相对性，又称为相对熵。它与力学中的势能概念相仿。

从理论上看，仙农对连续熵 $H(X)$ 的定义是不完善的。1951 年 S.库尔伯克研究信息论在统计学中的应用时，引入了信息变差的概念。从一种概率密度 $p_0(x)$ 转移到另一种概率密度 $p(x)$ 的信息变差 $I(p_0,p)$ 为：

$$I(p_0,p) = \int_{-\infty}^{\infty} p(x)\log \frac{p(x)}{p_0(x)}\mathrm{d}x$$

其中:要求 $p(x)$ 对 $p_0(x)$ 绝对连续。

若 $p_0(x)$ 是具有最大熵 $H_0(X)$ 的概率分布,则信息变差 $I(P_0,P) = H_0(X) - H(X)$,所以一般情况下的信息熵 $H(X)$ 可表示为:$H(X) = H_0(X) - I(P_0,P)$,即信息熵可理解为最大熵与信息变差之间的差值。信息熵对离散熵和连续熵都适用,从信息变差出发就能使离散熵和连续熵有统一的含义,并可以使连续熵的定义建立在更为合理的基础上。

8.2.2 ● 定义

定义 1:一随机事件集 X 中,某一随机事件 x_i 的自信息量定义为该事件发生概率的对数的负值,即

$$I(x_i) = -\ln P(x_i) \tag{8-2}$$

定义 2:集 X 中,随机变量 $I(x_i)$ 的数学期望定义为平均自信息量[187],即

$$E(X) \triangleq E[-\ln(x_i)] = -\sum_{i=1}^{q} p(x_i)\ln P(x_i) \tag{8-3}$$

关于信息熵的有关定理及其性质,请参阅文献[407、408]。

8.2.3 ● 船舶采取避碰行动不确定性模型

设:船舶随两船间距离采取避碰行动的概率分布为:

$$P(d_i) = \{P_1, P_2, \cdots, P_n\} \quad (i = 1, 2, \cdots, n)$$

定义 3:船舶在两船相距每一距离上采取避碰行动概率对数的负值,为在该距离上采取避碰行动的自信息量,即

$$I(g_i) = -\ln P(d_i) \tag{8-4}$$

g_i 表示让路船在两船相距 d_i 的事件。$I(g_i)$ 表示让路船在 d_i 时采取不确定性,或理解为若让路船在 d_i 时采取避碰行动所给出的信息量;显然,它是两船之间距离的函数,不能代表所有让路船采取避碰行动的整体。因此引入了平均自信息量或平均不确定性,即信息熵。

定义 4:在 $P(d_i)$ 上,所有 $I(g_i)$ 的数学期望定义为平均自信息量或平均不确定性,又称信息熵。

$$E[P(d_i)] = E[-\ln P(d_i)] = -\sum_{i=1}^{n} P(d_i)\ln P(d_i)$$

定义 4 所表示的是当两船会遇并存在碰撞危险时,让路船随两船间距离采取各类避碰行动的平均不确定性,也可理解为在让路船采取避碰行动之前,另一船预测它在某一距离上采取避碰行动所需的平均信息量的大小。

若会遇两船之间的最近会遇距离为 $DCPA_j(j = 1, 2, \cdots, m)$,当 $DCPA_j$ 小于某一值时,两船

之间存在碰撞危险。因此,可设会遇船舶在相距一定距离(d_i)时采取避碰行动集为:

$$A = \{R, L, S\} = \{k_1, k_2, k_3\}$$

式中,A——行动集;

R——向右转向;

L——向左转向;

S——保向保速。

$$d_i = \{d_1, d_2, \cdots, d_n\} \quad (i = 1, 2, \cdots, n)$$

(1) 随两船间距离 d_i 不同,船舶采取避碰行动的不确定性模型

定义 5:当 $DCPA = 0$、会遇两船距离为 d_i 时,让路船在各距离上采取避碰行动的不确定性定义为:

$$En(d_i) = -\sum_{i=1}^{n} P(d_i) \ln P[d_i]$$

式中,$P(d_i)$ 为船舶在 d_i 时采取避碰行动的概率。

(2) 随 $DCPA_j$ 不同,船舶右转向、左转向及保向保速的不确定性模型

定义 6:会遇两船最近会遇距离为 $DCPA_j$ 时,船舶采取右转向、左转向及保向保速行动的平均不确定性 $En(DCPA_j)$ 定义为:

$$En(DCPA_j) = -\sum_{p=1}^{3} P(k_{jp}) \ln\{P(k_{jp})\}$$

式中,

$$\sum_{p=1}^{3} P(k_{jp}) = 1 \quad (p = 1, 2, 3; j = 1, 2, 3)$$

在最近会遇距离为 $DCPA_j$ 时,船舶采取各种避碰行动的概率为:

$$P(k_{jp}) = \begin{cases} P(k_{j1}), & p = 1 \text{ 表示船舶采取向右转向的概率} \\ P(k_{j2}), & p = 2 \text{ 表示船舶采取向左转向的概率} \\ P(k_{j3}), & p = 3 \text{ 表示船舶保向保速的概率} \end{cases}$$

(3) 随 $DCPA$ 不同,船舶采取各种避碰行动的不确定性模型

定义 7:最近会遇距离为 $DCPA_j$ 时,船舶采取右转、左转及保向保速的不确定性 $En(R)$,$En(L)$,$En(S)$ 定义为:

$$\begin{cases} En(R) = -P(k_{j1}) \cdot \ln P(k_{j1}) \\ En(L) = -P(k_{j2}) \cdot \ln P(k_{j2}) \\ En(S) = -P(k_{j3}) \cdot \ln P(k_{j3}) \end{cases}$$

(4) 随 $DCPA_j$ 及试采取避碰行动的不确定性模型

定义 8:两船距离为 d_i,最近会遇距离为 $DCPA_j$ 时,采取避碰行动的不确定性定义为 $En(DCPA_j, d_i)$。

在调查中,由于在 d_i 时采取行动的概率与在 $DCPA_j$ 时采取左转向或右转向的概率是分别进行调查的,并且对任一船也只采取左转或右转一种转向行动,所以认为随 d_i 采取行动的概率与随 $DCPA_j$ 采取左转或右转的概率分布是相互独立的。

若:$P(d_i)$ 为在两船距离 d_i 时采取转向行动的概率,在两船距离为 d_i,最近会遇距离为 $DCPA_j$ 时,让路船采取转向避碰行动的概率为 $P(DCPA_j, d_i)$,则:

$$P(DCPA_j, d_i) = P(d_i) \cdot [P(k_{j1}) + P(k_{j2})]$$

则:

$$En(DCPA_j, d_i) = -\sum_{p=1}^{2} P(d_i) \cdot P(k_{jp}) \cdot \ln[P(d_i) \cdot P(k_{jp})]$$

在定义 6 中,包括了船舶避碰行动两方面的不确定性。一方面,包括了当 $DCPA$ 一定时,随两船距离不同,船舶采取避碰行动的不确定性;另一方面,包括了采取避碰行动距离一定时,随 $DCPA$ 不同,船舶采取避碰行动的不确定性。

(5)两船距离一定时,随 $DCPA$ 不同,船舶采取避碰行动的不确定性模型

对于上述的定义有下述不确定性的唯一性定理。

[定理]假设:

① $H(p_1, p_2, \cdots, p_n)$ 是概率分布 $(p_1, p_2, \cdots, p_n)$ 的多元连续函数;

② $H\left(\dfrac{1}{n}, \dfrac{1}{n}, \cdots, \dfrac{1}{n}\right) \triangleq f(n)$ 是 n 的增函数;

③对任意 $q_{ij} \geq 0$,$p_i = \sum_{j=1}^{k_i} q_{ij}$,$\sum_{i=1}^{n} p_i = 1$

$$H(q_{11}, q_{12}, \cdots, q_{1k_1}, q_{21}, q_{22}, \cdots, q_{2k_2}, q_{n1}, q_{n2}, \cdots, q_{nk_n}) = H(p_1, p_2, \cdots, p_n) + \sum p_i H\left(\frac{q_{i1}}{p_i}, \cdots, \frac{q_{ik_i}}{p_i}\right)$$

则:

$$H(p_1, p_2, \cdots, p_n) = C\sum_{i=1}^{n} p_i \ln \frac{1}{p_i}$$

其中:$p_i \geq 0$,$\sum_{i=1}^{n} p_i = 1$,C 为常数。

该定理的证明略。

8.3 船舶采取避碰行动不确定性的实际分析

8.3.1 ● 对遇中船舶采取避碰行动不确定性实际计算

说明:船舶避碰行动受诸多因素的影响,由于问卷调查中所设定情况的限制,不可能反映出真实避碰中所有情况。若有专家、学者有志于船舶避碰不确定性的研究与评价,可以在真实的避碰中获得相关数据。

根据观测和调查,1 万吨以上及 7 万吨以下级别船舶在对遇或接近对遇局面下,当
$DCPA = 0$ 时,采取避碰行动的概率分布如表 8-1 所示。

表 8-1 随两船距离船舶采取避碰行动的概率分布表

让路距离(n mile)	2	3	4	5	6	7
采取行动概率分布	0.026	0.280	0.310	0.210	0.098	0.066

在观测和调查中,还得到了在对遇或接近对遇局面下,会遇船舶随两船间 $DCPA$ 不
同,采取向左转向、向右转向及保持航向和航速的概率分布,如表 8-2 所示。

表 8-2 右舷对右舷对遇,随 $DCPA$(n mile)不同采取各种行动的概率分布

$DCPA$(n mile)	0.1	0.2	0.3	0.4	0.5	0.6	0.7	0.8
向右转向	1.000 0	0.906 4	0.695 9	0.573 1	0.393 5	0.284 9	0.248 1	0.184 5
向左转向	0.000 0	0.093 6	0.272 5	0.317 8	0.427 5	0.402 5	0.387 5	0.332 5
保向保速	0.000 0	0.000 0	0.031 6	0.109 1	0.179 0	0.302 6	0.364 4	0.482 1
$DCPA$(n mile)	0.9	1.0	1.1	1.2	1.3	1.4	1.5	—
向右转向	0.157 9	0.101 1	0.029 3	0.012 8	0.007 4	0.003 4	0.000 7	—
向左转向	0.260 0	0.202 5	0.155 0	0.130 0	0.121 7	0.082 5	0.025 0	—
保向保速	0.582 1	0.696 4	0.815 7	0.857 2	0.870 9	0.914 4	0.974 3	—

8.3.1.1 船舶随距离采取避碰行动的不确定性

根据本章 8.2 与表 8-1,在右舷对右舷对遇中,船舶采取避碰行动的不确定性为:

$$En(d_i) = -\sum_{i=1}^{n} P(d_i)\ln P(d_i) = 1.549\ 2\ \text{奈特}$$

8.3.1.2 $DCPA_j$ 时,两船右舷对右舷对遇或接近对遇时船舶采取行动种类的 不确定性

为了比较在两船右舷对右舷对遇或接近对遇局面情况下,$DCPA$ 不同时,船舶采取避
碰行动种类的不确定性,根据本章 8.2 及表 8-2,得到表 8-3 及图 8-2 的结果。

表 8-3 各种 $DCPA$(n mile)下,船舶采取避碰行动的不确定性表

$DCPA$(n mile)	不确定性	$DCPA$(n mile)	不确定性	$DCPA$(n mile)	不确定性
0.1	0.000 0	0.6	1.085 7	1.1	0.558 6
0.2	0.310 8	0.7	1.081 1	1.2	0.453 1
0.3	0.715 7	0.8	1.030 3	1.3	0.413 0
0.4	0.924 1	0.9	0.956 7	1.4	0.307 0
0.5	1.038 3	1.0	0.807 1	1.5	0.122 7

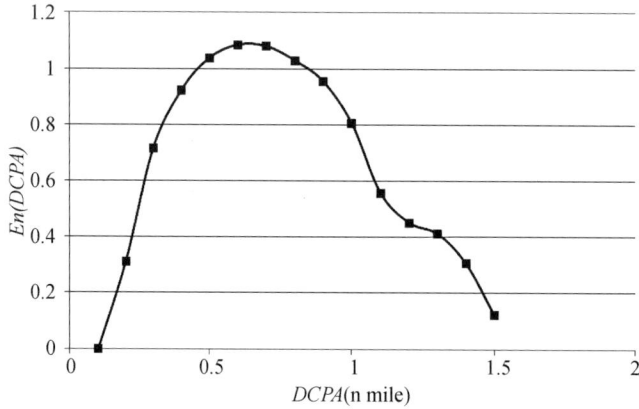

图 8-2　船舶随 $DCPA$ 不同采取行动的不确定性

由图 8-2 可知,对于接近对遇的两船,当 $DCPA$ 在 $0.5 \sim 0.8$ n mile 时,船舶采取避碰行动种类的不确定性最高。对于两船不协调避碰行动引起的碰撞,在 $DCPA$ 为 $0.5 \sim 0.8$ n mile 时,发生的可能性最大。这可能就是著名船长 Cahill 所说的"最难决策的会遇局面"。

8.3.1.3　右舷对右舷对遇,考虑 $DCPA$ 与采取避碰行动距离 d_i 的不确定性

根据本章 8.2 及表 8-2、表 8-3,计算得到表 8-4 和图 8-3 的结果。

表 8-4　随 $DCPA_j$ 与 d_i 不同,船舶采取避碰行动的不确定性数值表

$DCPA$ (n mile)	d(n mile)					
	2	3	4	5	6	7
0.1	0.094 9	0.356 4	0.363 1	0.327 7	0.227 6	0.179 4
0.2	0.103 0	0.443 5	0.459 4	0.393 0	0.258 1	0.199 9
0.3	0.107 7	0.515 0	0.539 6	0.444 8	0.279 9	0.213 8
0.4	0.102 3	0.508 9	0.535 3	0.453 5	0.269 8	0.204 9
0.5	0.096 9	0.497 1	0.524 5	0.422 4	0.258 5	0.195 5
0.6	0.084 1	0.447 7	0.474 2	0.377 3	0.227 4	0.171 1
0.7	0.078 9	0.426 2	0.451 9	0.358 1	0.214 6	0.161 1
0.8	0.066 8	0.374 6	0.398 4	0.312 2	0.184 4	0.137 7
0.9	0.056 3	0.328 6	0.350 6	0.271 7	0.158 0	0.117 3
1.0	0.043 2	0.263 6	0.282 3	0.216 1	0.123 5	0.091 1
1.1	0.027 7	0.175 6	0.188 6	0.142 8	0.080 4	0.059 0
1.2	0.021 9	0.140 8	0.151 4	0.114 2	0.064 0	0.046 8
1.3	0.019 9	0.128 0	0.137 6	0.103 8	0.058 1	0.042 5
1.4	0.014 0	0.093 7	0.110 1	0.075 4	0.041 6	0.030 3
1.5	0.005 0	0.036 4	0.039 5	0.028 9	0.015 4	0.011 0

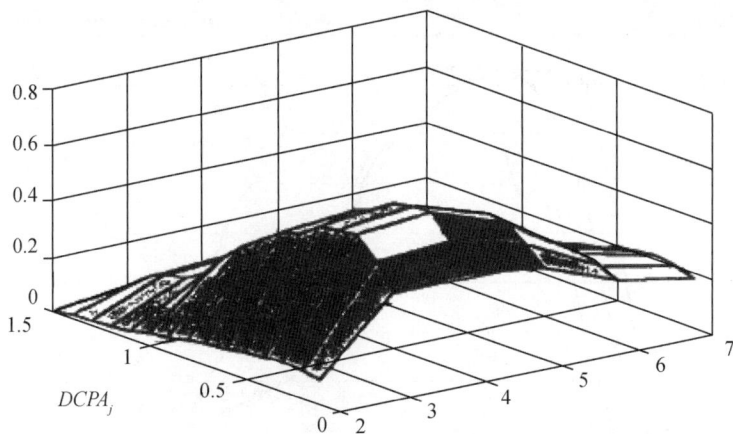

图 8-3 随 $DCPA_j$ 与 d_i 不同,船舶采取避碰行动不确定性分布图

由图 8-3 及表 8-4 看出,在右舷对右舷对遇情况下,船舶在 $DCPA$ 为 $0.3 \sim 0.5$ n mile 及两船距离为 4 n mile 左右时,采取避碰行动的不确定性最大。从统计意义上,这包括两方面的问题:其一是在该种对遇情况下,在 4 n mile 左右时,一船很难预测他船到底是采取左转还是右转的避碰行动;其二是,在该种对遇情况下,当 $DCPA = 0.4$ n mile 左右时,一船很难预测他船到底是采取左转还是右转的避碰行动。综合上述两方面,当 $DCPA = 0.4$ n mile 左右且两船距离为 4 n mile 左右时,两船发生不协调避碰行动的数量最多,或发生不协调避碰事故的概率最大。

8.3.1.4 随 $DCPA_j$ 不同,船舶采取避碰行动种类的不确定性

当 $DCPA$ 一定时,分析和研究船舶在两船各距离上,采取哪种避碰行动的不确定性最大,对于协助船员避碰是有利的。

根据表 8-4 及本章 8.2 得到表 8-5 及图 8-4 的结果。

表 8-5 在各 $DCPA$ (n mile)上,船舶采取行动种类的不确定性分布

$DCPA$(n mile)	0.1	0.2	0.3	0.4	0.5	0.6	0.7	0.8
$En(R)$	0.000 0	0.089 1	0.252 3	0.319 0	0.360 7	0.357 7	0.345 8	0.312 4
$En(L)$	0.000 0	0.221 7	0.354 3	0.364 3	0.363 3	0.366 3	0.367 4	0.366 1
$En(S)$	0.000 0	0.000 0	0.109 2	0.241 7	0.307 9	0.361 7	0.367 9	0.351 7
$DCPA$(n mile)	0.9	1.0	1.1	1.2	1.3	1.4	1.5	—
$En(R)$	0.291 5	0.231 7	0.103 4	0.055 8	0.036 3	0.019 3	0.005 1	—
$En(L)$	0.350 3	0.323 4	0.289 9	0.265 2	0.256 3	0.205 8	0.092 2	—
$En(S)$	0.315 0	0.252 0	0.166 2	0.132 1	0.120 4	0.081 8	0.025 4	—

由图 8-4 及表 8-5 可知,随着 $DCPA$ 增加,船舶采取向右转向、向左转向及保向保速行动的不确定性都在增加。当 $DCPA$ 为 $0.5 \sim 0.7$ n mile 时,三种行动的不确定性均达到

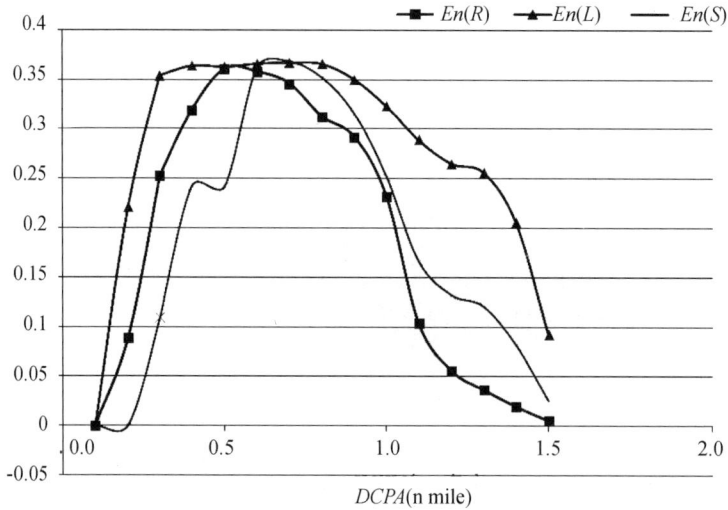

图 8-4　随 $DCPA$ 不同船舶采取避碰行动种类的不确定分布图

最大值,其后,三种行动的不确定性逐渐减少。

8.3.2 ● 让路船避碰行动不确定性的实际分析

根据观测和调查,在交叉相遇局面中,当直航船位于让路船右舷角大于 10° 时,让路船采取避碰行动随两船距离的概率分布如表 8-6 所示。

表 8-6　让路船随两船距离采取避碰行动的概率分布表

两船之距(n mile)	1	2	3	4	5	6
行动概率	0.026	0.077	0.426	0.280	0.140	0.051

8.3.2.1　让路船随两船距离采取避碰行动的不确定性

让路船采取避碰行动的平均不确定性为:

$$En(d_i) = -\sum_{i=1}^{6} P(d_1) \cdot \ln P(d_i) = 1.440\ 124\ \text{奈特}$$

在观测和调查中发现,当交叉会遇两船间的 $DCPA$ 为零,或直航船以较小的 $DCPA$ 通过让路船船首时,几乎所有的让路船都采取向右转向的避碰行动,从而给直航船造成的不确定性比较小。当直航船在让路船尾部通过的 $DCPA$ 较小时,让路船基本上是向右转向;随着 $DCPA$ 增加,逐渐出现了向左转向的让路船。特别是当让路船采取避碰行动较晚,逼近到两船距离较小,而直航船也采取避碰行动时,常造成两船行动不协调。通过对船长、大副调查,当直航船在让路船尾部通过时,随着 $DCPA$ 变化,让路船采取各种避碰行动的概率分布如表 8-7 所示。

表8-7 交叉相遇局面中,让路船随 *DCPA* 采取避碰行动种类的概率分布表

DCPA(n mile)	0.1	0.2	0.3	0.4	0.5	0.6	0.7	0.8
右转	1.000 0	0.985 1	0.920 4	0.825 9	0.741 1	0.542 3	0.412 9	0.368 2
保向	0.000 0	0.000 0	0.000 0	0.038 5	0.066 2	0.153 8	0.211 5	0.250 0
左转	0.000 0	0.014 9	0.079 6	0.135 6	0.192 7	0.303 9	0.375 6	0.381 8
DCPA(n mile)	0.9	1.0	1.1	1.2	1.3	1.4	1.5	1.6
右转	0.308 5	0.248 8	0.114 4	0.094 5	0.069 7	0.040 1	0.021 3	0.000 0
保向	0.299 2	0.450 8	0.623 8	0.673 1	0.750 0	0.847 0	0.943 1	1.000 0
左转	0.392 3	0.300 4	0.261 8	0.232 4	0.180 3	0.112 9	0.035 6	0.000 0

在表8-7中,*DCPA* 为直航船初始在让路船船尾通过的最近会遇距离。

8.3.2.2 让路船随 *DCPA* 不同,采取避碰行动种类的不确定性

根据本章8.2及表8-7,交叉相遇且直航船通过让路船船尾最近会遇距离为 $DCPA_j$ 时,船舶采取行动种类的平均不确定性如表8-8和图8-5所示。

表8-8 交叉相遇局面中,让路船在 $DCPA_j$ 采取各种避碰行动的不确定性分布表

DCPA(n mile)	0.1	0.2	0.3	0.4	0.5	0.6	0.7	0.8
En	0.000 0	0.077 5	0.294 1	0.554 3	0.719 1	0.981 7	1.061 6	1.082 1
DCPA(n mile)	0.9	1.0	1.1	1.2	1.3	1.4	1.5	1.6
En	1.090 9	1.066 5	0.893 3	0.828 5	0.710 3	0.515 9	0.256 0	0.000 0

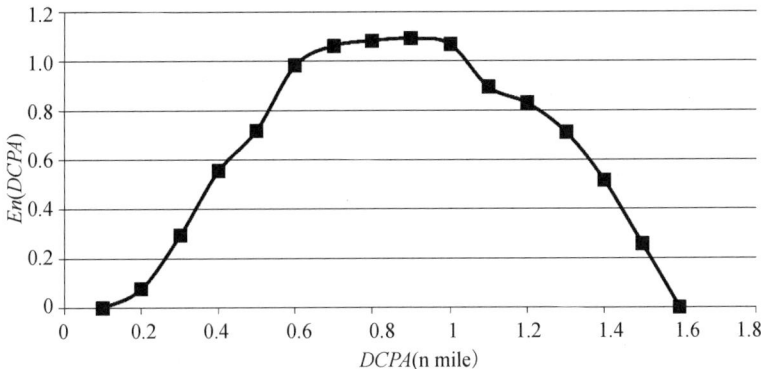

图8-5 让路船在 $DCPA_j$ 时,采取避碰行动种类的不确定性分布图

由表8-8和图8-5看出:在交叉相遇局面中,当直航船初始以 *DCPA* 为 0.7 ～ 1.0 n mile 通过让路船船尾时,让路船采取避碰行动的不确定性最大;在这种情况下,让路船最难确定其是否采取避碰行动以及采取何种避碰行动,而直航船也很难预测让路船是否采取避碰行动以及可能采取何种避碰行动。

8.3.2.3 随 $DCPA$ 不同，让路船采取右转、左转及保向保速的不确定性

根据本章8.2及表8-8，在 $DCPA_j$ 时，采取右转、左转及保向保速的不确定性如表8-9及图8-6所示。

表8-9　让路船随 $DCPA$ 采取右转、左转及保向保速的不确定性分布表

$DCPA$(n mile)	0.1	0.2	0.3	0.4	0.5	0.6	0.7	0.8
$En(R)$	0.000 0	0.014 8	0.076 3	0.158 0	0.222 0	0.331 9	0.365 2	0.367 9
$En(L)$	0.000 0	0.062 7	0.201 4	0.270 9	0.317 3	0.362 0	0.367 8	0.367 6
$En(S)$	0.000 0	0.000 0	0.000 0	0.125 4	0.179 7	0.287 9	0.328 6	0.346 6
$DCPA$(n mile)	0.9	1.0	1.1	1.2	1.3	1.4	1.5	—
$En(R)$	0.362 8	0.346 1	0.248 0	0.222 9	0.185 7	0.129 0	0.082 0	—
$En(L)$	0.367 1	0.361 3	0.350 9	0.339 1	0.308 9	0.246 3	0.118 7	—
$En(S)$	0.361 0	0.359 2	0.294 4	0.266 5	0.215 8	0.140 6	0.055 3	—

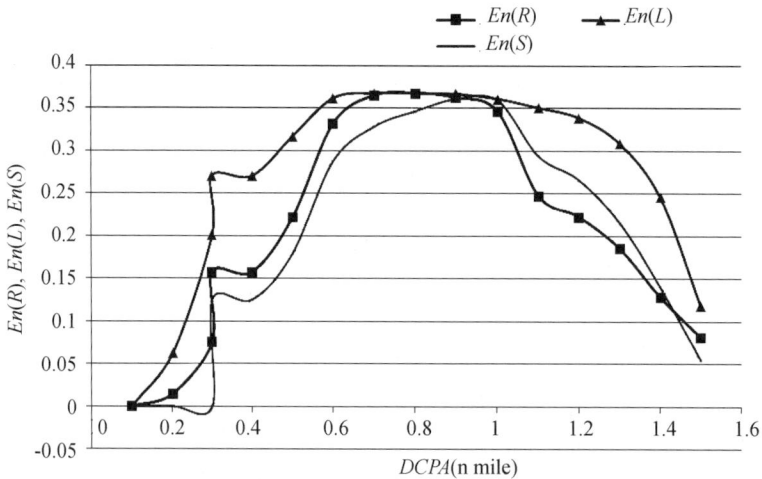

图8-6　随 $DCPA$ 不同，让路船各种避碰行动的不确定性分布图

从表8-9和图8-6中可看出：当直航船以较小最近会遇距离通过让路船船尾时，让路船主要采取的是向右转向的避碰行动，很少采取其他种类的避碰行动。这是符合《国际海上避碰规则》规定的，让路船采取避碰行动种类的可预测性最强。随着 $DCPA$ 增加，采取保向保速和左转向避碰行动的不确定性也逐渐增加。在 $DCPA$ 为 $0.7 \sim 0.9$ n mile 时，让路船右转向、左转向及保向保速的不确定性几乎相等，此时很难预测其行动种类。其后随着 $DCPA$ 增加，采取左转向和右转向避碰行动的不确定性逐渐减小，即主要采取保向和保速的避碰行动：当 $DCPA = 1.6$ n mile 时，让路船基本上是保向保速。

8.3.2.4 让路船随 DCPA 及两船距离采取避碰行动的不确定性

根据本章8.2 及表8-7、表8-8,让路船随 $DCPA$ 及两船距离采取避碰行动的不确定性如表8-10 及图8-7 所示。

表 8-10　让路船随 $DCPA$ 及两船距离采取避碰行动的不确定性数值表

DCPA (n mile)	d(n mile)					
	1	2	3	4	5	6
0.1	0.094 9	0.197 4	0.364 4	0.356 4	0.275 3	0.151 8
0.2	0.096 9	0.203 4	0.396 9	0.378 1	0.286 1	0.155 7
0.3	0.102 1	0.218 8	0.481 0	0.434 2	0.314 1	0.165 9
0.4	0.102 4	0.222 9	0.530 5	0.462 8	0.324 7	0.167 8
0.5	0.102 6	0.225 9	0.566 8	0.483 9	0.332 5	0.169 2
0.6	0.098 3	0.220 5	0.599 7	0.495 9	0.330 1	0.163 8
0.7	0.093 8	0.212 1	0.595 2	0.486 3	0.319 7	0.157 1
0.8	0.090 3	0.204 7	0.582 2	0.473 3	0.309 4	0.151 3
0.9	0.085 5	0.194 6	0.561 9	0.454 2	0.295 1	0.143 6
1.0	0.070 5	0.162 9	0.497 2	0.393 8	0.250 2	0.119 4
1.1	0.051 3	0.120 4	0.388 6	0.301 8	0.187 4	0.087 6
1.2	0.045 6	0.107 8	0.355 2	0.273 9	0.168 7	0.078 3
1.3	0.036 6	0.087 4	0.298 8	0.227 6	0.138 0	0.063 2
1.4	0.024 3	0.059 1	0.213 3	0.159 6	0.094 6	0.042 4
1.5	0.010 6	0.026 7	0.105 0	0.076 5	0.043 8	0.018 9

由图8-7 及表8-10 可知,在交叉相遇局面中直航船以 $0.6 \sim 0.8$ n mile 通过让路船船尾且在两船相距 3 n mile 时,让路船采取左转向和右转向避碰行动的不确定性最大。此时,直航船很难确定让路船是采取右转向避碰行动,还是采取左转向避碰行动。

8.3.3 ● 船舶避碰行动不确定性评价的结论

上述应用信息熵理论,得到了如下一些重要结论:

8.3.3.1 在右对右接近对遇局面中

(1)若仅考虑 $DCPA$ 与船舶采取左转、右转避碰行动及保向保速行动的不确定性关系,当 $DCPA$ 为 0.6 n mile 左右时,船舶采取各避碰行动种类的不确定性最大。同时,采取向右转向、向左转向及保向保速行动的不确定性几乎都达到最大值。

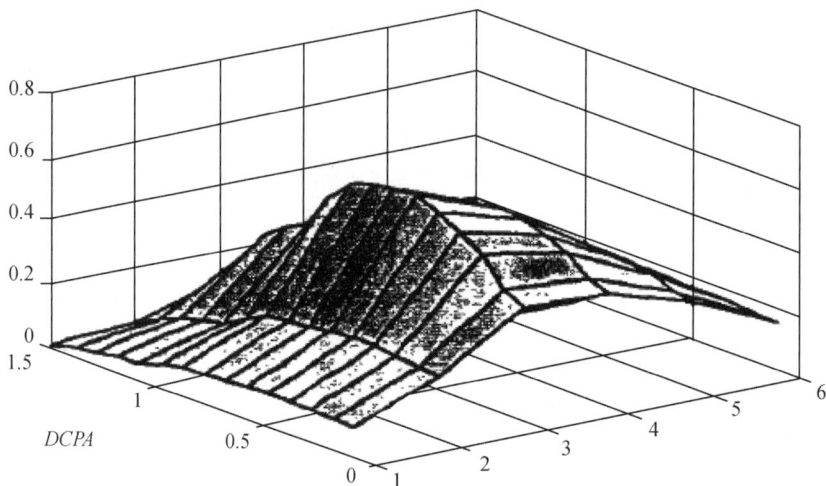

图8-7　让路船随 $DCPA$ 及两船间距离采取避碰行动的不确定性分布图

（2）当考虑船舶避碰行动的不确定性与最近会遇距离及两船距离的关系时，船舶在两船距离为 4 n mile 左右、最近会遇距离为 0.3 n mile 左右时，船舶采取左转向及右转向避碰行动的不确定性最大，即右舷对右舷对遇两船在这种情况下发生不协调避碰行动的可能性最高。

8.3.3.2　在交叉相遇局面中

（1）若仅考虑 $DCPA$ 与船舶避碰行动种类的不确定性关系，当 $DCPA$ 为 0.9 n mile 左右时，让路船采取避碰行动种类的不确定性最大。同时，采取右转向、左转向及保向保速行动的不确定性几乎都达到最大值。

（2）当考虑让路船避碰行动的不确定性和最近会遇距离与两船的距离的关系时，让路船在两船距离为 3 n mile 左右、最近会遇距离为 0.6 n mile 左右时，采取向左转向及向右转向行动的不确定性最大。

8.3.3.3　两种会遇局面避碰操纵不确定性比较

基于信息熵理论，分析了右舷对右舷对遇局面和交叉相遇局面中，会遇两船采取避碰行动时机及避碰行动种类的不确定性问题。现对交叉相遇及对遇局面中船舶避碰操纵的不确定性进行一些比较，以了解在该两种情况下的避碰操纵。

（1）根据 $DCPA$ 大小，进行避碰操纵的不确定性比较

在右舷对右舷的对遇局面中，$DCPA = 0.5 \sim 0.7$ n mile 时，会遇船舶采取各种避碰行动的不确定性最高，不确定性最大值发生在 $DCPA = 0.6$ n mile 左右时，最大值为 1.085 7；而在交叉相遇局面中，当直航船通过让路船尾 $DCPA = 0.7 \sim 1.0$ n mile 时，让路船采取各种避碰行动的不确定性最高，最大值发生在 $DCPA = 0.9$ n mile 左右时，最大值为 1.099，并且交叉相遇中的最大不确定性值高于对遇局面中的值。因此,在交叉相遇局面中,当 $DCAP=0.9$ n mile 左右时,让路船的行动较右舷对右舷的接近对遇局面中 $DCPA=0.6$ n mile 左右时,一船的行动更难以预测。

(2) 在 $DCPA$ 一定时,采取向右转向、向左转向及保向保速的不确定性

从总体上讲,右舷对右舷对遇与直航船通过让路船船尾怕交叉相遇局面中,采取向右转向、向左转向及保向保速行动的不确定性的趋势大体相同,即采取向右转向的不确定性随着 $DCPA$ 的增加而逐渐减少;向左转向的不确定性随着 $DCPA$ 的增加而增加,当达到最大值后而逐渐减少;向左转向的不确定性随着 $DCPA$ 的增加而增加,当达到最大值后又逐渐减少;采取保向保速行动的不确定性也是随着 $DCPA$ 的增加而逐渐增加的,当达到最大值后又逐渐减少。但在接近对遇局面中,向左转向的不确定性最大值发生在 $DCPA=0.5\sim0.7$ n mile 时;而在交叉相遇局面中,不确定性最大值发生在 $DCPA=0.7\sim0.9$ n mile 时。

(3) 随距离采取避碰行动的不确定性

在接近对遇局面中,随两船相对距离而船采取避碰行动的不确定性为 1.549 15 奈特;而在交叉相遇局面中,让路船采取避碰行动的不确定性为 1.440 124 奈特。因此,船舶随两船相对距离采取避碰行动的不确定性,在接近对遇局面中要高于交叉相遇局面中。

(4) 随两船距离及 $DCPA$ 船舶采取左转向和右转向行动的不确定性

在接近对遇局面中,当 $DCPA=0.3\sim0.4$ n mile、距离为 4 n mile 左右时,一船采取左转和右转避碰行动的不确定性最大;而在交叉相遇局面中,当 $DCPA=0.6\sim0.8$ n mile、距离为 3 n mile 左右时,让路船采取左转向和右转向避碰行动的不确定性最大。

8.3.3.4 结论

通过对两种会遇局面中船舶采取避碰行动的不确定性分析与评价,得出下列结论:

(1) 在两会遇的各局面中,总是存在一个 $DCPA$ 值,在该 $DCPA$ 时,船舶采取各种避碰行动种类(左转、右转或保向保速)的不确定性最大;

(2) 在两船会遇各距离上,总是存在某一距离,在该距离上时,两船或根据规则要求采取避碰行动的一船,采取避碰行动和不采取避碰行动的不确定性最大;

(3) 在两船会遇并存在碰撞危险的各局面中,总是存在一个 $DCPA$ 值和一个两船间距离值,在两船间的这种相对位置上,被要求让路船或两船采取各种避碰行动的不确定性最大。

根据上述结论,可得到如下推论:

在存在直航船的会遇局面中,若让路船不采取避碰行动,则:

(1) 总是存在一个两船间的距离值,在该距离上,直航船主动采取避碰行动与不采取避碰行动的不确定性最大;

(2) 总是存在一个 $DCPA$ 值,在该 $DCPA$ 时,直航船采取各种避碰行动种类(左转、右

转或保向保速)的不确定性最大。

利用信息熵理论评价船舶采取避碰行动的不确定性,反映了船舶采取避碰行动的整体统计特性,避免了仅凭概率不能进行评价的问题。

8.4 本章小结

本章分析了船舶避碰行动不确定性与碰撞事故的关系,总结了船舶避碰行动不确定性研究现状,评价了在接近对遇局面和交叉相遇局面中,船舶避碰行动时机及采取避碰行动种类的不确定性,得到了一些较重要的结论;还基于多种理论建立了船舶避碰行动时机模型。本章的主要工作如下:

(1)采取信息熵理论,建立了船舶避碰行动不确定性评价模型。

(2)船舶避碰行动不确定性问题,虽已受到重视,但还未成形的评价方法。本书将信息熵理论引入避碰行动研究,建立了不确定性评价模型。

(3)根据对海上避碰行动大量调查,实际评价了在接近对遇局面中两船随距离采取避碰行动的不定性,以及在右舷对右舷对遇中随 $DCPA$ 变化两船采取避碰行动的不确定性;在交叉相遇局面中,让路船随两船距离采取避碰行动的不确定性问题,得到了较为合理的结果,并将这种评价结果应用于建立让路船避碰行动时机优化模型中。

第9章

让路船首次避碰时机模型

9.1 基于直航船模糊满意度的首次避碰行动时机

在由直航船与让路船构成的两船会遇局面中,让路船的行动具有不确定性或随机性,而合理地预测一艘让路船何时、采取何种避碰行动几乎是不可能的,因此只能从大量的调查中找出规律。在特定局面所适用的规则开始适用时,直航船应履行其保向保速的义务,但当让路船迟迟不采取让路行动而超出了直航船期望它让路的极限时,直航船就可能独自采取避碰行动。因此,让路船应在直航船希望它让路的满意度函数最大期望距离之前采取让路。同时,直航船在保证安全的前提下,为避免两船间的不协调避碰行动,也不应过早地放弃其应承担的义务——独自采取避碰行动,应给让路船提供足够的履行义务的机会。若让路船仍不让路,再采取避碰行动。

在两船避碰中,让路船是在特定规则适用后,才采取避碰行动的。让路船若及早地采取避碰行动,一方面体现了对直航船直航权利的尊重;另一方面也会使直航船从心理上感觉安全。而让路船在采取避碰行动时,一般也要考虑避让造成船位偏差的大小,即它不可能过早地采取避碰行动。让路船在两船相对距离较小时,虽然船位偏差小,但这会给直航船驾驶员心理上造成较大的压力,特别是对让路船虽然保持了正规瞭望并且发现本船,但让路船不一定会采取避碰行动。在这种情况下,部分直航船就独自采取了避碰行动,这为两船间的不协调避碰行动及由此造成的碰撞事故提供了发生的可能。因此,在考虑当前海上船舶避碰情况下,若让路船在直航船对其避碰时机满意度最大之前采取行动,则直航船独自行动的可能性较小,从而减少了两船间的不协调避碰行动及由此导致的碰撞事故。

根据上述分析,让路船避碰时机决策构成了一个基于直航船满意度的决策模型。然而,能较好反映直航船心理活动的理论工具是模糊数学理论。

9.1.1 ● 基于直航船满意度的模型

设：让路船在两船距离为 y_1 时采取避碰行动，直航船的满意度为 $u(y_1)$。

当 $0 < y_1 \leqslant 7$ 时，若

$$u(y_j) = \max\{u(y_1), u(y_2), \cdots, u(y_n)\}$$

则让路船应在 y_j 时采取避碰行动。考虑到实际情况，则以 $u(y_k) \geqslant 0.95\max u(y_j)$ 时的 y_k 作为让路船首次采取转向避碰行动的时机。

9.1.1.1 直航船满意度函数的获得

利用船员考证培训之机，对 462 名船长、驾驶员进行了问卷调查。调查问卷以让路船行动时两船的距离为基础，考虑两船的速度及让路船的相对方位，并将直航船对让路船采取避碰行动时机的满意度分为基本满意、较满意、非常满意三种。在调查中发现，直航船驾驶员对两船的速度及行动的相对方位基本上不予考虑，只考虑让路船首次行动时两船的距离。

9.1.1.2 获得满意度函数的数学方法

在对调查样本利用第 7 章 7.2 的方法进行筛选后，获得满意度函数的方法是利用集值统计原理，根据不同满意度情况分别给予不同的函数值。具体方法如下：

设：直航船对让路船在各距离上采取行动的满意度模糊函数为 $W(y)$，并采用模糊集值统计方法。其原理是：

设 $U = \{u_1, u_2, \cdots, u_k\}$ 为有限论域，$A = F(U)$ 为待定的模糊集，$S = \{S_1, S_2, \cdots, S_n\}$ 为参与者集合，欲求 $u(\underset{\sim}{u}_i)$，$i = 1, 2, \cdots, k$。先选一个初值 $m(1 \leqslant m \ll k)$，然后 $S_j(j = 1, 2, \cdots, n)$ 按下列步骤完成统计：

（1）在 U 中选取认为优先属于 A 的 $r_1 = s$ 个元素，得 U 的子集 $U_1^j = \{u_{i1}^j, u_{i2}^j, \cdots, u_{is}^j\} \subset U$；

（2）在 U 中选取优先属于 A 的 $r_2 = 2s$ 个元素，得 U 的子集 $U_2^j = \{u_{i1}^j, u_{i2}^j, \cdots, u_{is}^j, u_{i(s+1)}^j, \cdots, u_{i2s}^j\} \supset U_i^j$，之所以 $U_2^j \supset U_1^j$ 是因为首次为优先属于的元素第二次认为更优先，因此首次选中的元素也一定要选中，反复类推。

（3）在 U 中选取认为优先属于 A 的 $r_c = cs$ 个元素，得子集 $U_3^j = \{u_{i1}^j, u_{i2}^j, \cdots, u_{ics}^j\} \supset U_{c-1}^j$。若自然数 t 满足：$k = ts + v$，$1 \leqslant v \ll s$，则迭代过程终止于第 $t+1$ 步：取 $U_{t+1}^j = U$，然后计算 $u_i(i = 1, 2, \cdots, k)$ 的覆盖频率：

$$m(u_i) \cong \frac{1}{n(t+1)} \sum_{s=1}^{n+1} \sum_{j=1}^{n} C_{us}^j(u_i)$$

式中，C 为特征函数。

通过调查并利用上述的集值方法，得到了直航船对让路船随距离采取避让行动时机

的满意度函数 $W(y)$ 的值,如表9-1 所示。

表9-1　$W(y)$ 的值

d_i(n mile)	1.5	2	2.5	3	3.5	4	4.5	5	5.5	6
$W(y)$	0	0	0.12	0.38	0.55	0.74	0.92	0.97	0.99	1

在交叉局面中,直航船满意度函数随两船距离分布如图9-1 所示。根据模型,有:

$$\max W(y_j) = 1, y = 6 \text{ n mile}$$

$$u(y_k) = 0.95 \times \max W(y_j) = 0.95$$

$$y_k = 4.5 \sim 5 \text{ n mile}$$

在考虑直航船满意度时,让路船应在两船距离为 $4.5 \sim 5$ n mile 时,采取避碰行动。

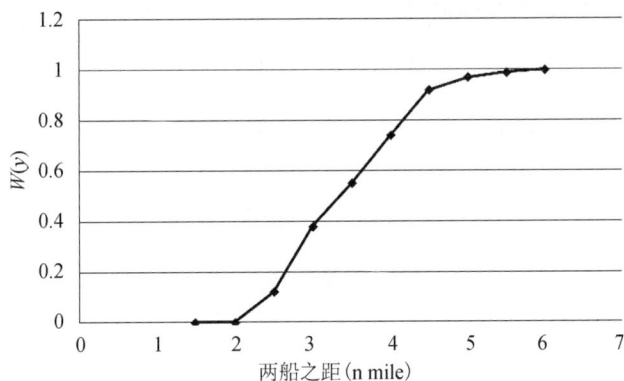

图9-1　直航船对让路船随距离采取避碰行动的满意度函数分布

9.1.2 ● 基于直航船满意度的随机规划模型

上述基于直航船满意度的模型只考虑了直航船对让路船采取避碰行动时机的满意度,而未考虑让路船在各距离上采取避碰行动的概率分布问题。因此,在考虑让路船采取行动概率分布前提下,采取随机规划期望值模型,对该问题进行更深入的研究。

设:让路船在相距 y 时采取避碰行动概率密度函数为 $g(y)$,且其行动都能被直航船察觉,y 是随机变量;直航船希望让路船在两船距离为 x 时采取行动;并设直航船对让路船采取避碰行动的满意函数为 $f(x,y)$。

由于 x、y 都是随机变量,则 $f(x,y)$ 也是随机函数。

上述基于直航船满意度函数数学期望的让路船避碰时机模型可写为:

$$\begin{cases} \max E[f(x,y)] \\ \text{s. t} \\ E[h_j(x,y)] \leqslant 0, j = 1,2,\cdots,p \\ E[h_k(x,y)] = 0, k = 1,2,\cdots,q \end{cases} \quad (9\text{-}1)$$

上式中 y 是一个 n 维决策向量，x 是一个 t 维随机向量，$h_j(x,y)$ 和 $h_k(x,y)$ 是随机约束，E 表示期望值算子。从而有：

$$
\begin{cases}
E[f(x,y)] = \int_{R^t} f(x,y)g(y)\mathrm{d}y \\
E[h_j(x,y)] = \int_{R^t} h_j(x,y)g(y)\mathrm{d}y, j = 1,2,\cdots,p \\
E[h_k(x,y)] = \int_{R^t} h_k(x,y)g(y)\mathrm{d}y, k = 1,2,\cdots,q
\end{cases}
\tag{9-2}
$$

对让路船采取避碰行动的调查，所得到的 y 是离散的。设 y 随距离的分布为 $P_r(y = y_i) = m_i$ ，因此式（9-2）可改写为如下：

$$
\begin{cases}
E[f(x,y)] = \sum_{i \in I} m_i f(x,y) \\
E[h_j(x,y)] = \sum_{i \in I} m_i h_j(x,y), j = 1,2,\cdots,p \\
E[h_k(x,y)] = \sum_{i \in I} m_i h_k(x,y), k = 1,2,\cdots,q
\end{cases}
\tag{9-3}
$$

定理：在式（9-1）或式（9-2）中，使约束条件成立的一个可行解 x^* 是期望值模型的优化解，若对任意的可行解 x，则使 $E[f(x^*,y)] \geqslant E[f(x,y)]$ 成立。

（证明略）。

9.1.3 ● 基于直航船满意度的随机规划模型的应用

根据对让路船独自采取避碰行动时机的调查，得到让路船随两船距离采取避碰行动的概率分布函数为 $g(y)$ ，如表9-2所示。

表9-2　让路船采取避碰行动概率分布表

行动距离（n mile）	1	2	3	4	5	6	7
$g(y)$	0.018	0.104	0.297	0.294	0.181	0.091	0.005
$s(x)$	0.114	0.586	0.283	0.035	0.000	0.000	0.000

根据我们对直航船驾驶员在交叉会遇局面中，对让路船采取避碰行动时机满意度的调查样本，并利用模糊集值统计方法，得到了直航船对让路船避碰时机满意度函数[262]。该函数即可采取本章图9-1所拟合的函数，也可采取参考文献[262]所得的函数。本节分别采取本章图9-1所拟合的函数及参考文献[262]所得的函数。

9.1.3.1　当 $f(x,y) = 0.011\,1x^4 - 0.199\,1x^3 + 1.209\,4x^2 - 2.636\,5x + 1.850\,3$ 时

根据让路船采取避碰行动及直航船心理活动情况，若直航船希望让路船在两船相距 x n mile 时采取避碰行动，而让路船在两船相距 y n mile 时采取避碰行动，则满意度函数为：

当 $x \leqslant y$ 时，直航船满意度为：$f(x,y) = 1$

当 $x > y$ 时，直航船满意度为：

$f(x,y) = 0.0111x^4 - 0.1991x^3 + 1.2094x^2 - 2.6365x + 1.8503$，则有：

$$f(x,y) = \begin{cases} 1 & 12 < x \leqslant y \\ 0.0111x^4 - 0.1991x^3 + 1.2094x^2 - 2.6365x + 1.8503 & 7 \geqslant x > y \\ 0 & 0 < x \leqslant 2 \end{cases}$$

若考虑直航船满意度函数数学期望时，则有：

$$E[f(x,y)] = \int_2^x g(y)\mathrm{d}y + \int_x^7 (0.0111x^4 - 0.1991x^3 + 1.2094x^2 - 2.6365x + 1.8503)g(y)\mathrm{d}y$$

(9-4)

对式(9-4)经遗传算法计算后，得到在 5 n mile 时，$\max\{E[f(x,y)]\} = 0.871$ 为最大值。因此，让路船应在两船相距 5 n mile 及以前采取避碰行动。

9.1.3.2 当 $f(x,y) = \dfrac{1}{2} + \dfrac{1}{2}\sin\dfrac{\pi}{x-1} \cdot \left(y - \dfrac{1+x}{2}\right)$ 时

若直航船希望让路船在两船相距为 x n mile 时采取避碰行动，而让路船在两船相距 y n mile 时采取避碰行动，则满意度函数为：

当 $x \leqslant y$ 时，直航船满意度为：$f(x,y) = 1$

当 $x > y$ 时，直航船满意度为：$f(x,y) = \dfrac{1}{2} + \dfrac{1}{2}\sin\dfrac{\pi}{x-1} \cdot \left(y - \dfrac{1+x}{2}\right)$

综上所述，有：

$$f(x,y) = \begin{cases} 1 & ,1 < x \leqslant y \\ \dfrac{1}{2} + \dfrac{1}{2}\sin\dfrac{\pi}{x-1} \cdot \left(y - \dfrac{1+x}{2}\right) & ,y < x < 7 \end{cases}$$

当 $g(y)$ 为连续函数时，其数学期望为：

$$E[f(x,y)] = \int_1^x g(y)\mathrm{d}y + \int_x^6 \frac{1}{2} + \frac{1}{2}\sin\frac{\pi}{x-1} \cdot \left(y - \frac{1+x}{2}\right)g(y)\mathrm{d}y$$

由于 y 为非连续函数，其数学期望为：

$$E[f(x,y)] = \sum_{i=1}^x \theta_i \times g(y_i) + \frac{1}{2} \times \sum_{j=x}^6 \left[\frac{1}{2} + \frac{1}{2}\sin\frac{\pi}{x_j - 1} \cdot \left(y_j - \frac{1+x_j}{2}\right) \times g(y_j)\right] \quad (9-5)$$

用计算机程序对式(9-5)计算结果如表 9-3 和图 9-2 所示：

表 9-3 让路船在不同距离上采取避碰行动的直航船满意度函数期望值表

两船之距(n mile)	1	2	3	4	5	6	7
期望值	1.0906	1.7547	2.0387	2.0630	2.0095	1.8885	1.5101

从表 9-3 及图 9-2 中可看出，当让路船在两船相距 4 n mile 时采取避碰行动，将使直航船对让路船避碰行动时机满意度函数数学期望获得最大值。让路船在两船距离大于

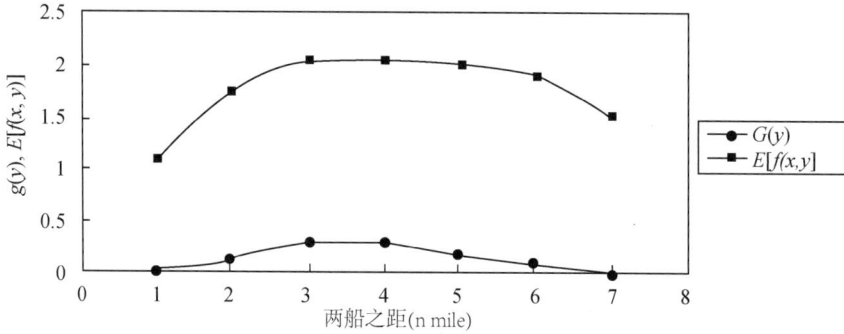

图9-2 直航船对让路船行动时机的期望,及让路船随距离采取行动概率图

或等于4 n mile 时采取避碰行动,直航船通常不采取避碰行动,而使两船间可能产生的不协调避碰行动数量相对较少。

9.1.3.3 结论及分析

通过对船员大量调查,获得了基于直航船对让路船避碰行动时机的模糊满意度隶属函数;根据海上避碰实践,得到让路船应在两船相距4.5~5 n mile 时采取避碰行动的结论。

基于直航船对让路船避碰行动时机的模糊满意度隶属函数曲线的拟合及其他研究中函数的拟合,在考虑让路船避碰行动时机概率分布的基础上,利用随机规划期望值模型,根据不同满意度函数分别获得让路船应在两船相距4 n mile 和5 n mile 时采取避碰行动的结论。

从模糊满意度或期望值角度考虑让路船避碰行动时机,能够在一定程度上减少两船避碰行动不协调数量。

总体结论如下:

(1)为避免两船间的不协调避碰行动,让路船应在两船距离大于或等于5 n mile 时采取避碰行动。

(2)应用基于直航船对让路船避碰行动时机的模糊满意度隶属函数曲线和利用随机规划期望值模型,分别获得让路船两模型得到的避碰时机决策结果显然不同,这说明了避碰决策的复杂性;另一方面,这种差别也是由于模型考虑的因素不完全相同所导致的。因此,还需要考虑其他因素对决策时机模型加以完善。

(3)上述决策模型只反映了直航船驾驶员主观要求的统计规律,未考虑让路船的主观要求和客观要求。因此,得到的避碰时机决策结果还不是优化结果。

总之,从直航船主观角度研究让路船避碰时机问题,是一种新的尝试。

9.2 考虑直航船可能行动时的让路船避碰时机模型

9.2.1 ● 避免不协调避碰行动模型

9.2.1.1 特定会遇局面形成后的决策

在海上存在让路船与直航船的两船会遇局面中,如果两船间存在碰撞危险,根据《国际海上避碰规则》的要求,在特定规则开始适用时,直航船应保向保速,而让路船则应及早地、大幅度地、宽余地让清直航船。但由于规则的规定都是定性表述的,缺乏准确定量的概念,并且在实践中,经常由于让路船未及早采取避碰行动导致两行动不协调而发生船舶碰撞事故。因此,让路船在何时采取避碰行动才是"及早地"是非常模糊的概念,并且随着船舶的速度、直航船所处让路船的舷角及两船相对速度等的不同,对于"及早地"的理解应该有所不同。另外,在实际避碰中的直航船,由于驾驶员心理承受力等方面的差异,当让路船迟迟不让路时,也可能放弃直航船的权利而独自采取避碰行动。因此,经常发生会遇两船之间的不协调避碰行动。正如碰撞是由船舶会遇导致的,若避免了会遇,就不存在船舶碰撞问题。为了避免会遇两船不协调避碰行动,应当从避免两船同时采取避碰行动的角度进行研究。

根据海上避碰实际,可知:

(1)会遇两船中的任何一船若及早地采取了避碰行动,则会使另一船的行动成为不必要。

(2)通常一船采取避碰行动后,经过一定的时间间隔(Δt),其行动才能被另一船发觉。

(3)若让路船采取的避碰行动较迟,且在采取避碰行动时已接近了直航船驾驶员对碰撞危险承受的极限,则可能在小于 Δt 间隔内直航船也采取了避碰行动,这可能导致会遇两船都采取了避碰行动。

(4)若让路船接近到直航船驾驶员承受的极限时仍未采取避碰行动,直航船就会独自采取避碰行动。直航船采取避碰行动后,在小于 Δt 间隔内,让路船也可能会采取避碰行动,这也可能导致会遇两船都采取了避碰行动。

9.2.1.2 会遇两船避免都采取避碰行动的模型

设:让路船在两船相距 y 时采取避碰行动,其概率分布为 $g(y)$,采取行动前进 Δy 距离后才能被直航船发现;直航船在两船相距 x 时采取行动,其行动概率密度分布为 $s(x)$,采取行动前进 Δx 距离后才能被让路船发现。为了简化,设 $\Delta y = \Delta x = \Delta$。

根据海上船舶避碰实际可知,x 与 y 均为随机变量。同时根据特定规则适用的两船之间距离，可确定为 $0 \leqslant x \leqslant 6$ 及 $0 \leqslant y \leqslant 6$（n mile）。

设：会遇两船的相对速度为 v_R；当确定数值 x 时，不产生不协调避碰行动的函数为 $q(x, y)$；当确定数值 y 时，不产生不协调避碰行动的函数为 $p(x, y)$。则：

$$q(x, y) = \begin{cases} 1, & 0 \leqslant y \leqslant x - \Delta \\ 1 - g(y)s(x), & x - \Delta \leqslant y \leqslant x + \Delta \\ 1, & 6 \geqslant y > x + \Delta \end{cases} \tag{9-6}$$

$$p(x, y) = \begin{cases} 1, & 0 \leqslant x \leqslant y - \Delta \\ 1 - g(y)s(x), & y - \Delta \leqslant x \leqslant y + \Delta \\ 1, & 6 \geqslant x > y + \Delta \end{cases} \tag{9-7}$$

为避免会遇两船都采取避碰行动，有效地防止出现不协调避碰行动，分别求式（9-6）与式（9-7）数学期望极值条件下的 x 与 y 的值，即为让路船和直航船的行动时机。式（9-6）和式（9-7）的期望为：

$$E[p(x, y)] = \int_6^{y+\Delta} s(x) \, \mathrm{d}x + \int_{y+\Delta}^{y-\Delta} [1 - g(x)s(x)] s(x) \, \mathrm{d}x + \int_{y-\Delta}^0 s(x) \, \mathrm{d}x \tag{9-8}$$

$$E[q(x, y)] = \int_6^{x+\Delta} g(y) \, \mathrm{d}y + \int_{x+\Delta}^{x-\Delta} [1 - g(y)s(x)] g(y) \, \mathrm{d}y + \int_{x-\Delta}^0 g(y) \, \mathrm{d}y \tag{9-9}$$

求得使式（9-8）最大的 y 值，即为在两船会遇中直航船应该独自采取行动的两船之距。同样求得使式（9-9）最大的 x 值，即为让路船应该采取避碰行动时两船的距离。这样就使得在整个两船会遇中，造成不协调避碰行动的数量相对较少，则避免两船都采取避碰行动的期望值决策模型可表示为：

$$\begin{cases} \max E[f(x, y)] \\ \text{s. t} \\ E[g_j(x, y)] \leqslant 0, j = 1, 2, \cdots, p \\ E[g_k(x, y)] = 0, k = 1, 2, \cdots, q \end{cases} \tag{9-10}$$

上式中 y 是一个 n 维决策向量，x 是一个 t 维随机向量，$g_j(x, y)$ 和 $g_k(x, y)$ 是随机约束，E 表示期望值算子。从而有：

$$\begin{cases} E[f(x, y)] = \sum_{i \in I} m_i f(x, y) \\ E[g_j(x, y)] = \sum_{i \in I} m_i g_j(x, y), j = 1, 2, \cdots, p \\ E[g_k(x, y)] = \sum_{i \in I} m_i g_k(x, y), k = 1, 2, \cdots, q \end{cases} \tag{9-11}$$

定理：在式（9-6）或式（9-7）中，使约束条件成立的一个可行解 x^* 是期望值模型的优化解，若对任意的可行解 x，则使 $E[f(x^*, y)] \geqslant E[f(x, y)]$ 成立。

（证明略）。

根据避碰规则规定,直航船的权利与让路船的义务,基本上是在两船相距 6 n mile 左右时才开始适用的。但有时可能存在具体的让路船在 6、5、4、3 n mile 时均不采取避碰行动,那么直航船或让路船应在两船相距多远时,采取避碰行动才能使两船间的不协调避碰减少到最低限度呢? 在该种情况下,应考虑让路船在 6 n mile 时不让路,则在小于 5 n mile 时采取避碰行动的条件概率。其条件概率的计算公式如下:

$$f(x_t \mid \bar{x}_{t+1}) = \frac{f(x_t \cdot \bar{x}_{t+1})}{f(\bar{x}_{t+1})} = \frac{f(x_t)}{f(\bar{x}_{t+1})}$$

而模型的其他方面保持不变。

9.2.2 模型的实际应用

9.2.2.1 当 $v \cdot \Delta t$ 为定值(Δy、Δx 确定)时

根据海上避碰实际情况,若会遇两船间的相对速度为 30 kn,采取避碰行动一船为达到转向角度进行操舵及该船达到所需转向角度的时间,总计为 30 s,则 $v_R \cdot \Delta t = 0.5$ n mile。

通过对船员避碰行动调查,$g(y)$、$s(x)$ 的分布如表9-4 所示。

表9-4 让路船与直航船随两船距离采取避碰行动的概率分布

两船之距(n mile)	1	2	3	4	5	6	7
$g(y)$	0.018	0.104	0.297	0.294	0.181	0.091	0.005
$s(x)$	0.114	0.586	0.273	0.045	0	0	0

当 x、y 分别为变量时,根据遗传算法计算机程序计算,函数 $q(x,y)$、$p(x,y)$ 的数学期望数值,如表9-5 所示。

表9-5 当 y 与 x 分别为变量时, $q(x,y)$、$p(x,y)$ 的数学期望值表

两船之距(n mile)	1	2	3	4	5	6	7
$E[q(x,y)]$	2.003 0	2.103 0	2.311 7	2.508 3	2.448 0	2.257 0	2.081 0
$E[p(x,y)]$	2.057 0	2.280 4	2.253 9	2.220 4	2.109 8	2.020 5	2.000 0

从表9-5 及图9-3 的 $E[q(x,y)]$ 中看到,使不发生不协调行动函数数学期望值最大时,让路船应在两船间的距离大于或等于 4 n mile 时采取避碰行动。此时两船间发生不协调避碰行动的可能性最小。

由表9-5 及图9-3 的 $E[p(x,y)]$ 值可知,当直航船应在两船间距离为 2 n mile 时才能独自采取避碰行动。此时,能够保证与让路船相互发生不协调避碰行动的可能性最小。

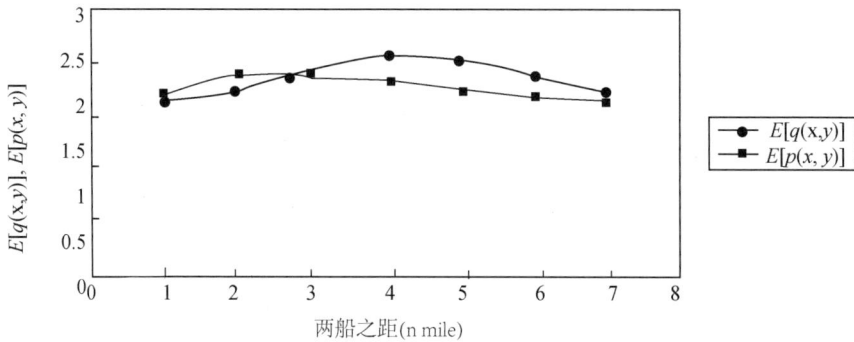

图 9-3 当 x 或 y 为变量时, $q(x,y)$, $p(x,y)$ 数学期望分布图

9.2.2.2 当 $v_R \cdot \Delta t$ 可变时

在海上会遇的两船,由于各自的速度不同、相同的船舶会遇角度不同等原因,会遇两船的相对速度不同。同时,采取的转向避让角度、舵角、舵工操舵的技术水平不同,以及相同船舶的不同装载状况等原因,使得完成避让所需的时间也不相同。所以 $v_R \cdot \Delta t$ 是随机的变量。根据船舶速度分布及 Δt 的分布,可设 $q = v \cdot \Delta t$ 的分布服从正态分布。但是,让路船或直航船采取避碰行动概率分布的调查和统计是非连续的。因此当 $0 \leqslant v_R \cdot \Delta t \leqslant$ 1 n mile 时,对满意度函数数学期望值基本上无影响,即直航船与让路船避碰决策不变。

9.2.2.3 若让路船在某一距离前未采取避碰行动时,两船避碰行动决策

根据我们的计算与分析,有下面的结果:

(1)对于直航船,不管让路船是否采取避碰行动,都应履行保向保速的义务,只有当两船逼近到距离小于或等于 2 n mile 且让路船仍没采取行动时,才能独自采取避碰行动。

(2)对于让路船,在任何情况下都应在两船距离大于或等于 4 n mile 以前采取避碰行动;若在 4 n mile 内才发现直航船,则应在判明局势后,尽快采取避碰行动。

(3)虽然有(1)的结论,但结合本书前述最晚施舵点的研究,直航船应采取避碰行动的时机 D 为:

$$D = \max(D_1, 2) \text{ n mile}$$

9.2.3 ● 结论及分析

当处于让路船地位的一船不采取避碰行动时,从直航船的角度考虑,到底应该在两船相距多远时才能采取避碰行动,这对两船在同一会遇局面中同时采取避碰行动影响较大,也对是否发生两船间的不协调避碰行动影响较大。若不允许直航船采取避碰行动,则不会发生所谓不协调碰撞问题,但这与海上避碰规则及实践对直航船的要求不符。当让路船迟迟不让路时,合理地确定直航船在两船相距多远时采取避碰,一直是许多学者

研究的问题。最早对直航船采取避碰行动的极限距离进行研究的是英国学者 Davis。他在 Goodwin[239] 提出的船舶领域的基础上,从统计的角度得到了一船为避免与他船形成紧迫局面而采取避碰行动时,与他船距离的超级领域[150],即动界。本书建立了不发生不协调避碰行动函数,并利用随机规划期望值,使会遇避碰局面由不确定性较大,转化为相对较为确定,从而避免发生不协调避碰行动。从得到的结果看,让路船在 4 n mile 时采取避碰行动,较为符合对船员调查的实际,但未考虑观测的误差及会遇两船的速度及速度比等对避碰时机的影响。直航船在两船相距 2 n mile 时才能采取避碰行动,则与参考文献[15]的研究结果相符合,但未考虑其他因素对直航船避碰时机的影响。因此,需要用第三种或更多的方法,从其他角度加以确定。

特别指出:模型结果的计算是较为复杂的,为了求得期望值,模型中的积分值,采取了随机近似的方法。

9.3　考虑碰撞责任的避碰决策

9.3.1 ● 碰撞责任对策的性质及该研究的目的

船舶碰撞责任是侵权责任的一种,只有当损害发生后,才追究侵权的碰撞责任。避碰规则给会遇两船规定了很多责任,如瞭望、背离条款、安全航速、避免碰撞的行动等。因此,发生碰撞事故后,在判断当事方承担的民事责任时,通常不是只从避碰时机上表现出来,这给分析避碰时机与承担民事责任的关系带来问题。若深入分析规则,可发现瞭望、安全航速等都是与避碰时机密切相关联的。若瞭望不好,除避碰行动种类可能产生错误外,还因不能及早发现来船,而导致采取避碰行动过晚。因此,认为几乎所有因素均可由避碰时机的早晚表现出来。

在碰撞民事责任与双方过失关系问题上,由于两船承担责任的总和为1,一方的过失程度大,其承担的民事责任也大,反之承担的责任则小。因此,这种对策问题属于两人零和对策。

建立该种模型的目的是在优化避碰时机模型中,反映法庭对船舶避碰时机的理解,使确定的避碰时机融入法庭的观点。

9.3.2 ● 对策得失函数的获得

碰撞责任与避碰时机的关系,通过查阅船舶碰撞案例获得。根据所收集到的 38 起案件可知:若让路船在形成紧迫局面前未采取避碰行动,将承担 80% 左右的碰撞责任;若直航船在紧迫局面形成前放弃其保向和保速的责任,将承担 70% 以上的碰撞责任。如在

Ek/Debalzevo 碰撞案例中[414]，让路船在两船形成紧迫局面前，未采取避碰行动，被判承担75%的碰撞责任，而直航船在形成紧迫局面后，也未采取适当行动，则被判承担25%的碰撞责任。在 Statue of Liberty/Andulo 碰撞案件中[415]，让路船在形成紧迫局面前未采取避碰行动，初审法庭判让路船承担70%的碰撞责任，而直航船承担30%的碰撞责任。上诉后，上议院判让路船承担85%的碰撞责任；而直航船在紧迫局面形成后，采取行动不合适，被判承担15%的碰撞责任。若以形成紧迫局面为界限，则双方对策得失矩阵可表示为：

$$\text{让路船}$$

$$
\begin{array}{ccc}
 & I_{g1} & I_{g2} \\
II_{s1} & (-0.2, -0.8) & (1,1) \\
II_{s2} & (0,0) & (-0.7, -0.3)
\end{array}
$$

其中：I_{g1} ——为让路船在紧迫局面形成后采取避碰行动；

$\quad\quad I_{g2}$ ——为让路船在紧迫局面形成前采取避碰行动；

$\quad\quad II_{s1}$ ——为直航船在紧迫局面形成后采取避碰行动；

$\quad\quad II_{s2}$ ——为直航船在形成紧迫局面前采取避碰行动。

在调查中发现，有的让路船是在紧迫局面形成后才采取避碰行动的，也有一些直航船在紧迫局面形成前已采取了避碰行动。因此，可以认为两船采取的是混合策略。

设：让路船以概率 x 采取策略 I_{g1}，则采取 I_{g2} 策略的概率为 $1-x$；直航船以概率 y 采取策略 II_{s1}，则采取策略 II_{s2} 的概率为 $1-y$。

由于双方都不存在策略优越，则直航船对策值：

$$
\begin{aligned}
e_s &= -0.2xy + y(1-x) + (-0.7)(1-x)(1-y) \\
&= -1.9xy + 1.7y + 0.7x - 0.7 \\
&= (-1.9x + 1.7)y + 0.7x - 0.7
\end{aligned}
$$

上式中，若 $x=0, y=1$，使 e_s 最大，其值为1。

同样，让路船的对策值：

$$
\begin{aligned}
e_s &= -0.8xy + y(1-x) + (-0.3)(1-x)(1-y) \\
&= -2.1xy + 0.3x + 1.3y - 0.3 \\
&= (-2.1y + 0.3)x + 1.3y - 0.3
\end{aligned}
$$

显然也有 $y=1, x=0, \max e_s = 1$。

综上所述，让路船的对策是在形成紧迫局面前采取行动，直航船的对策则是在紧迫局面形成后再采取行动，这是基于上述避碰责任的两船对策的平衡解。

样本的限制可能使上述双方的得失函数欠准确，但建立这一模型的目的是提出一种综合法庭对避碰时机看法的方法。若能够取得大量的样本，建立的模型则能够反映出法庭的观点。

9.4 基于让路船满意度期望的直航船采取避碰时机决策

9.4.1 决策模型

当直航船采取避碰行动时两船的距离 x 为随机变量,通过求取让路船对直航船采取避碰行动的满意度期望值,可确定直航船在两船相距多远时才可独自采取避碰行动,以使让路船的满意度期望值最大。

根据参考文献[262],让路船对直航船采取避碰行动的满意度期望为:

$$E[f(x,y)] = \int_y^6 s(x)\,\mathrm{d}x + \int_1^y \left[\frac{1}{2} + \frac{1}{2}\sin\frac{\pi}{x-1}\left(y - \frac{1+x}{2}\right)\right]s(x)\,\mathrm{d}x \tag{9-12}$$

9.4.2 决策模型应用

根据遗传算法计算,得到的结果为:$y^* = 1$ n mile。

为了便于分析,同时计算了各距离上的满意期望值,如表9-6所示。

表9-6 当直航船在不同距离上让路时,让路船满意度函数的期望值表

让路距离(n mile)	1	2	3	4	5	6	7
满意期望	1.490	1.470	1.368	1.071	0.777	0.596	0.505

表9-6中直航船采取避碰行动的距离概率分布与让路船对直航船在两船的距离上采取避碰行动的期望值如图9-4所示。

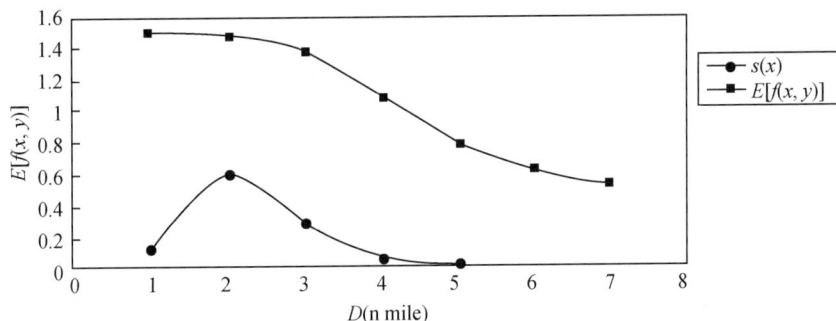

图9-4 直航船采取行动的距离概率分布及让路船满意度期望值的分布图

9.4.3 ● 结论及分析

（1）根据表9-6及图9-4，当对应期望值决策模型（1）目标函数值最大时，$x = 1$ n mile，即直航船应在会遇两船之间的距离为 1 n mile 时采取避碰行动，使让路船的满意程度最高。

（2）上述所确定的直航船采取避碰行动时机，仅是通常意义上的数值，还未考虑诸如船舶速度、两船速度比等因素对其避碰时机的影响。

（3）得到的结果与参考文献［426、430］的结论相同。

（4）在本节中，为使让路船的满意度最大，直航船应在两船间距离小于或等于 1 n mile 时采取避碰行动。而根据前述研究得到：直航船在采取行动时，若考虑让路船也可能采取避碰行动，则应在两船相距 2 n mile 时采取行动。两者的结果显然不同，这主要是由于决策模型考虑的侧重点不同。

第10章

让路船避碰行动优化决策模型

10.1 模型概述

10.1.1 让路船优化避碰行动原则和要求

10.1.1.1 原则

原则 1：符合《国际海上避碰规则》所要求的避碰行动是"及早的"的规定。

原则 2：符合《国际海上避碰规则》所要求的避碰行动是"大幅度的""使他船用视觉或用雷达观测时易于察觉"的规定。

原则 3：符合《国际海上避碰规则》所要求的避碰行动应能导致会遇两船在安全距离上通过的要求。

原则 4：让路船的行动对直航船而言,具有较强的可预测性,即让路船采取避碰行动的不确定性相对较小。

原则 5：直航船对让路船所采取避碰行动的模糊满意度较高,即不会由于让路船采取行动过迟,而造成直航船独自采取避碰行动的情况。

原则 6：让路船采取避碰行动时,应考虑与之会遇的直航船驾驶员由于其心理承受力、经验、资历等的不同,可能放弃直航权利并独自采取避碰行动。

原则 7：全面符合《国际海上避碰规则》规定的避碰行动种类要求。

原则 8：在保证上述原则的前提下,尽量使避碰行动所造成的让路船航向偏差及时间损失相对较小。

原则 9：让路船的行动符合海上避碰的实际情况,符合船员的通常做法及有关专家、组织的推荐或建议。

原则10：让路船采取避碰行动的时机，大于最晚施舵点。

10.1.1.2　要求

优化避碰行动 $= f($优化避碰时机，幅度，$u_T < \lambda$，符合避碰行动局面划分要求$)$。

10.1.2　优化避碰行动各变量的含义

10.1.2.1　关于让路船采取避碰行动时机问题

第9章的9.1～9.4在对船员避碰行动进行大量调查和海上观测的基础上，根据直航船对让路船采取避碰行动时机满意度模型、考虑直航船采取避让行动时让路船避碰时机模型等以及对让路船避碰行动不确定性的评价，得到了让路船采取避碰行动的相应时机。由于各种模型考虑的侧重点不同，得到的决策结果也不完全相同，因此在主观与客观相结合原则下，还需进行全面分析。

10.1.2.2　关于采取避碰行动幅度的要求

关于避碰行动的幅度在本节将进行较为深入的定量分析。在模型中，虽考虑的是直航船用视觉观测时，易于察觉让路船避碰行动幅度的结果，但用 ARPA 观测时大幅度的数值小于以视觉观测时大幅度的数值。因此，根据直航船以视觉观测得到的结果一定满足"大幅度"的要求。采取这种研究方式的目的是既适应智能避碰决策系统对智能避碰决策系统的避碰，又适应于智能避碰决策系统对人的避碰。

10.1.2.3　两船会遇优化避让方式

所谓的"优化避让方式"是指所采取的避碰行动，满足：

（1）规则的要求；

（2）船舶避碰行动局面划分的要求；

（3）海上避碰实际，采取在海上通常采取的避碰种类，如舵让方式；

（4）在前三项的约束下，使避碰可能产生的航向偏差及避让操纵时间相对较小。

两船会遇中，在满足避让幅度是"大幅度"的前提下，避让方式采取所谓"追线方程"式的操纵，并在每分钟修正本船航向，以对准直航船船尾。

10.1.2.4　使 $u_T < \lambda$

采取避碰行动后，两船间所存在的碰撞危险应小于危险度阈值，最终使两船在安全距离上通过。

10.1.2.5 增加避碰决策系统的智能性

以最晚施舵点为例,当不存在其他船舶时,会遇船舶转向90°,是可以在安全距离上通过的,但当存在第三船妨碍时,则会遇船舶的任一船正好在最近施舵点转向时,可能造成与另一船存在紧迫危险。因此,采取避碰行动时,要求让路船首先对与周围船舶在采取行动后的会遇态势、存在的碰撞危险进行计算,如果有碰撞危险,可将最晚施舵点的距离适当放宽,直到施舵后与周围所有船舶都不存在紧迫危险。

10.1.3 让路船避碰行动时机优化决策静态模型

根据第8章、第9章及本章10.1的原则,让路船避碰行动时机优化模型为:

10.1.3.1 让路船采取避碰行动的不确定性非最大

(1)根据"船舶避碰行动不确定性定义及模型",当存在碰撞危险时,让路船随两船间距离 d_1 采取避碰行动的不确定性非最大,即

$$En(d_i) \neq \max\left\{-\sum_{i=1}^{n} P(d_i) \ln P(d_i)\right\} \tag{10-1}$$

(2)根据"船舶避碰行动不确定性定义及模型",当两船距离为 d_i 、最近会遇距离为 $DCPA_j$ 时,采取避碰行动的不确定性非最大,即

$$En(DCPA_j, d_i) \neq \max\left\{-\sum_{p=1}^{2} P(d_i) \cdot P(k_{ip}) \ln[P(d_i) \cdot P(k_{ip})]\right\} \tag{10-2}$$

基于上述式(10-1)和(10-2)确定行动时机为: D_1^1 。

10.1.3.2 直航船对让路船避碰行动时机模糊满意度最高模型

根据"基于直航船模糊满意度的首次避碰行动时机"确定,即以 $u(y_k) \geq 0.95 \max u(y_j)$ 时的 y_k 作为让路船首次采取转向避碰行动的时机。确定的行动时机为: D_1^2 。

10.1.3.3 基于直航船满意度期望的随机规则模型

根据"基于直航船满意度的随机规划模型及应用",有

$$\begin{cases} \max E[f(x,y)] \\ \text{s.t.} \\ E[h_j(x,y)] \leq 0, j = 1,2,\cdots,p \\ E[h_k(x,y)] = 0, k = 1,2,\cdots,q \end{cases} \tag{10-3}$$

根据式(10-3)确定的行动时机为：D_1^3。

10.1.3.4 基于"考虑直航船可能行动时的避碰时机模型"

根据避免不协调避碰行动模型，有

$$\begin{cases} \max E[f(x,y)] \\ \text{s. t.} \\ E[g_j(x,y)] \leqslant 0, j = 1,2,\cdots,p \\ E[g_k(x,y)] = 0, k = 1,2,\cdots,q \end{cases} \qquad (10\text{-}4)$$

式(10-4)中 y 是一个 n 维决策向量，x 是一个 t 维随机向量，$g_j(x,y)$ 和 $g_k(x,y)$ 是随机约束，E 表示期望值算子。从而有

$$\begin{cases} E[f(x,y)] = \sum_{i \in I} m_i f(x,y) \\ E[g_j(x,y)] = \sum_{i \in I} m_i g_j(x,y), j = 1,2,\cdots,p \\ E[g_k(x,y)] = \sum_{i \in I} m_i g_k(x,y), k = 1,2,\cdots,q \end{cases}$$

根据式(10-4)确定的行动时机为：D_1^4。

10.1.3.5 考虑碰撞责任的避碰时机模型

确定的避碰行动时机为：

$$E[f(x,y)] = \int_y^6 s(x)\,\mathrm{d}x + \int_1^y \Big[\frac{1}{2} + \frac{1}{2}\sin\frac{\pi}{x-1}\Big(y - \frac{1+x}{2}\Big)\Big]s(x)\,\mathrm{d}x \qquad (10\text{-}5)$$

根据式(10-5)所确定的行动时机为 D_1^5。

10.1.3.6 基于最晚施舵点模型

根据让路船采取避碰行动的要求，在两船距离小于其最晚施舵点时，从客观上讲，若采取大幅度的避碰行动，已经不能保证两船在最小安全会遇距离上通过，而且在实际中，若让路船在其最晚施舵点时采取避碰行动，可能已有相当一部分直航船采取了避碰行动。一方面，这不符合《国际海上避碰规则》的要求；另一方面，由于其采取避碰行动时机过晚，可能导致两船间的不协调避碰行动。因此，要求让路船应在其最晚施舵点之间采取避碰行动。

根据第 5 章 5.1 中所建立的最晚施舵点模型，确定的行动时机为：D_1^6。

综合上述 6 个模型，让路船避碰行动时机优化静态模型为：

$$D_1 = \max\{D_1^1, D_1^2, D_1^3, D_1^4, D_1^5, D_1^6\}$$

为什么在所建立的各种避碰时机模型中，取最大的呢？这主要是因为虽然所建立的各种避碰时机模型满足了其所建立的条件，但是每一模型都有其本身的局限性。若从整

体上考虑,求满足所有条件的解,显然应求各种避碰时机模型的最大解才是合适的。

10.1.4 让路船避碰行动时机优化决策动态模型

上述所建立的让路船优化避碰行动时机模型,不能反映两船速度、不同速度比、让路船操纵性能等对避碰行动时机的影响。因此,根据空中交通控制与 B. A. Colley 等人的思想[252],建立避碰行动时机优化动态模型,使所建立的模型不但是动态的,而且是智能决策的。

由于在建立让路船避碰行动时机优化静态模型时,所使用的调查调查数据是在来船舷角 30°、两船速度均为 15 kn 的样本,可认为 5 n mile 是两船在上述会遇态势下的一种静态优化结果。为了反映两船速度、不同速度比、让路船操纵性能等对避碰行动时机的影响,在 $DCPA = 0$ 时,将静态优化时机转化为时间值,即当来船位于右舷角 30°、两船速度均为 15 kn 时,两船的相对运动速度为:v_R 为 25.98 kn、距离为 5 n mile,则

$$T' = 5/25.98 \approx 11.5 \text{ min}$$

(1)确定转向 $\Delta\varphi$ 的时间 t_1。

智能避碰决策系统是根据转向角度控制舵机进行转向操作的。对具体船舶,可根据其装载状态、自动舵类型、船舶操纵性能等确定船舶转向角度 $\Delta\varphi$ 时所用时间 t_1。这一时间反映了两船速度比、本船的操纵性能等的影响,则

$$T = T' + t_1$$

(2)当智能避碰决策系统为让路船时,避碰行动时机优化模型为

$$D = v_R \cdot T$$

利用上述思想对优化避碰行动时机静态模型修正后,当智能避碰决策系统作为让路船的时避碰行动时机优化模型为:当两船速度均低于 15 kn 时,智能避碰决策系统的避碰行动时机不少于 5 kn;在其他情况下,利用 $D = v_R \cdot T$ 对避碰行动时机进行修正,即

$$D_1 = \max[5, v_R \cdot T] (\text{n mile})$$

10.1.5 让路船转向避碰行动幅度优化模型

综上所述,研究了基于直航船满意度的让路船采取避碰行动的时机、考虑直航船可能采取避碰行动时让路船采取避碰行动的时机、考虑碰撞责任的让路船采取避碰行动的时机以及考虑让路船满意度的直航船采取避碰行动的时机等;也研究了在避碰行动中,避碰行动的不确定性问题。这些研究对于确定让路船合适的避碰时机及避碰中防止不协调避碰行动,具有重要和实际意义。但是,仅有了采取避碰行动合适的时机,而采取避碰行动的幅度不易被他船用视觉或者用雷达发现,则仍然使他船对本船所采取的避碰行动不满意或仍然可能会导致不协调避碰行动的发生。因此,在采取避碰行动时,不但行动的时机要适宜,而且行动的幅度也应满足一定的条件。

避碰规则要求让路船采取避让行动幅度应是"大幅度"。从整个避碰规则的规定看，"大幅度"不是孤立的。如果行动是"大幅度"的，应符合下列几个条件[262]：

（1）一次性采取避碰行动，避免一连串的小幅度行动；

（2）在环境许可时，行动的幅度应使他船以视觉或雷达观测时易察觉到；

（3）避让行动应导致两船在安全距离上驶过让清。

关于转向避碰行动是"大幅度的"，参考文献[256]指出：转向避碰行动应使他船很快能看到本船的另一舷灯。原洁[73]也曾指出大幅度的转向行动应使他船很快看到让路船的另一舷灯。在1970年Rattary Head案件中[462]，英国调查庭指出："当两船在类似于本案的情况中，在能见度不良情况下相互驶近时，在做出采取避免紧迫局面的打算之前还没有估计出来船的航向，则转向20°不能被认为是避免紧迫局面的大幅度行动……，按本规则要求所做的任何大幅度转向必须是大大超过20°"。吴兆麟[431]认为，在能见度良好情况下，大幅度避碰行动的标准应是来船态势的变化明显程度。两船在避碰过程中的运动，如图10-1所示。

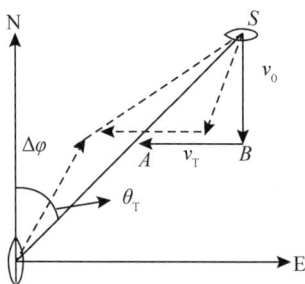

图 10-1　两船运动简图

从上述可以看到，"避碰行动是大幅度的"要求是一个模糊概念，应从模糊理论角度对其进行量化。

10.1.5.1　安全度模糊函数

设：本船 S_0 的速度为 v_0、航向为 φ_0；目标船 S_T 的速度为 v_T、航向为 φ_T。目标船位于本船舷角为 θ_T，两船相对速度为 v_R。为保证两船在安全距离上通过，本船转向角度为 $\Delta\varphi$。若设采取转向避碰行动前最近会遇距离为：

$$DCPA_T = R_T \cdot \sin(\varphi_R - \theta_T - \varphi_0 - \pi)$$

则本船改变航向后的最近会遇距离为：

$$DCPA' = R_T \cdot \sin(\varphi'_R - \theta_T - \varphi_0 - \Delta\varphi - \pi)$$

在避碰系统中存在的安全度与危险度之和为 1[62]，根据空间碰撞危险度模型：

$$u_{dT} = \begin{cases} 1, & |DCPA| < d_1 \\ \left(\dfrac{d_2 - |DCPA|}{d_2 - d_1}\right)^2, & d_1 \leq |DCPA| \leq d_2 \\ 0, & d_2 < |DCPA| \end{cases}$$

式中,$DCPA = R_T \cdot \sin(\varphi_R - \alpha_T - \pi)$。

$$d_1 = \begin{cases} \rho(\theta_T) = \begin{cases} 1.1 - \dfrac{\theta_T}{180°} \times 0.2, 0° \leq \theta_T \leq 112.5° \\[2mm] 1.0 - \dfrac{\theta_T}{180°} \times 0.4, 112.5° \leq \theta_T \leq 180° \\[2mm] 1.0 - \dfrac{360° - \theta_T}{180°} \times 0.4, 180° \leq \theta_T \leq 247.5° \\[2mm] 1.1 - \dfrac{360° - \theta_T}{180°} \times 0.4, 247.5° \leq \theta_T \leq 360° \end{cases} \\[10mm] 1.5\rho(\theta_T) \end{cases}$$

$$d_2 = 2 \cdot d_1$$

则安全度函数可设为:

$$S_{dT} = \begin{cases} 0, & d < d_1 \\[2mm] 1 - \left(\dfrac{d_2 - d}{d_2 - d_1}\right)^2, & d_1 \leq d \leq d_2 \\[2mm] 1, & d_2 < d \end{cases}$$

若最近会遇距离等于船舶领域,则两船安全通过,即 $u_{dT} \neq 1$ 和 $S_{dT} \neq 0$,则 S_{dT} 可改写为:

$$S_{dT} = \begin{cases} 0, & d \leq d_1 \\ 1, & d_1 < d \end{cases}$$

改变上述的条件为本船改变航向 $\Delta\varphi$ 下的约束。根据本章内容,让路船应在 $R_T = \max[5, v_R \cdot T]$ n mile 时采取避碰行动。

设:初始 $DCPA_{T0} = |R_T \cdot \sin(\varphi_R - \theta_T - \varphi_0 - \pi)| < d_1$,则 $S(\Delta\varphi)$ 为:

$$S(\Delta\varphi) = \begin{cases} 0, & \Delta\varphi = 0 \\[2mm] 1, & |\sin(\varphi'_R - \theta_T - \varphi_0 - \Delta\varphi - \pi)| \geq \dfrac{d_1}{\max[5, v_R \cdot T]} \end{cases}$$

为了简化当 $S(\Delta\varphi) = 1$ 时的约束条件,在图6-16中,让路船速度矢量、直航船速度矢量及他们的相对速度矢量组成了一矢量三角形 $\triangle SAB$,其中 $\angle S = \theta_T + \arcsin(DCPA_0 / R_T)$。

则 $\angle B = \arcsin\left(\dfrac{v_0}{v_T}\sin\angle S\right)$

$$\begin{aligned} \angle A &= 180° - \angle S - \angle B \\ &= 180° - \theta_T - \arcsin\frac{DCPA_0}{R_T} - \arcsin\frac{v_0 \cdot \sin\angle S}{v_T} \\ &= 180° - \theta_T - \arcsin\frac{DCPA_0}{R_T} - \arcsin\left[v_0 \cdot \sin\left(\theta_T + \arcsin\frac{DCPA_0}{R_T}\right) / v_T\right] \end{aligned}$$

转向 $\Delta\varphi$ 后,$DCPA \geq d_1$,在转向后新构成的 $S'A'B'$ 中,则有

$$R_{\mathrm{T}} \cdot \sin(\angle S' - \theta_{\mathrm{T}} + \Delta\varphi) \geqslant 1$$

$$\Delta\varphi \geqslant \arcsin \frac{d_1}{\max[5, v_{\mathrm{R}} \cdot T]} - \angle S' + \theta_{\mathrm{T}}$$

因此,安全度模糊函数可改写为

$$S(\Delta\varphi) = \begin{cases} 0, & \Delta\varphi = 0 \\ 1, & \Delta\varphi \geqslant \arcsin \dfrac{d_1}{\max[5, v_{\mathrm{R}} \cdot T]} - \angle S' + \theta_{\mathrm{T}} \end{cases}$$

10.1.5.2 让路船的避碰行动较易被直航船察觉的模糊函数

根据有关研究[73,256,262,434,462],以及专家、学者的观点及对船员避碰行动调查的结果,在交叉相遇局面中,如果让路船在适当距离上采取的转向避碰角度后,正好对着直航船时,在晚上直航船由原来只能看到让路船一侧的舷灯,在让船转向后变为同时看到让路船的两盏舷灯;在白天,由直航船原来只能看到让路船的一舷船侧,变为看到让路船的正面。这时,一般可以认为让路船的行动被直航船用视觉观测时易于察觉到。因此,只以直航船用视觉观测时易于察觉的让路船的转向角度为标准来建立相应的模糊函数。

设:让路船的转向角度为 $\Delta\varphi$,转向前直航船位于让路船的舷角为 θ_{T},$V(\Delta\varphi)$ 为让路船的转向角度较易被直航船察觉的模糊度函数,则

$$V(\Delta\varphi) = \begin{cases} 0, & \Delta\varphi = 0 \\ \dfrac{\Delta\varphi}{\theta_{\mathrm{T}}}, & 0 < \Delta\varphi < \theta_{\mathrm{T}} \\ 1, & \Delta\varphi \geqslant \theta_{\mathrm{T}} \end{cases}$$

10.1.5.3 让路船优化避碰角度

让路船采取的转向避碰行动应同时满足:会遇两船安全通过及采取的转向角度较易被直航船察觉。因此,取

$$\begin{cases} V(\Delta\varphi) = 1, & \Delta\varphi \geqslant \theta_{\mathrm{T}} \\ S(\Delta\varphi) = 1, & \Delta\varphi = \max\left[\theta_{\mathrm{T}}, \arcsin \dfrac{d_1}{\max[5, v_{\mathrm{R}} \cdot T]} - \angle S' + \theta_{\mathrm{T}}\right] \end{cases}$$

求角 $\angle S'$。

$$\because \angle A' = \angle A + \Delta\varphi$$

$$\therefore v'_{\mathrm{R}} = \sqrt{v_0^2 + v_{\mathrm{T}}^2 - 2 \cdot v_0 v_{\mathrm{T}} \cos \angle A'}$$

$$\therefore \frac{v_{\mathrm{T}}}{\sin \angle S'} = \frac{v'_{\mathrm{R}}}{\sin \angle A'}$$

$$\therefore \angle S' = \arcsin\left[\frac{v_{\mathrm{T}} \cdot \sin(\angle A + \Delta\varphi)}{\sqrt{v_0^2 + v_{\mathrm{T}}^2 - 2 \cdot v_0 v_{\mathrm{T}} \cos(\angle A + \Delta\varphi)}}\right]$$

10.1.6 ● 避碰行动优化模型

10.1.6.1 避碰操纵应满足的条件

根据避碰规则对让路船避碰操纵的要求,避碰操纵应满足的条件实际上可归纳为:

(1)使碰撞危险度降低到两船在安全的会遇距离上通过(通过条件);

(2)使直航船对本船采取避碰行动时机的满意度最高(及早条件和避免不协调避碰行动条件);

(3)采取优化的避碰操纵方式(大幅度条件并含有避免不协调避碰行动条件);

(4)避碰操纵引起的不确定性最小(避免不协调避碰行动条件)。

10.1.6.2 避碰操纵条件的主次性分析

在上述四个条件中,最重要的是通过条件,该条件是避碰操纵所达到的最基本和最根本的目的,其他条件则在保证该条件前提下增加让路船行动的可预测性和为了避免船舶间出现的不协调避碰行动,也是要求尽量达到的目标。这就是说,关于避碰要求的条件是有主次的。

基于上述分析,优化避碰操纵问题可转化为一个形式上同两级主纵递阶决策问题(Stachelberg 问题)[410],即

$$
\begin{cases}
\min(u_t) \\
\text{s. t.} \\
\max E[f(x,y)], \max E[k(x,y)], \min[En], \max f(\varphi) \\
\text{s. t.} \\
0 < x \le 6 \\
0 < y \le 6
\end{cases}
$$

10.1.7 ● 让路船优化避碰决策方案流程简图

应指出的是,上述的决策模型仅适用于两船会遇且不存在有他船妨碍让路船行动的对遇和交叉相遇局面。有他船妨碍让路船的行动时,仅需要对避碰行动的幅度进行调整,而不需对避碰行动的时机进行修改。这决定了在确定优化避碰行动时,避碰行动时机经事先计算可直接放入智能避碰决策系统数据库,采取避碰行动的幅度则应随着与来船会遇局面的不同进行调整。这种处理方法在一定程度上缩小了对知识库搜索的范围,从而加快了搜索时间。

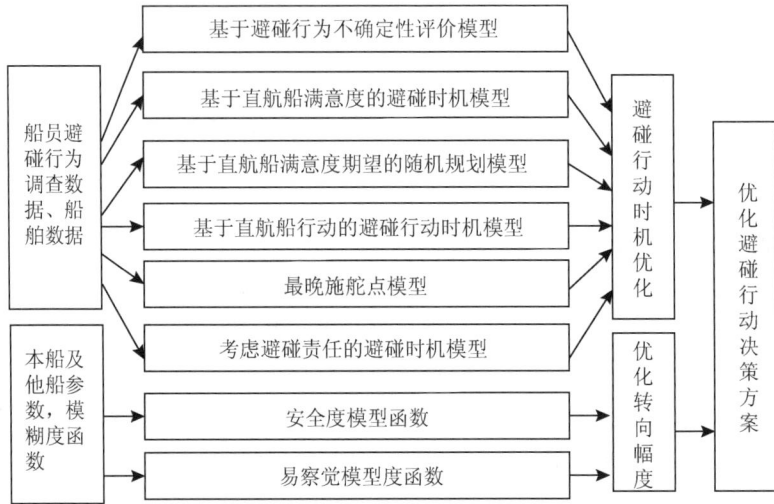

图 10-2 让路船优化避碰方案决策简图

10.2 让路船转向避碰过程的控制

船舶驾驶员从避碰决策开始的整个避碰决策过程中,除保证两船安全通过外,同时也应考虑如何使本船采取避碰行动所引起的航向偏差及偏航时间相对较短的问题。为了使智能避碰决策系统的决策及避碰行动过程与船员的思想相吻合,特别对从采取避碰行动开始到两船安全通过为止该段时间内的船舶控制进行研究,提出优化控制方法。

10.2.1 ● 问题的提出

如以后章节所述,根据船舶避碰行动局面划分,在互见的交叉相遇局面两船避碰操纵行动中,本船只对位于本船右舷相对方位小于或等于 67.5° 以内的来船,采取朝着它转向的避碰行动。因此,存在着研究本船转向引起的航向偏差及偏航时间相对较小的问题,而在其他的两船会遇转向避碰操纵中,这一问题基本不存在。以下的研究通常只适用当来船右舷角为 30° ~ 67.5° 的情况。

上节所得到的让路船转向角度为

$$S(\Delta\varphi) = 1$$

$$\Delta\varphi \geqslant \theta_{\mathrm{T}}$$

$$V(\Delta\varphi) = 1$$

$$\Delta\varphi \geqslant \arcsin \frac{d_1}{\max[5, v_{\mathrm{R}} \cdot T]} - \angle S' + \theta_{\mathrm{T}}$$

$$\Delta\varphi = \max\left[\theta_T, \arcsin\frac{d_1}{\max[5, v_R \cdot T]} - \angle S' + \theta_T\right]$$

对特定的直航船,当采取的转向角度为

$$\Delta\varphi = \max\left[\theta_T, \arcsin\frac{d_1}{\max[5, v_R \cdot T]} - \angle S' + \theta_T\right] = \arcsin\frac{d_1}{\max[5, v_R \cdot T]} - \angle S' + \theta_T$$

也不存在所谓的航向偏差及偏航时间相对较小的问题,在采取行动 *TCPA* 时间后,恢复原航向即可。

对特定的直航船,采取的转向避碰角度为

$$\Delta\varphi = \max\left[\theta_T, \arcsin\frac{d_1}{\max[5, v_R \cdot T]} - \angle S' + \theta_T\right] = \theta_T$$

采取 $\Delta\varphi = \theta_T$ 的目的,是满足转向是"大幅度的、被他船用视觉或用雷达观测时易察觉"的要求,而从安全的角度上讲,采取 $\Delta\varphi = \arcsin\frac{d_1}{\max[5, v_R \cdot T]} - \angle S' + \theta_T$ 就足够了。由于转向角度增大了,在两船安全通过前,让路船采取让路行动引起的航向偏差及偏航时间应引起足够的重视,在这种情况下才研究如何控制船舶避碰过程,以及使行动引起的航向偏差及偏航时间相对较小的问题。

10.2.2 原理与建模

让路船采取

$$\Delta\varphi = \max\left[\theta_T, \arcsin\frac{d_1}{\max[5, v_R \cdot T]} - \angle S' + \theta_T\right] = \theta_T$$

转向角度避碰的方式,就是船员常讲的对着来船船尾的转向避让方式。在转向后让路船一直对着直航船的船尾行驶,直到两船在安全距离上通过或让路船恢复原航向为止。根据这种原理,建立让路船的运动轨迹方程。

建立坐标系的方法如图 10-3 所示:选取直航船前进的方向为 x 轴,y 轴通过让路船开始转向时刻并垂直于直航船航向。

设在初始时刻直航船在 S_0 处,让路船的位置在 M_0 处。由于直航船保向保速,且不考虑让路船转向造成的速度降低。在 t 时刻时,直航船的位置为 S,让路船的位置为 $M(x, y)$,则

$$S = S_0 + v_s \cdot t \tag{10-6}$$

让路船在运动中,其速度矢量方向总是对着直航船的船尾,在 t 时刻他船行驶到点1,由几何关系得

$$\frac{\mathrm{d}y}{\mathrm{d}x} = \tan\alpha = \frac{-y}{S-x} \tag{10-7}$$

在 t 时刻,v_g 可分解为 x 向和 y 向之和,有

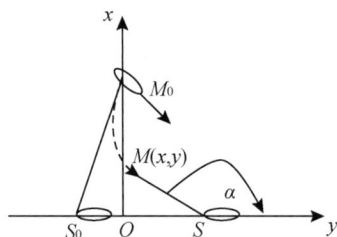

图 10-3　船舶优化转向过程控制图

$$\left(\frac{dx}{dt}\right)^2 + \left(\frac{dy}{dt}\right)^2 = v_g^2 \Rightarrow \left(\frac{dt}{dx}\right)^2 \cdot v_g^2 = 1 + \left(\frac{dy}{dx}\right)^2 \tag{10-8}$$

将(10-6)代入(10-7)得

$$-\frac{y}{y'} = S_0 - x + v_s \cdot t$$

两边对 x 求导得

$$\frac{y''y - y'^2}{y'^2} = -1 + v_s \cdot \frac{dt}{dx} \tag{10-9}$$

将式(10-8)代入式(10-9),有

$$\frac{y''y}{y'^2} = \frac{v_s}{v_g}\sqrt{1 + y'^2}$$

即

$$y'' = \frac{y'^2 \cdot v_s}{y \cdot v_g}\sqrt{1 + y'^2} \tag{10-10}$$

$$y\big|_{x=0} = \sqrt{d^2 - S_0^2}$$

$$y'\big|_{x=0} = -\frac{\sqrt{d^2 - S_0^2}}{S_2} \tag{10-11}$$

方程不含 x ,设 $\frac{dy}{dx} = P$,可求得通解:

若 $v_g \neq v_s$,为

$$x + c_2 = \frac{c_1^{\frac{v_s}{v_g}}y^{1+\frac{v_s}{v_g}}}{2\left(1 + \frac{v_s}{v_g}\right)} - \frac{c_1^{\frac{v_s}{v_g}}y^{1-\frac{v_s}{v_g}}}{2\left(1 - \frac{v_s}{v_g}\right)} \tag{10-12}$$

若 $v_g = v_s$,为

$$x + c_2 = \frac{c_1 y^2}{4} - \frac{\ln y}{2c}$$

S_0 的确定:

$$\varphi = 180 - (360 - c_g + c_s) - \arcsin\left[\frac{v_s \cdot \sin(360 - c_g + c_s)}{v_r}\right]$$

则

$$S_0 = d \times \cos\left[180 - (360 - c_g - c_s) - \arcsin\frac{v_s \cdot \sin(360 - c_g + c_s)}{v_r}\right]$$

根据初始条件式(10-6)得到让路船的曲线方程系数:

设 $k = \dfrac{v_s}{v_g}$，$m = \sqrt{d^2 - S_0^2}$，则

$$c_1 = \left[-\frac{2(1+k)(1-k)}{(1-k^2)\dfrac{m}{s_0}(m^k - m^{-k}) + m^{(1-k)}(1-k) + m^{(1-k)}(1+k)}\right]\frac{1}{k}$$

$$c_2 = \frac{c_1^k m^{(1+k)}}{2(1+k)} - \frac{c_1^k m^{(1-k)}}{2(1-k)}$$

将 c_1、c_2 的值代入式(10-11)，得到了让路船在该种情况下的航迹方程。

根据让路船运动轨迹，可求得在保证一定 *DCPA* 情况下，其最大位置偏移量。同时对运动轨迹进行弧积分，可求得在两船通过时所行驶的距离和所需时间。从而从偏移距离及所需时间两方面反映该种控制方式的损失。

例:当本船为让路船，速度 12 kn、航向 000°，他船速度 14 kn、航向 270°，他船位于本船45°、距离 5.66 n mile 时，本船追尾操纵航迹图如 10-4 所示。

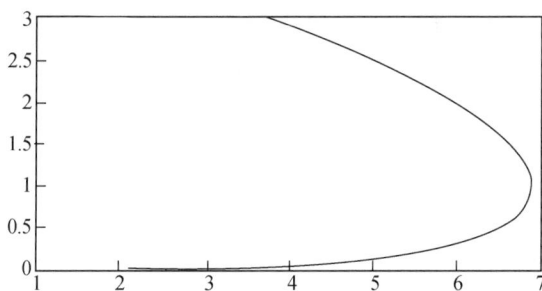

$v_s = 14, c_s = 270°, v_g = 12, c_g = 000°, R_T = 5.66, \theta_T = 45°$ 时

图 10-4　本船追尾操纵航迹图

10.2.3 ● 转向避碰控制过程的终止

采取避碰行动的目的是保证会遇两船在安全距离上通过。因此，采取该种避碰控制过程的终止，也以会遇两船安全通过为条件，即 $u_T \neq 1$ 。

根据本书所建立的本船运动轨迹方程，分两种情况处理。

(1)当 $k = \dfrac{v_s}{v_g} \geqslant 1$ 时

让路船速度小于直航船速度，让路船永远追不上直航船。因此，在转向过程中若让路船恢复到本船原航向，则沿着本船原航向行驶;

（2）当 $k = \dfrac{v_s}{v_g} < 1$ 时

令 $y = 0$ ，则

$$x = \frac{c_1^k m^{(1+k)}}{2(1+k)} - \frac{c_1^k m^{(1-k)}}{2(1-k)} = a$$

也即让路船在 $\left[\dfrac{c_1^k m^{(1+k)}}{2(1+k)} - \dfrac{c_1^k m^{(1-k)}}{2(1-k)}, 0 \right]$ 处追上直航船。为了保证两船间以一定的 $DCPA = d_1$ n mile 通过，让路船必须在直航船到达 $(a, 0)$ 前停止追踪。设停止追踪时的船位为 (x, y) 。

已知让路船运动轨迹方程为

$$k = \frac{v_T}{v_0}$$

$$x + c_2 = \frac{c_1^k y^{(1+k)}}{2(1+k)} - \frac{c_1^k y^{(1-k)}}{2(1-k)} \tag{10-13}$$

其中： c_1 、 c_2 为常数。

将式（10-13）对 x 求导得

$$\frac{c_1^k}{2}(y^k - y^{-k})y' = 1 \Rightarrow y' = \frac{2}{c_1^k(y^k - y^{-k})} \tag{10-14}$$

则过 (x, y) 和 $(a, 0)$ 点的直线方程为

$$y = \frac{2}{c_1^k(y^k - y^{-k})}(x - a) \tag{10-15}$$

(x, y) 到 $(a, 0)$ 的距离 R 为

$$R^2 = (x - a)^2 + y^2 \tag{10-16}$$

根据 $DCPA$ 与两船航向、距离等的关系，有

$$d_1^2 = R^2 \times \sin^2(\varphi_r - \alpha_T - \pi) \tag{10-17}$$

让路船停止追踪后，所走直线与直航船航线的交角为 θ ，则

$$\tan\theta = \frac{2}{c_1^k(y^k - y^{-k})}$$

因此，让路船在 (x, y) 后所走的航向为 $\varphi_T + \arctan\theta = \alpha_T$ 。直航船相对航向为

$$\varphi_r = \arctan \frac{v_T \sin\varphi_T - v_0 \sin\left[\varphi_T + \arctan \dfrac{2}{c_1^k(y^k - y^{-k})} \right]}{v_T \cos\varphi_T - v_0 \cos\left[\varphi_T + \arctan \dfrac{2}{c_1^k(y^k - y^{-k})} \right]} \tag{10-18}$$

将式（10-16）代入式（10-15）得

$$R^2 = \frac{c_1^{2k}(y^k - y^{-k})^2}{4} y^2 + y^2 \tag{10-19}$$

将式（10-19）和式（10-18）代入式（10-17），并令：

$$u = \frac{2}{c_1^k(y^k - y^{-k})}$$

得

$$\left(\frac{1}{u^2}y^2 + y^2\right)\sin^2\left[\arctan\frac{k\sin\varphi_T - \sin(\varphi_T + \arctan\mu)}{k\cos\varphi_T - \cos(\varphi_T + \arctan\mu)} - \pi - \arctan\mu - \varphi_T\right] = d_1^2$$

显然,上式只是 y 的方程,可求得 y。将 y 代入式(10-13)求得 x,将 (x,y) 的值代入式(10-15)可求得 a 值。从而确定让路船保证最近会遇距离为 d_1 n mile 停止追踪直航船时两船间的距离。

为了避免求解方程的困难,现根据数值计算方法,给出直航船位于让路船不同舷角、两船不同速度比时,让路船停止追踪直航船的两船距离数值表。

当让路船航向为120°、直航船航向为090°时,若让路船在两船距离 5 n mile 时,采取追尾避碰方法,为保证与直航船在 $DCPA \geq d_1$ n mile 时通过,根据两船速度比 $\frac{v_T}{v_0}$,让路船停止追踪时两船距离如表10-1所示。

表 10-1   追尾转向避碰停止追踪的两船距离($DCPA \geqslant 0.6$ n mile)

$\frac{v_T}{v_0}$	0.5	0.6	0.7	0.8	0.9
R(n mile)	4.28	3.62	3.29	3.26	3.75

表10-1的前提是设定了两船各自的航向,实际上当 $DCPA = 0$ 时,两船的距离及速度比确定后,让路船采取追尾避碰方式的终止距离,只与两船航向交角的绝对值有关。因此,表10-1适用于两船航向交角为30°的交叉相遇局面中的任何让路船。

应注意的是,在两船距离接近到表10-1所列距离前,若在追尾中已恢复到本船原来航向,应提前终止追尾操纵。

10.2.4 ● 交叉会遇局面中让路船避碰行动的智能设计

如前所述,通过数据计算确定了目标船 S_T 与本船的相对舷角 θ_T、目标船 S_T 与本船航向交角 C_T,并且可以确定本船与目标 S_T 的碰撞危险度 u_T。

本书中交叉会遇局面有三种情况:

第一种情况:目标船 S_T 与本船相对舷角 $\theta_T \in (005°,030°)$ 的来船。

第二种情况:目标船 S_T 与本船相对舷角 $\theta_T \in [030°,67.5°]$ 的来船。

第三种情况:目标船 S_T 与本船相对舷角 $\theta_T \in (67.5°,112.5°)$ 的来船。

10.2.4.1   对于从本船舷角（005°～030°）（67.5°～112.5°）的来船

通过以前章节可知,若本船作为让路船,已确定了普遍使用的本船采取避碰的智能、动态的行动时机。为了增加采取避碰行动幅度方面的智能性,智能避碰决策系统根据所确定的避碰转向幅度进行优化。当根据确定的转向幅度 ΔC 进行转向前,以本船航向 $+\Delta C$ 及本船的速度检验与周围其他船舶是否构成碰撞危险。

其步骤是:

第一步:确定本船转向 ΔC 后,与 6 n mile 以内原非存在碰撞危险的船是否存在碰撞危险。

若确定转向 ΔC 后与他船不存在碰撞危险,在确定的避碰行动时机,则转向 ΔC 。

若确定转向幅度 ΔC 后与他船存在碰撞危险,则进行第二步。

第二步:在 ΔC 的基础上增加一步,取每步长为 5° 并进行检验。

若 $\Delta C = \Delta C + 5°$ 是安全的,则执行 $\Delta C + 5°$;

若 ΔC 不合适,转向角度 $\Delta C = \Delta C + 2 \times 5°$,再进行检验;

······

直到 $\Delta C = \Delta C + i \times 5° \leqslant 90°$;

若 $\Delta C = 90°$ 经检验仍不合适,则左转 360° 并从来船的尾部驶过让清。

具体流程如图 10-5 所示。

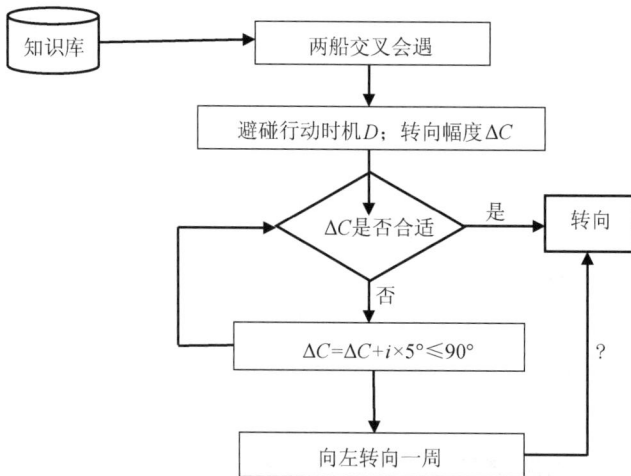

图 10-5　交叉会遇让路船转向优化框图

10.2.4.2　来船的舷角位于 $\theta_T \in [030° \sim 67.5°]$ 内时

根据上述所确定的避碰行动时机,一次性转向,并对准来船的尾部,随后一直使自己的船头对准来船尾部。

若已回到了本船原来的航向,则沿着航向继续行驶;若来船已驶过让清,则恢复本船原来航向。

10.3 直航船优化避碰决策模型

专家认为[434]:根据避碰几何原理,一旦两船接近到让路船采取大幅度转向行动而不能导致两船在安全距离上通过时,直航船就可以独自采取行动。为此,以下根据让路船满意度期望的随机规划模型、最晚施舵点模型、考虑让路船可能采取避碰时避免不协调避碰行动模型及考虑碰撞责任的避碰行动时机模型,并将其综合,建立直航船优化避碰行动时机模型。

关于转向避碰幅度,应采取大幅度行动并保证两船安全通过。

关于转向方向,在考虑让路船避碰操纵局面划分的基础上加以确定。

10.3.1 直航船优化避碰行动时机决策模型

根据第 6 章 6.4、6.5、6.6 及第 5 章 5.1 的结果,直航船优化避碰行动时机决策模型如下:设直航船在 R_s 时采取避碰行动,则

$$R'_s = \max (1,2)$$
$$R_s = R'_s \oplus last\text{-}helm$$

在此,$\oplus$ 的含义是:

$$if \quad R'_s < last\text{-}helm, R_s = last\text{-}helm$$

上述式的含义是:在确定直航船避碰时机时,若让路船的期望或根据避碰责任模型确定的直航船的时机大于直航船的最晚施舵点,显然以最晚施舵点作为直航船的时机更合适;若让路船的期望或根据避碰责任模型确定的直航船的时机小于直航船的最晚施舵点,当让路船不采取避碰行动时,即使直航船采取大幅度的转向行动也不能导致两船在最小安全会遇距离上通过。因此,直航船优化避碰行动时机决策应以本船的最晚施舵点为准。

10.3.2 直航船转向方向

直航船采取以避碰操纵局面划分要求让路船转向相反的方向进行,并且按这一方向转向是可行的。根据有关研究成果[245],优化避碰操纵至少可分为两种方法:

第一种:每船的运动方程包括由舵的控制产生的非定常影响,对该种影响可在不同的初始条件下进行试验和误差分析。每次试验使用特定的控制方式,通过两船运动方向以时间向前积分,直到两船的错过距离(miss-distance)最小为止。对每种初始条件,获得最大错过距离的那种操纵,即为最优避碰操纵。

第二种:船舶的动力方程被简化,只包括操纵中的主要影响方面。对这种简化的模

型,分析的方法是在两船距离最小时,找到控制两船的方法。当相对运动方程以时间向后积分时,利用这种控制,沿终点相对运动的轨迹可确定。

第一种方法至少存在两方面的问题。一是当初始条件多时,计算量很大,以致对特定船舶的目的不能实现;二是可能忽略了产生更大会遇距离的操纵方法。因此,采取第二种方法并利用优化控制理论加以解决。

典型船舶对舵变化的详细数学运动描述非常复杂。因此,假设船舶在转向过程中船速不变,即转向产生的侧向加速度忽略,那么舵的作用仅是使航向变化;并假设左满舵与右满舵的旋转率相同,且所用时间也一样。基于上述假设,文献[465]的研究成果,恰好证明了直航船采取避碰行动方向的正确性与合理性。

10.4 基于对策论的本船避碰行动选择

除在避碰行动局面划分、避碰行动时机优化模型、转向幅度优化模型中融入了避免或减少两船不协调行动的机制以外,还充分利用了 ARPA、AIS 的优点。其基本原理如下:

本船

$$
\begin{array}{cccc}
 & Own_1 & Own_2 & Own_3 \\
Target_1 & (1,1) & (-1,-1) & (1,1) \\
Target_2 & (-1,-1) & (1,1) & (1,1) \\
Target_3 & (1,1) & (1,1) & (0,0) \\
Target_4 & (1,1) & (1,1) & (1,1) \\
Target_5 & (1,1) & (-1,-1) & (1,1) \\
Target_6 & (1,1) & (1,1) & (1,1)
\end{array}
$$

在上述对策矩阵中,若会遇两船发生了不协调避碰行动,两船都有得失。若两船对策结果是避碰行动不协调或情况不明,定义双方得失为 -1;若结果是两船均无采取避碰情况,双方得失为 0;若两船行动协调,得失为 $+1$。

矩阵中: Own_1 表示本船采取左转行动;

Own_2 表示本船采取右转向行动;

Own_3 表示本船不采取任何行动;

$Target_1 \sim Target_6$ 分别表示他船采取左转向、右转向、保向保速、减速、左转且减速、右转且减速行动。

在对遇局面中,由于本船为 ICAS 系统,采取避碰行动与否,是根据两船间的碰撞危险度大小。

(1)若不存在碰撞危险,本船策略为 Own_3,则在对策矩阵中,只有一种结果对策值最低,即他船采取保向保速策略($Target_3$)。但由于不存在碰撞危险,所以两船通常会安全通过。

（2）若存在碰撞危险,根据避碰行动局面划分,本船的策略为Own_2。因此,在对策矩阵中,则只有(Own_2-$Target_1$)(Own_2-$Target_5$)两种对策可能有问题。在宽阔水域避碰中,他船几乎不会在两船远距离上采取$Target_5$（左转且减速）策略。因此,只有(Own_2-$Target_1$)结果不好。

（3）(Own_2-$Target_1$)这种不好结果,只发生在本船所确定的避碰行动时机前后。一方面由于本船在两船距离等于或大于5 n mile时采取避碰行动,通常他船还未采取避碰行动;另外,由于本船的行动满足大幅度转向的条件,在本船转向后,他船显然不需再采取行动。这样使(Own_2-$Target_1$)这种对策出现的机会减少。

（4）由于所建立的智能避碰决策系统是实时的,能够实时监测他船的动态,通过对本船转向前、转向过程中及转向结束后的监测,能够及时发现他船的行动。一旦发现他船采取了不协调行动,为避免回航的损失,采取继续转向至90°的行动。

10.5 能见度良好时多船会遇的避碰操纵

10.5.1 能见度良好时多船会遇的定义

在船舶避碰中,关于"多船会遇局面"的问题,在避碰系统的研究中都有涉及[54,99,253,468,469,472]。但对多船会遇局面应如何定义、判断及避碰等问题涉及得较少。为此,本节将在该方面做一些尝试,虽不追求定义的完整性,但尽可能包括属于多船会遇局面的情况。

在本节中,多船会遇局面可以这样定义,即"本船对某一艘直航船采取避碰行动,同时对另一艘船或几艘船承担保向保速义务;或本船对某船或几艘船保向保速义务未解除,同时又对另一艘船或几艘船承担采取避碰行动义务;或本船对某直航船采取避碰行动还未驶过让清时,又要对他船承担让路义务;或他船的存在使本船不能根据两船会遇局面划分的规定采取避碰行动;或本船对位于不同操纵区域的来船均为让路船;或本船对位于不同操纵区域的来船均为直航船的会遇局面"。

该定义说明：

（1）多船会遇局面以两船会遇局面及两船会遇规定的避碰行动为基础进行判断。

（2）根据定义,多船会遇局面包括以下几种情况：

①本船对一艘直航船采取避碰行动的同时,又对另一船承担保向保速的义务;

②本船对一艘以上直航船采取避碰行动,同时又对另外几艘船承担保向保速义务;

③本船对一直航船采取避碰行动后还未驶过让清时,又对另一船或几艘船为让

路船；

④本船对几艘直航船采取避碰行动后还未驶过让清时，对另一船或几艘船为让路船；

⑤本船对一艘及以上船舶为直航船的义务未解除，同时又对另外一艘船及以上的船舶采取避碰行动；

⑥本船对几艘船舶均为直航船；

⑦本船对几艘船舶均为让路船；

⑧由于他船存在，本船不能根据行动局面划分采取避碰行动。

10.5.2 ● 避碰过程中是否允许转向避让第三船的判断

避碰过程中是否允许转向避让第三船的问题，在我们所收集到的参考文献中，涉及的相对较少，为了能够判断多船会遇局面，在此对该问题进行简单的探讨。

根据《国际海上避碰规则》规定，当让路船采取避碰行动时，直航船应保向保速。从法理上讲，让路船避碰义务与直航船保向保速义务同时存在和同时消灭。但从避碰实践及司法实践意义上讲，若让路船初始采取的避碰行动是"及早的、大幅度的，并能够保证两船在安全距离上宽余地让清直航船"，则在整个避碰行动过程中，让路船具有较大行动的权利，还可根据其自身的需要，采取其他行动，只要这种行动不与直航船造成碰撞危险即可；而直航船在与让路船没有驶过让清之前除保向保速外，通常不应采取其他行动。若在与让路船驶过让清之前采取了行动，它必须承担保证两船安全通过的义务。但由于原让路船行动的不确定性，以及一旦造成碰撞事故后的严重性，在避碰过程中，直航船通常不应采取其他行动，除非两船驶过让清。

10.5.2.1 让路船驶过让清的判断

本节将"驶过让清"定义为：当让路船采取转向避碰行动且通过两船最近会遇点后，为一定目的（恢复航向、转向避让他船等）采取转向 $\Delta\varphi$ 的行动，仍能保证两船以最小安全距离（d_1）通过时，则认为让路船与直航船已最后驶过让清的一种态势。在该定义下，对于两船会遇驶过让清的判断，建立以指向北方为 x 轴正向、指向东方为 y 轴正向，并以本船为原点的坐标系。

设：本船采取行动前，来船速度为 v_T、航向 φ_T；本船为让路船且速度为 v_0、航向 φ_0；本船的坐标为 (x_0, y_0)，来船坐标为 (x_T, y_T)。则初始 $DCPA$ 与 $TCPA$ 为：

$$\begin{cases} v_{x0} = v_0 \cdot \sin\varphi_0 \\ v_{y0} = v_0 \cdot \cos\varphi_0 \end{cases} \qquad \begin{cases} v_{xT} = v_T \cdot \sin\varphi_T \\ v_{yT} = v_T \cdot \sin\varphi_T \end{cases} \tag{10-20}$$

本船转向后，与目标船的相对运动速度矢量在 x 轴、y 轴上的分量可表示为：

$$\begin{cases} v_{xR} = v_{xT} - v_{x0} \\ v_{yR} = v_{yT} - v_{y0} \end{cases} \tag{10-21}$$

则相对速度大小为：$v_R = \sqrt{v_{xR}^2 + v_{yR}^2}$。

相对速度的航向为：

$$\varphi_R = a\tan\frac{v_{xR}}{v_{yR}} + \alpha \tag{10-22}$$

式中，

$$\alpha = \begin{cases} 0°, v_{xR} \geq 0, v_{yR} \geq 0 \\ 180°, v_{xR} < 0, v_{yR} < 0 \\ 180°, v_{xR} \geq 0, v_{yR} < 0 \\ 360°, v_{xR} < 0, v_{yR} < 0 \end{cases}$$

本船与他船的相对距离为：

$$R_T = \sqrt{(x_T - x_0)^2 + (y_T - y_0)^2} \tag{10-23}$$

他船相对于本船的真方位为：

$$\alpha_T = a\tan\frac{x_T - x_0}{y_T - y_0} + \alpha \tag{10-24}$$

式中，α 确定原则同上。

目标船舷角：

$$\theta'_T = \alpha_T - \theta_0 \pm 360° \tag{10-25}$$

本船相对他船的真方位：

$$\alpha_0 = a\tan\frac{x_0 - x_T}{y_0 - y_T} + \alpha$$

式中，α 确定原则同上。

他船与本船的航向交角：

$$C_T = \varphi_T - \varphi_0$$

本船与他船的最近会遇距离：

$$DCPA_T = R_T \cdot \sin(\varphi_R - \alpha_T - \pi) \tag{10-26}$$

根据本船与他船相对位置关系，$DCPA_T$ 的符号如图 4-1 所示。

本船与他船的最近会遇时间：

$$TCPA_T = R_T \cdot \cos(\varphi_R - \alpha_T - \pi) / v_R \tag{10-27}$$

设本船转向 $\Delta\varphi$ 后，与来船以 $DCPA = d_1$ 安全通过，则将 φ_0 以 $(\varphi_0 + \Delta\varphi_0)$ 代入式（10-20）可得到本船转向后，来船位于本船的舷角及与 d_1 的关系。

若他船在到达最近会遇点时间 t_s 后，他船的位置坐标为 (x'_T, y'_T)、本船位置坐标为 (x'_0, y'_0)，且两船驶过让清，则根据驶过让清定义有：

$$\begin{cases} x'_T = x_T + (TCPA + t_s) \cdot v_T \cdot \sin\varphi_T \\ y'_T = y_T + (TCPA + t_s) \cdot v_T \cdot \cos\varphi_T \end{cases}$$

$$\begin{cases} x'_0 = x_0 + (TCPA + t_s) \cdot v_0 \cdot \sin(\varphi_T \pm \Delta\varphi \pm \Delta\varphi) \\ y'_0 = y_0 + (TCPA + t_s) \cdot v_0 \cdot \cos(\varphi_T \pm \Delta\varphi \pm \Delta\varphi) \end{cases}$$

当本船驶过最近会遇点 t_s 又转向 $\Delta\varphi$ 后,则将 φ_0 以 $(\varphi_T \pm \Delta\varphi \pm \Delta\varphi)$ 代入式(10-20),根据与式(10-21)～式(10-27)相同计算原理,确定让路船再转向 $\Delta\varphi$ 后,能否保证与直航船以 d_1 安全通过。当 $DCPA \geqslant d_1$ 时,求得 $(TCPA + t_s)$ 值,从而能够预测本船在第一次采取转向避让行动时,经过多长时间才能与他船驶过让清。

10.5.2.2　直航船驶过让清判断

设:当让路船驶过两船最近会遇点时间 t_s 后,直航船可根据特定目的转向 $\Delta\varphi$,且能保证两船以 d_1 安全通过。根据与上述相同原理,可求得 $(TCPA + t_s)$ 。

10.5.2.3　让路船在避碰过程中是否可采取其他转向行动的判断

根据上述相同原理,判断让路船基于一定目的转向特定角度后,能否保证与直航船间安全通过的距离 d_1 ,若能够安全通过,则可采取转向行动。

10.5.3　多船会遇局面的判断条件

由于多船会遇是以两船会遇为基础的,根据定义所包括的几种情况分别列出判断条件。

记 θ_T 为来船的相对舷角; R_T 为与来船的距离; u_T 为与来船的碰撞危险度; v_0 为本船速度; v_T 为来船速度; D 为本船避碰行动时机。

10.5.3.1　他船相互之间的会遇局面及判断

将式(10-20)～式(10-27)中的 (x_0, y_0) 换为 (x_{T1}, y_{T1}) ,根据相同计算原理结合会遇局面的划分,可确定目标1与目标2的会遇局面、两船各自的权利与义务及两船中让路船可能的转向避碰方式,从而达到预测他船可能避碰行动的目的。

10.5.3.2　多船会遇各种情况的判断

对于多船会遇,根据"让路船驶过让清""直航船驶过让清""让路船在避碰过程中是否可采取其他转向行动的判断"及 ARPA 收集的来船信息,利用式(10-20)～式(10-27),计算每一来船的舷角、距离及碰撞危险度。来船的碰撞危险度及避碰行动时机,根据前述方法进行计算和判断。

10.5.4 ● "避让重点船"操纵方法的背景

10.5.4.1 能见度良好相同方法划分避碰行动局面内容繁多的结果

根据能见度良好相同方法划分避碰行动局面内容繁多,使知识库中的规则数也相应增加,在一定程度上降低了搜索的效率与知识库管理的难度。

10.5.4.2 按避碰行动图划分的某些局面无法进行避碰操纵

根据这个划分方法,在建立标准避碰行动方式时,产生了困难。参考文献[104]介绍了英国利物浦工业大学工程技术管理学院在建立船舶避碰知识库时,将特别复杂的多船会遇局面不是由避碰知识库提出避碰建议,而是留待驾驶员自己处理。参考文献[258]根据每个目标与本船的会遇态势分为左让或右让目标,多船会遇局势共计11种。但在实际中,这种划分都有问题。关键问题是与本船形成的某些多船会遇局面几乎没有避碰行动的方法,如按上述划分方法中的所有6船会遇局面、几乎所有的5船会遇局面等。针对部分局面向部分船长进行调查时,也发现了同样的问题。

10.5.4.3 对绝大多数多船会遇局面专家无统一的避碰方法

在对驾驶员、船长及专家进行调查咨询中发现:对有些局面,所有被调查的船长都不知道应该如何进行操纵避碰。对于有些多船会遇局面,虽然被调查者提出了避碰行动方式,但是方案并不唯一,而且不同的被调查者,对多种避碰方案的最佳排序也有争议。这就使本船的避碰行动产生了较大的不确定性,也增加了他船预测本船行动的困难性。不仅本船的行动困难,而且他船的行动也由于本船几乎不可预测的行动而变得不可预测。这对避碰显然是十分不利的。

10.5.4.4 解决方法的设想

对多船会遇,采用避碰行动图的划分方法产生了问题,能否找到一种方法既能吸收专家在多船会遇避碰中的操船经验,又能避免他们对特定多船会遇局面避碰行动中存在的争议呢?

对于上述问题经过长期考虑,借用我国的"人无远虑,必有近忧"这句俗语,可能会有益于上述问题的解决。同时,根据《国际海上避碰规则》,充分考虑对存在碰撞危险船舶的要求,即第五条(瞭望):每一船舶应经常用视觉、听觉以及适合当时环境和情况下一切有效的手段保持正规瞭望,以便对局面和碰撞危险做出充分的估计;第七条(碰撞危险):如装有雷达设备并可使用的话,则应正确予以使用,包括远距离扫描,以便获得碰撞危险的早期警报,并对探测到的物标进行雷达标绘或与其相当的系统观察;第八条(避免碰撞的行动):为避免碰撞所采取的任何行动,如当时环境许可,应是积极的,并应及早进行和注意运用良好的船艺。规则在对直航船行动的要求中,直航船独自采取避碰行动,只有两种情况,即在特定会遇局面形成之前或由于某种原因直航船与让路船形成紧迫局面等的要求。对于多船会遇提出如下解决方法,能够在充分利用雷达信息的基础上,保证避碰方式的灵活性及最佳避碰方案的唯一性。该方法可称为"避让重点船"操纵方法。

10.5.4.5　建立标准避碰操纵模式时考虑的原则

(1) 充分体现海上避碰实际的原则

采取该种原则的原因在于:

①并非所有会遇的船舶都装有智能避碰决策系统,因此,必须考虑与本船会遇的船舶可能不装有该系统的情况;

②由于在多船会遇情况下,船员的思维模式受两船会遇采取避碰行动的影响较大[463],若本船所采取的避碰操纵与规则规定的两船会遇时要求的操纵存在差异非常大,则会容易给他船造成混乱。

(2) 尽量与船员的一般做法相符或接近的原则

《国际海上避碰规则》是以两船会遇为基础,而对多船会遇规则不适用,但由于在多船会遇中受两船避碰操纵的影响,需考虑两船会遇对多船会遇的影响,而这种影响取决于船舶驾驶员海上实际避碰。

10.5.5　"避让重点船"操纵方法

10.5.5.1　避让重点的操纵方法的原理

人工智能理论为了解决一些实际问题,提出了许多算法及搜索策略,如"瞎子爬山法""深度优先法""广度优先法"等。当存在局部解和最优解情况下,许多算法或搜索策略,只能找到局部最优解,并不一定能保证全局优解。在多船避碰行动中也存在同样问题。若只在特定的多船会遇局面形成后,再考虑避碰策略,所得到的策略不一定是最优解,最多只能算是局部最优解。因此,实现所谓的"广度优先搜索策略"与"深度优先策略"的有机结合是十分重要的。

如前所述,虽然对本船而言,其他船舶与本船形成的是多船会遇局面,但是其中特定的任一船与本船形成的还是避碰规则规定的某种会遇局面,本船相对于会遇的若干艘船舶可能是让路船,而相对于其他会遇船舶可能又是直航船。若待多船会遇局面形成后,本船实难确定最佳的避碰行动。既然任一艘他船与本船所构成的都是避碰规则规定的某一会遇局面,那么能否找到使本船采取的转向避碰行动,既避免了与他船碰撞,又不违背国际避碰规则规定的方法呢?

《国际海上避碰规则》对于船舶在互见中的会遇,从避碰技术上规则了三种局面,即交叉相遇局面、对遇局面和追越局面。

根据《国际海上避碰规则》规定,交叉相遇局面的构成条件,除两船互见外,还有以下几个:

(1)是两艘机动船相遇;

(2)当事两船相遇致有构成碰撞危险;

(3)当事两船航向交叉相遇,但不包括对遇局面中已经包括的那部分两船航向交叉的情况;

(4)以他船的航向稳定为前提。

从避碰技术上讲,只要同时满足该四个条件,规则规定的交叉相遇条款才适用,只要有一个条件不满足,交叉相遇条款就不适用。虽然规则在交叉相遇条款中,并未规定该条款的适用距离,但是从当事两船对航向交叉的判断上,在夜间只能依据船显示的号灯判断。根据规则第二十二条(号灯的能见距离)所适用的最大距离是两船间为 6 n mile,根据船舶舷灯判断其最大适用距离为 3 n mile。因此可以认为,在满足构成交叉相遇的其他条件下,当两船的距离大于 6 n mile 时,交叉相遇条款不适用,即本船在两船距离大于 6 n mile 时,采取任何行动都不违反交叉相遇条款。

根据规则对对遇条款的规定,其适用条件是:

①两艘机动船航向相反或接近相反;

②致有构成碰撞危险;

③在适用距离上。

根据该条第二款规定,在夜间是以船舶的号灯进行判断的,即其最大适用距离根据船长的不同而不同,但取最大适用距离 6 n mile 为两船间的距离。同样对遇条款的适用也必须同时满足该三个条件,若其中的任一条件不满足,规则规定的对遇条款就不适用。因此,当两船间的距离大于 6 n mile 时,一船进行的任何操纵都不受该条款的约束。

根据规则对追越条款的规定,其适用条件为:

①位于他船正横后大于 22.5° 的某一方向;

②正在赶上他船;

③在夜间只能看到他船艉灯而不能看见其舷灯。

同样,只要同时满足上述三个条件,规则规定的追越条款才适用,若有一个条件不满足,则不构成追越关系。在这三个条件中,第三个条件表明了追越船与被追越船的距离关系。在满足第一、第二个条件的前提下,追越船与被追越船的最大距离为 3 n mile,若两船间的距离大于 3 n mile,虽然满足其他条件,两船间并未构成追越与被追越关系。

根据对交叉相遇局面、对遇局面和追越局面适用条件的分析,"避让重点船"操纵方法是在多船会遇中,利用雷达长距离扫描所获得的他船信息,在预测本船与多船可能的碰撞危险前提下,在碰撞危险形成前,本船采取适当行动,避免复杂多船会遇局面的形成。具体而言,即本船在与他船相距 6 n mile 时采取措施,避开了可能形成的碰撞危险及局面形成后,本船无法采取避碰措施或避碰困难的问题,同时又不违反与各船会遇局面形成后所适用的特定避碰规则的规定。

10.5.5.2 避碰重点船方法的操纵步骤

避碰重点船操纵方法的具体步骤是:

(1)在建立船舶碰撞危险度模型时

基于《国际海上避碰规则》的对遇局面、交叉相遇局面、追越局面的判断规则,本书所建立的空间碰撞危险度及时间碰撞危险度适用于12 n mile 内的任何船舶。

设进入本船 ARPA 扫描范围 12 n mile 以内的船舶有 n 艘,基于《国际海上避碰规则》,于 6 n mile 内适用于互见中的对遇局面、交叉相遇局面,以及 3 n mile 以内适用的追越局面的规则,判断与本船的碰撞危险度不为零的船舶,u_{Ti} 为本船与第 i 艘船的碰撞危险度。在与本船距离接近到 $12 \sim 6$ n mile 前,计算:

① $u_{dT1}, u_{dT2}, \cdots, u_{dTn}$;$u_{tT1}, u_{tT2}, \cdots, u_{tTn}$;$u_{T1}, u_{T2}, \cdots, u_{Tn}$ 。

② $TCPA_1, TCPA_2, \cdots, TCPA_n$;$DCPA_1, DCPA_2, \cdots, DCPA_n$ 。

③ $v_{r1}, v_{r2}, \cdots, v_{rn}$(他船与本船相对速度大小)。

④ $\varphi_{r1}, \varphi_{r2}, \cdots, \varphi_{rn}$(他船与本船相对速度航向)。

⑤ $\theta_{T1}, \theta_{T2}, \cdots, \theta_{Tn}$(他船位于本船的右舷角)。

(2)判定与 n 艘船舶分别将要形成的会遇局面及本船的避碰义务

①若对所有船舶本船为直航船,则:

$$u_{Ti} = \max\{u_{T1}, u_{T2}, \cdots, u_{Tn}\}$$

若 u_{Ti} 唯一,那么第 i 艘船为避碰重点船,转至第四步。

②若对所有船舶本船为直航船,①中的 u_{Ti} 不唯一,$u_{Ti} = \{u_{T1}, \cdots, u_{Tj}\}$,则比较剩余各船的时间碰撞危险度的大小,有:

$$u_{tTi} = \max\{u_{tT1}, \cdots, u_{tTj}\}$$

那么第 i 艘船为避碰重点船,转至第四步。

若判断本船对 m 艘船为直航船,对 $n - m$ 艘船为让路船,则进行第三步。

(3)判断多船会遇的条件是否满足

若 $n - m = 1$,则为两船会遇,根据两船会遇局面及避碰规则进行避碰行动。

若 $n - m > 1$,则即将形成多船会遇局面,进行第四步。

(4)具体操纵方法

①确定避碰行动重点船及避碰方式

避碰行动的重点船是相对本船为直航船的 $n - m$ 艘船舶中,与本船碰撞危险度最大的一船,即若:

$$u_{Tj} = \max\{u_{T1}, u_{T2}, \cdots, u_{Tn}\}$$

如果 u_{Tj} 唯一,则第 j 艘船为避碰重点船。

若对所有船舶本船为直航船,①中的 u_{Tj} 不唯一, $u_{Tj} = \{u_{T1}, \cdots, u_{Tj}\}$,则比较剩余各船的时间碰撞危险度的大小,有:

$$u_{tTj} = \max\{u_{tT1}, \cdots, u_{tTj}\}$$

则第 j 艘船为避碰重点船。

避碰行动方式:本船根据第 j 艘直航船所可能形成会遇局面的要求、《国际海上避碰规则》的相应条款及多船会遇行动局面划分,进行避碰行动。图 10-6 中,若船 1 为重点船,且相对于本船舷角小或等于 67.5°,本船向右转向,在转身时引入图 10-5 的机制,以避免转向后与他船形成新的碰撞危险局面。

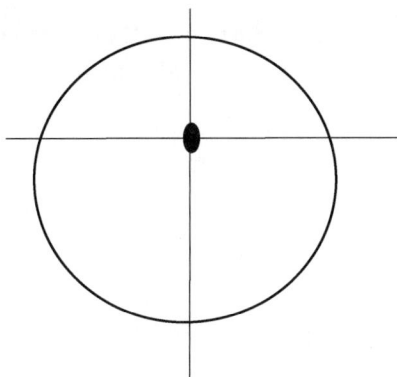

图 10-6　多船会遇避碰操纵判断简图

②避碰操纵的时机

已知进入距离本船 12 n mile 内的每一船的 $TCPA_j$,根据图 10-6,当船 1,2, $\cdots$,n 到达与本船相距 6 n mile 等距圈时,经过的时间 $t_1, t_2, \cdots, t_n$ 可分别由正式求得:

$$[(TCPA_1 - t_1) \cdot v_{r1}]^2 + DCPA_1^2 = 6^2$$

$$[(TCPA_2 - t_2) \cdot v_{r2}]^2 + DCPA_2^2 = 6^2$$

$$\vdots$$

$$[(TCPA_n - t_n) \cdot v_{rn}]^2 + DCPA_n^2 = 6^2$$

为了保证与本船形成多船会遇局面的 n 船,在任一船进入本船 6 n mile 等距圈前,对避碰重点船 j 采取避碰行动,令 $t = \min(t_1, t_2, \cdots, t_n)$,则经过时间 t 后,根据避碰规则对重点船 j 采取避碰行动。如图 10-6,分别计算 4 艘船至本船 6 n mile 等距圈的时间 (t_1, t_2, t_3, t_4) ,若:

$$\min(t_1, t_2, t_3, t_4) = t_3$$

则在 t_3 时间后,针对船 3 采取向右转向的避碰行动。

为了保证所采取的避碰行动不会造成与另一船存在碰撞危险,在智能避碰决策系统中增加如图 10-5 所示的核查机制。

根据上述原理采取避碰行动,则使原来可能构成的多船会遇局面自然消失。

10.5.5.3 分析

在多船会遇中,当他船也采取"避碰重点船"避碰操纵时,是否可能出现本船的操纵与他船的操纵不协调而发生碰撞危险呢?回答是否定的。其理由如下:

(1)对两船会遇,《国际海上避碰规则》从总体上是使两船间的视线以逆时针方向旋转的原则来确定当事船的避碰行动的。通常本船针对 $n-m$ 艘船中的重点船 j,也采取了相同的原则。当 m 艘船中的任一船 p 在采取避碰行动时,一方面本船肯定不是它采取避碰行动的重点船;另一方面,p 船在对与本船存在碰撞危险的另一船采取避碰行动时,通常也会使 p 船与本船的碰撞危险消失。

(2)当 p 船与本船都以 j 船为重点船时,由于本船与 j 船间视线是逆时针旋转的,而 p 与 j 船间的视线也是逆时针旋转的,所以本船与 p 船的视线也逆时针旋转。不管是本船还是 p 船先采取避碰行动,或同时采取避碰行动,由于本船与 p 间的距离大于 6 n mile,即使两船间的行动不协调,也有进一步采取避碰行动的余地。

(3)智能避碰决策系统能够根据多船会遇避碰行动图划分,预测他船相互之间所形成的紧迫局面及他船可能采取的避碰行动。基于此,本船与他船间的不协调避碰行动几乎可能全部避免。

(4)智能避碰决策系统能够时时分析他船的动态,再加入核实机制,也在一定程度上减少了本船与他船的不协调避碰行动。

10.5.6 "避碰重点船"决策流程

如前所述,当本船与多船会遇并存在碰撞危险时,《国际海上避碰规则》的规定已不适用,如何确定本船的优先避碰操纵是一较为复杂的问题,如图 10-7 所示。为此需在规则的基础上,根据船舶驾驶员的海上避碰实际建立几种标准的操船模式。

10.6 复航行动决策

当让路船根据避碰决策时机及避让幅度采取避碰行动后,根据本船与他船的运动情况,判断他船驶过让清后,为减少航行损失,就应及时恢复原航向。

当前智能避碰决策系统研究重点着眼于避碰危险的判断、避碰行动决策等,因此关于复航决策问题,文献中涉及的较少。

岩崎宽希[43]、原洁[137]认为:被避让的目标船通过最近会遇点后,就应考虑恢复原航向或原航速。

参考文献[125、486]认为:当让路船让清直航船后,若此后短时间内不再有他船与之相遇,则应驶回原航线上。

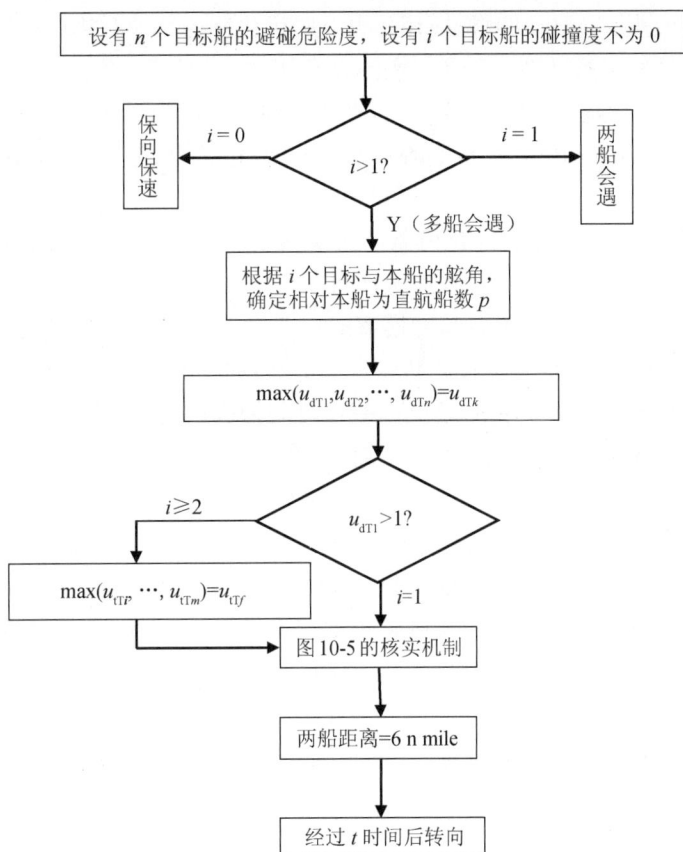

设有 n 个目标船的避碰危险度，设有 i 个目标船的碰撞度不为 0

保向保速 ← $i=0$

$i>1?$

$i=1$ → 两船会遇

Y（多船会遇）

根据 i 个目标与本船的舷角，确定相对本船为直航船数 p

$\max(u_{dT1}, u_{dT2}, \cdots, u_{dTn})=u_{dTk}$

$u_{dT1}>1?$

$i \geqslant 2$

$\max(u_{tTp}, \cdots, u_{tTm})=u_{tTf}$

$i=1$

图 10-5 的核实机制

两船距离=6 n mile

经过 t 时间后转向

图 10-7 避碰重点船决策流程简图

10.7 本章小结

船舶避碰时机与转向幅度是智能避碰决策系统的重要内容，本书首先根据对交叉会遇局面中，两船不同速度、会遇态势下船员避碰行动的调查，分析得到了船员避碰行动时机与会遇两船速度、会遇态势之间的关系不大的结论，即避碰时机与转向幅度之间的关系不大，并以他人的研究成果印证了结论的正确性。以此为基础，分别建立了避碰行动时机优化模型和转向幅度优化模型。所建立的模型不仅符合避碰规则关于避碰行动的要求，而且吸取了船员对避碰行动是"及早的、大幅度的"认识。

（1）建立了让路船与直航船的各种避碰行动时机模型。

由于会遇两船的不协调避碰行动是导致船舶碰撞的重要原因，本章建立了基于直航船模糊满意度的让路船避碰行动时机模型、基于直航船满意度期望的随机规划模型、基于直航船可能采取避碰行动的减少或避免不协调避碰行动时机模型、基于避碰责任的避碰行动时机模型；建立了基于让路船满意度期望的直航船避碰行动时机模型。上述的工作为建立让路船优化避碰行动时机模型及直航船优化避碰行动时机模型打下了基础。

（2）海上大量避碰行动调查结果，对上述模型进行了实际应用。上述模型主要反映的是主观愿望，还未考虑客观上的要求，因此得到的结果还不是优化的。在坚持主观愿望与客观要求相结合原则下，又与最晚施舵点模型相结合，建立了避碰行动时机优化模型。

（3）提出了转向幅度智能、优化模型。若避碰行动时机是为了满足避碰行动"及早的"要求，那么转向幅度则是为了满足"大幅度的"要求。考虑到船员在转向避碰中通常所采取的追尾方式，故在建立转向幅度模型时没有与碰撞危险度相结合，而是分别建立了模糊安全度函数和易于察觉模糊函数，以此确定转向幅度。

（4）考虑到转向避碰所造成的船位偏差及时间损失问题，建立了追尾转向避碰过程控制模型及该种避碰控制的终止时机，并实际应用于仿真系统中。

研究特点：

（1）本章研究基于对海上避碰行动的大量调查。

（2）注意新的理论在避碰行动研究中的应用，得到了较为合理的结果。

（3）减少避碰行动的不确定性及避碰行动的不确定性，不仅要考虑会遇船舶主观上的要求，也应考虑客观上的要求。为此，本章的研究为本书力图实现的主观与客观的统一打下了基础。

（4）在研究船舶避碰行动时机时，较好地实现多种理论与方法的结合。

第11章

船舶智能避碰决策系统的建立

前述第 1 章至第 10 章为船舶智能避碰系统的建立打下了基础,或者更确切地讲,为船舶避碰知识库的建立提供了前期准备。从本章开始,将从建立智能避碰系统角度,把前述研究成果应用于智能避碰系统建立的研究与理论中。

11.1 专家系统的分类及在海上的应用

随着人工智能的发展,专家系统的研究、应用越来越广泛,出现了各种各样的专家系统。对专家系统的分类有许多种不同分类方法,但有一种意见认为,大多数专家系统的应用可分为表 11-1 所示的不同类型[1]。

表 11-1 专家系统应用的分类及在海上应用表

类型	功能	特点		一般应用		船用
		问题	系统	问答型	实时	
1 分类	推理系统故障分类或阐明问题、影响或项目	从几个可能答案中选择	特点与类型;原因模型之间联系的数据库似不可信答案的筛选	医疗 电子 机械 分类	电子 机械	故障诊断 —机械 —电 —通信 入级要求
2 通用 咨询	根据特定要求,解释推理问题应用适应的信息	大量的规则,约束和条件	信息存储和检索;数据库管理用启发式论据解释	行政 法律咨询 设计评估 信息通信	不适用	国际公约 船舶营运费 航运信息

续表

类型	功能	特点		一般应用		船用
		问题	系统	问答型	实时	
3 设计	组合各部件以解决问题	对可能的选择无限制	建立部分答案、约束和启发式论据的正向链接	计算机配置、空间规划	不适用	船舶机械设计
4 规划和计划	为满足给定限制而产生和评价计划或行动	多种答案概念的形成与评价优化目标函数定量约束	母型计划的监测、评价和重新规划连续推理	设计管理过程规划	机器人 通信 军事规划 资源分配 日程表 柔性制造	航行计划船舶与近海平台设计维修与检查计划
5 监测	观测结果与所采用计划或技术要求的主要特性的比较	对偏差的快速响应问题的识别	假定的修改概率方法模糊逻辑	会计管理设计管理	规章管理 原子动力装置	船队管理事务计划检查设备监测
6 模拟和预测	给定可信的推理结果	未建立理论有效变数值高参数与变数相互影响	参数动态模型产生一系列基于不同假设的答案	天气预报产量估计经济预测危险预报	交通预报军事威胁预报财政预测	维修贸易率预报和货运率预测
7 识别	根据可观察事物进行推理说明	多学科不同的抽象化水平、不同形式信息	规定实际对象在不同情况下的结构、形状和性能的符号意义	不适用	视频模型语言理解图像分析和监视	气象监测和监视导航船位控制
8 控制	识别、诊断、预测和监视功能组合在总控制计划中	动态任务计划表误差修正自动监控	将所有其他类型技术组合起来；选择控制算法和参数相关性网络	控制系统设计	空中交通管理 商务管理 导弹控制 工程控制 通信管理	船舶管理船桥组合控制动力定位

从上述专家系统的分类及在海上的应用可以看到,专家系统的发展十分快,已得到了较为普遍的应用。这也显示出船舶智能避碰系统研究的迫切性和重要性。

近几年来,集中于使用直接与设备本身连接来执行故障诊断和监控任务的专家系统——实时专家系统日益增加。两种情况使系统成为实时工作的,即系统的功能与时间相关,而且应用专家系统的领域不断在变化。在设计人工智能系统方面,为确保连续实时运行还存在一些问题。这些问题涉及检测变量、响应要求速度、中断推理和推理一致性等的争论。如果某些事件比其他事件更具有决定性,那么推理过程必须中断,以便调用高优先级。不断变化的数据产生一致性的问题,在这方面的研究虽已建立许多推理保持方法,但要求进行更多的工作来提高其效率。实时规划包括航行计划和维修日程表等。在这方面提出的任务是计划其目标,可能行动和时标,以及对策可能改变和当发生这样变化时如何来修改计划。

在20世纪80年代初建立了分布式人工智能系统的理论。与合作系统有关的问题有两个:任务分配和结果分配。结果分配特别适用于分解成子问题有困难的问题。一个管理系统可用来将问题与有关子问题联系起来。每个系统都能有助于将其结果反向传送到公用存储区。合作专家是几个小系统合作,以便实现给定的目标或者分配数据和知识,来达到其本身独立的目标,其工作已集中于通称的黑板设计中。

分布式人工智能系统与通常的人工智能系统具有相同的优点。分布式系统始终具有模块性、速度快、可靠性和重新使用的可能性,但在可靠性、资源分配、通信拥塞和问题分解方面却存在一些固有的问题。

11.2 智能避碰的基本过程

智能避碰的过程是在总结《国际海上避碰规则》、专家有关知识的基础上,模仿专家所进行的避碰操纵。具体而言,智能避碰的基本过程可包括:

(1)确定本船的静态和动态参数。本船的静态参数包括:本船船长、船宽,以及本船吃水或载重量。本船的动态参数包括:本船速度,本船航向,本船在相应吃水状态下的旋回初径,旋转所需时间,在全速前进情况下减至半速的时间和前进距离,在全速情况下减至慢速前进所需时间及前进距离,在全速情况下至主机停止所需时间及前进距离,在全速情况下至全速倒车所需时间及前进距离,本船第一次避碰时机等参数值。

(2)根据本船的静态和动态参数及 ARPA、AIS 提供的经过处理的目标船可靠信息(位置、速度、航向、距离等),确定本船与目标船之间的相对位置参数。这些相对位置参数有两船的相对速度、相对速度方向、他船位于本船的相对方位等。

(3)根据目标船参数分析两船间的运动态势,这主要完成以下几方面的工作:

①判断哪些船与本船存在碰撞危险,计算每一目标船的 DCPA、TCPA、空间碰撞危险度、时间碰撞危险度及合成后的碰撞危险度。

②对危险目标进行识别。这种识别主要包括：确定是两船会遇还是多船会遇，对两船会遇确定会遇态势以及本船在避碰中的权利与义务。若本船是让路船，确定本船是左让还是右让，确定转向避碰的幅度、时机及复航时间等。若本船是直航船，应对来船的动态进行时时跟踪，以确定来船是否在两船形成紧迫局面前采取了避碰行动等。对多目标船会遇，根据最近来船与本船的速度、位置关系、碰撞危险度进行排序，确定本船在多船会遇中的权利和义务。若本船应采取避碰行动，则确定重点避碰船、转向避碰幅度等。

③根据本船与目标船会遇局面的分析结果调用相应的知识模块求解本船避碰操纵方式及目标避碰参数。

④对求得的避碰参数加以验证。若避碰方案符合要求，则通过接口驱动舵或/和车根据避碰方案进行避碰操纵；若获得的避碰方案不符合要求，则应重新加以确定修改，直到验证符合要求后再采取相应的措施。

在智能避碰的整个过程中，要求系统不断监测所有目标船的动态。不断核实目标船的动态，若目标船在本船采取避碰行动之前已采取了避碰行动，则应该核实这种行动的有效性及两船可能的通过距离，来判定是否终止本船将要采取的避碰行动。若他船的行动不能保证会遇两船安全通过，本船将以获得的新的参数为基础，重新确定本船所采取的避碰行动。采取这种不断监控他船运动状态方法，是为了避免可能产生的两船不协调避碰行动。

11.3 系统结构框图及各部分的作用

船舶智能避碰系统结构如图 11-1 所示。本系统由数据库、知识库、机器学习和推理机等构成。

虚线部分为本船的传感器，其功能是收集本船及他船的运动信息，并将所收集的信息输入数据库。

数据库主要存放来自传感器的信息以及推理过程中的中间结果等数据，供机器学习及进行深入推理时随时调用。

知识库主要包括了根据《国际海上避碰规则》、船员经验和专家对《国际海上避碰规则》的理解和认识的模块及根据船员避碰行动和专家经验所推导的研究成果；包括了良好船艺的基础知识和规则；包括了实现避碰及推理所需的算法及其结果和由各种产生式规则形成的若干个基本避碰知识模块等。

避碰知识库是船舶自动避碰决策的核心部分。根据船员避碰实践、《国际海上避碰规则》、航海专家和专业人员对规则的解释及良好船艺的实地应用，通过知识工程的处理将其转化成可用的形式。知识工程从专家和文献中选取有关特定领域的信息，并将其模型制成所选定的知识形式。描述知识可以有很多种不同形式，本系统中的专家系统通常采取的形式为"如果……那么……"规则。其主要优点在于它的积木性。对于避碰局面

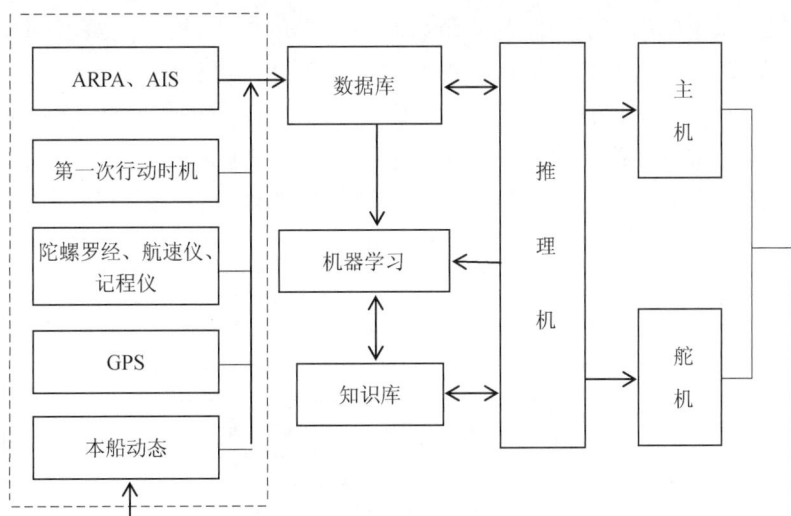

图 11-1　船舶智能避碰系统结构框图

的划分,根据能见度好坏将其分为能见度良好时两船会遇、能见度不良时两船会遇、能见度良好时多船会遇和能见度不良时多船会遇四种基本形式。在每一种划分中,根据不同的会遇情况又有不同的避碰操纵划分。对划分的每一避碰操纵,根据专家意见及船员实际避碰操纵,规定了具体的操纵避碰方式。其根本目的是为推理机的推理提供充分的和必需的知识。

机器学习就是计算机自动获取知识。对于避碰这样一个动态、时变的过程,就要求系统具有实时掌握目标动态的能力,这样依据知识而编制的避碰方案才会具有人的应变能力。所建造的专家系统性能的好坏,关键取决于机器学习的质量,学习质量是通过学习的真实性、有效性和抽象层次这三个标准来衡量的。本系统采取以下方式,提高专家系统的性能。

系统设计中采用算法作为学习的表示形式,采用归纳学习作为学习策略,即学习中采用推理的方法。机器学习就是由推理机推理决定应选取哪个模块来确定避碰方法。方法选定以后,在推理机的控制下,决定该从知识库中调用哪类算法进行计算、分析和判断。这样可以避免学习的盲目性,提高学习的有效性,而学习的真实性取决于算法对现实的反应程度。关于算法的研究已在以前各章节中进行了阐述,在此省略。学习的抽象层次,取决于对表示知识方式的选择,本系统应用框架形式实现知识的表示。框架表示是一种适应性强、概括性高、结构化良好、推理方式灵活可变、知识库与推理机成一体又能把陈述性知识与过程性知识相结合的知识表示方法,利于解决复杂问题,可以克服产生式避碰知识库的缺陷。这是本系统能够获取丰富的现场知识,即获得实时动态知识库的关键技术之一。

本系统采取知识库与推理机成一体的方式,保证了推理机可以控制机器学习环节,使其学习能具有针对性,而更重要的作用还在于决定系统如何来使用知识,可以说模仿人的思维过程时是由推理机在控制机器获取现场知识与使用知识的推理过程中实现的。

因此,推理机在系统中起到了控制与协调各环节工作的作用,居于决策者的地位。推理过程应用启发式搜索法,但为了保证推理结果的正确性及可行性,本系统改变了在能见度良好和不良时多船会遇的避碰操纵方法,保证了搜索结果的唯一性。在这种启发式搜索控制下,避碰方案就在系统学习与推理的过程中产生与优化。

图 11-1 是自动避碰系统较粗略的框图,较为详细的自动避碰系统运行流程如图 11-2 所示。

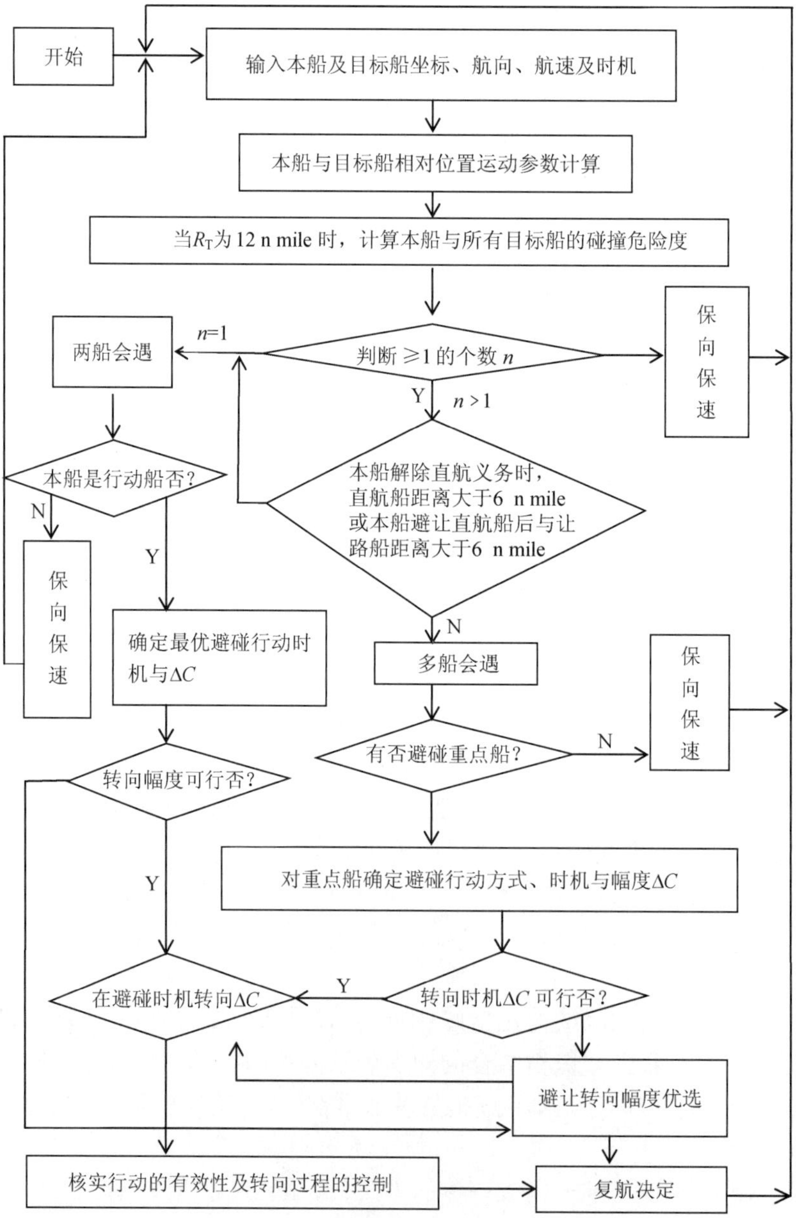

图 11-2　避碰决策框图

11.4 自动避碰系统知识库设计

知识是智能活动的基础,也是不可缺少的一部分。在专家系统中,知识库的大小和质量是决定其性能和水平的关键因素。整个专家系统的研究也是围绕着知识的获取、表示和利用进行的。

知识有很多种分类方法,从知识的总体性来看,可按以下方式分类:

(1)零级知识

零级知识是常识性知识和原理性知识,如关于问题领域的事实、定理、方程、实验对象和操作等。

(2)一级知识

一级知识是经验性的知识,是由于零级知识对于解决某些问题失灵而出现启发式方法,如单凭经验的规则、含义模糊的建议、不确切的判断标准等。

(3)二级知识

二级知识是指如何运用上述两级知识的知识。这种知识层次还可以继续划分下去,每一级知识对低层知识有指导意义,把零级知识和一级知识称为领域级(或目标级)知识,而把二级知识以上的知识称为元知识。

对于专家系统而言,领域级知识是基础,通常情况下只要经过深入细致的调查、总结和归纳是完全可以获得的。而元知识是决定系统的推理能否如人类专家一样进行工作,是系统高效率、高质量工作的保证。因此,在取得了完整的领域级知识后,获得元知识也是十分重要的。

元知识根据其在专家系统中所起的作用可分为八种,即:

(1)选择规则的元知识;

(2)记录与领域知识有关的事实的元知识;

(3)论证规则的元知识;

(4)检查规则中错误的元知识;

(5)描述领域知识表示结构的元知识;

(6)论证系统体系结构的元知识;

(7)辅助优化系统的元知识;

(8)说明系统能力的元知识。

11.4.1 知识来源

避碰系统知识库中领域级知识的来源主要有:

(1)从《国际海上避碰规则》中取得有关避碰的基本知识。《国际海上避碰规则》是船舶在海上进行避碰的基础。该部分的知识主要包括了互见中三种局面的划分及三种局面的构成要件、三种局面的判断、在每一局面下当事船舶的责任等;还包括了在能见度不良时有关船舶行动的规定等。

(2)对船员海上避碰操作的调查和观测及在调查和观测基础上的研究成果。

(3)专家、学者及法庭对碰撞案件判决的解释。

(4)有关良好船艺的运用。

(5)对他船及本船避碰行动、避碰效果等的统计分析结果。

11.4.2 ● 知识描述及表示

11.4.2.1 知识描述

(1)互见中两船会遇

对两船会遇,船长及船舶驾驶员应首先判断他船的运动状态及与本船是否存在碰撞危险,然后根据本船的运动状态及与他船构成的会遇局面判断本船在避碰中的权利和义务,若本船为让路船,则根据规则的要求决定本船可能采取的避碰行动。当有第三船存在时,在采取避碰行动前还要判断本船的避碰行动时是否可能与他船构成新的碰撞危险,若不是则根据避碰方案采取相对的避碰行动;若决定的避碰行动与第三船构成碰撞危险,则放弃原方案重新确定避碰方案,直至既找到保证两船安全通过又不至于与第三船构成碰撞危险的方案为止。然后,采取避碰行动。基本的决策过程如图11-3所示。

描述知识是为了表示知识,把知识描述中的内容给予具体定义并符号化。

根据对两船会遇知识的描述,两船会遇的基本局面有八种:

①目标从位于本船右舷舷角$(005°,067.5°)$向左舷穿越;

②目标从位于本船右舷舷角$(067.5°,112.5°)$向左舷穿越;

③目标船从左舷向右舷穿越;

④目标船与本船对遇;

⑤目标船从位于本船舷角$(112.5°,210°)$追越本船;

⑥目标船从位于本船舷角$(210°,247.5°)$追越本船;

⑦本船从位于目标船舷角$(112.5°,210°)$追越目标船;

⑧本船从位于目标船舷角$(210°,247.5°)$追越目标船。

两船会遇的基本避让方案有:

保向保速、右转向、左转向、右让减速、左让减速、变速和紧急行动。

(2)能见度不良时两船会遇

在能见度不良时,由于没有所谓的让路船与直航船之分,根据第5章关于避碰行动局面的划分,两船会遇基本局面分为五种,即:

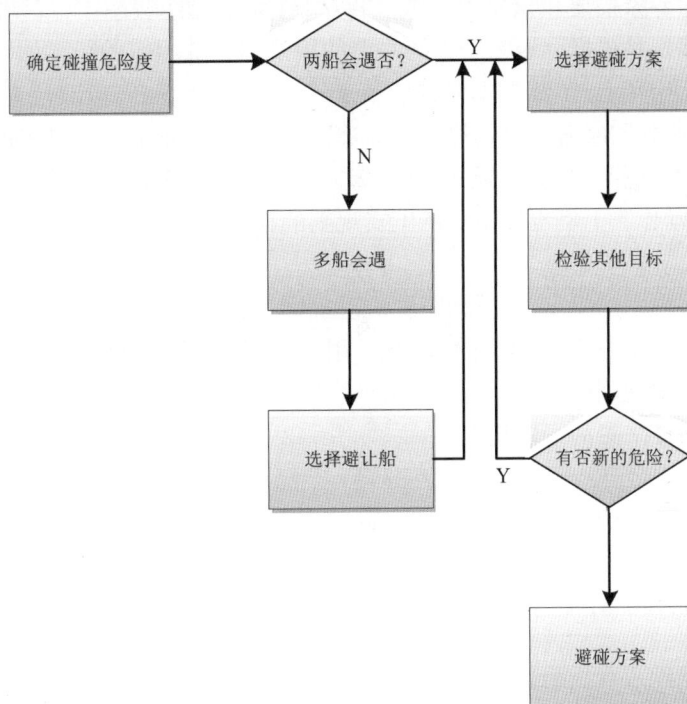

图 11-3　避碰方案决策简图

①目标船从本船舷角[（292.5°,360°）,（000°,067.5°）]接近本船；

②目标船从本船舷角（067.5°,150°）接近本船；

③目标船从本船舷角（150°,210°）追越本船；

④目标船从本船舷角（210°,292.5°）接近本船；

⑤本船从目标船舷角（210°,247.5°）追越他船。

基本避让方案有：

向右转向、向左转向、保向保速、右让减速、左让减速、变速和紧急行动。

11.4.2.2　知识表示

在人工智能中,当前表示知识的方法有很多。虽然知识表示方法是一个独立的课题,但是它与推理的方法有着密切的联系,即为了与推理方法相适应,采取的知识表示方法必须合适。知识表示的方法主要有:逻辑表示法、语义网络表示法、产生式规则表示法、框架理论表示法、状态空间表示法、概念从属表示法、剧本表示法、Petri 网表示法、直接表示法、过程表示法及面向对象的表示法等。

本节采取产生式规则表示方法。首先,它根据产生式规则把知识表示为"模式-动作"对,表示方式自然、简洁,目前已是专家系统中使用最广泛的一种表示方法。其次,由于"IF-THEN"结构具有模块性、易于实现解释功能、自然性的特点,它便于知识的扩充、修改和接近避碰专家描述知识思维形式。再次，在海上船舶避碰中，规则的规定及船员在海上避碰实践都是根据会遇船舶之间一定的模式而采取相应的行动的，这非常适合于产生式规则的适用特点。"如对本船右舷驶来的机动船，当存在危险时，本船应采取向右转向的避碰行动，并同时避免穿越他船的船首"，其中"如对本船右舷驶来的机动船，当存在碰撞危险时"是两船间的会遇模式，而"采取向右转向的避碰行动"则是在满足模式的前提下，本船的动作。上例也说出了产生式规则的推理机制是以演绎推理为基础的推理系统。

基于产生式规则的特点，在总结归纳避碰规则、船员海上避碰实践及研究成果、专家解释与案例解释及良好船艺知识的基础上，用产生式"IF-THEN"结构表示，从而将上述描述知识按产生式规则符号化。

如对本船右舷来船的行动规则：

rule no.

IF $005° < \theta_T \leqslant 067.5°$ 且 $165.5° + \varphi_0 < \varphi_r \leqslant 247.5° + \varphi_0$ 且 $u_T \neq 0$ 且 $180° - (\varphi_T - \varphi_0) > 5°$

THEN action = stab, xx

11.4.3 ● 搜索策略

当前在人工智能中的搜索策略有很多种，为了加快搜索速度，本书采用启发式搜索策略。同时为避免启发式搜索策略存在的不能保证一定找到最优策略的问题，要求这种启发策略与第 5 章的船舶会遇行动局面相联系。

对两船会遇局面，经过采取避碰操纵图及对特定局面与专家讨论，排除了知识库中不一致的规则，并尽量形成单一最优规则，这保证了启发式搜索策略对两船会遇一定能够发现最优策略。

在多船会遇局面中，在充分吸收专家意见的基础上，对于存在多种避碰方案并且不能找到最优避碰方案的会遇局面，采取了"避碰重点船"的避碰方案，保证了避碰最优方案的唯一性。对于专家能够找到最优避碰方案且意见一致的多船会遇局面，则直接采取专家的意见，也为知识库中规则的统一性及唯一性打下了基础。同时，为了避免不同会遇局面判断的重复，将本船作为追越船时的规则放在最优先的位置。

基于上述处理，本节充分发挥了启发式搜索的优点，同时避免了启发式搜索不能在知识库中找到最优策略的问题。

本节采取的启发式搜索规则为：

IF Rule = Rule

Rules = 参数内容

THEN action = 危险/不危险

11.4.4 知识库结构

知识库的结构对于推理机有效及快速地选择和使用知识及减少搜索空间、提高速度是十分重要的。为此,在建立知识库结构时,根据第 5 章关于避碰行动局面的划分,按目标船处于本船的方位不同建立相应的启发式搜索规则。这种方法与专家在海上进行碰撞危险判断及所采取的避碰方案是完全一致的。因此,根据能见度状况不同、是两船会遇还是多船会遇所分成的四种会遇形式,建立如图 11-4 所示的知识库结构。

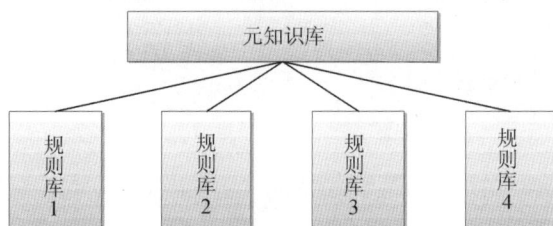

图 11-4　知识库结构

11.4.5 船舶的标识

为了适用各种推理和计算,目标船的标识采取下列参数:

T [航向、距离、方位、相对航向及大小、$DCPA$、$TCPA$、碰撞危险度]

11.5 推理机设计

船舶智能避碰系统能否在避碰全过程中模仿人的思维及决策过程是通过推理机在控制获取现场知识与使用知识的推理过程中实现的。因此,推理机的重要作用是确定如何对知识进行有效的使用与控制和协调各环节工作。

11.5.1 推理机的功能

根据数据库所提供的原始数据,推理机应具有的功能如下:

(1)分析会遇局面;

(2)确定紧急避碰操纵的时机与种类;

(3)描述目标船碰撞危险度;

(4)确定避让危险目标;

(5)建立动态事实库;

（6）避碰方案推理优化；

（7）确定复航时机、方式及幅度等。

推理机的工作流程如图11-5所示。

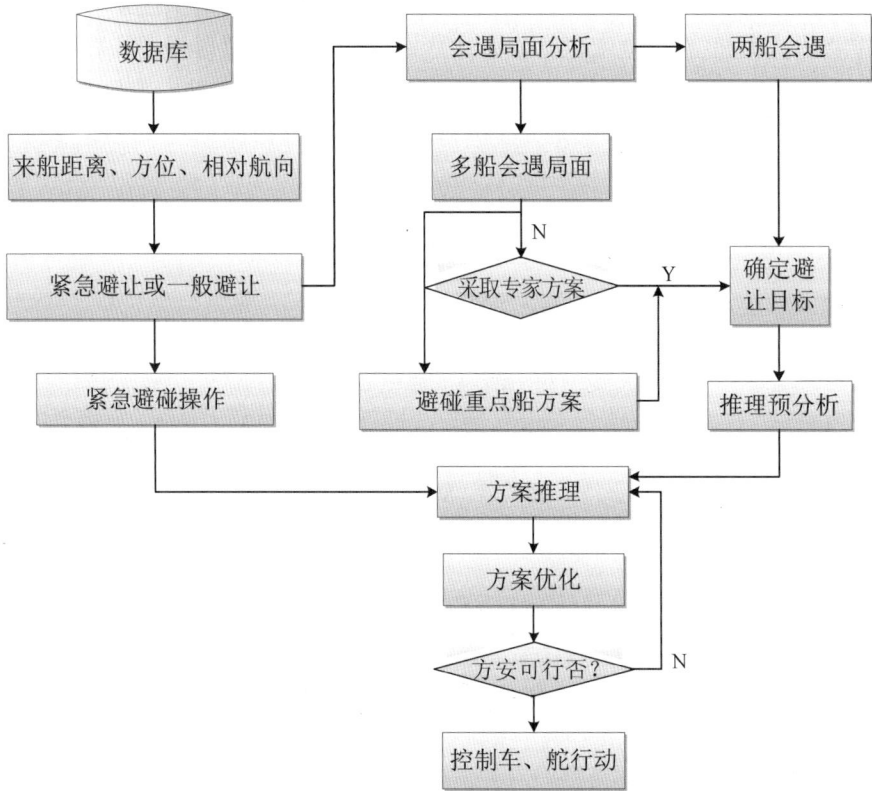

图 11-5　推理机推理流程简图

11.5.2 ● 推理技术与控制策略

为了保证推理的正确性，本节采取确定性推理方法。根据《国际海上避碰规则》规定，对与本船会遇并存在碰撞危险的特定船舶，与本船的会遇局面只适用一条规则来确定本船的避碰责任。虽然在某种情况下，存在着对局面划分的争议，如对于一定舷角的来船与本船所构成的是对遇局面，还是交叉相遇局面，存在一定的模糊性，但是本节已在对船员的调查、海事案例的总结及操纵局面的划分中解决了该问题。因此，使用确定性推理方法是可行的。

根据本系统实时数据库的特点，对元级推理采取数据驱动控制，即正向推理。它的基本思想是从已知数据信息出发，正向使用规则，求期待解决的问题。过程 Respond 给出了这种策略的基本思想：

Procedure Respond

扫描数据库,找到可用规则集 S;

while S 非空且问题未被求解 do

begin

调用过程 Select-Rule(S),从 S 中选出规则 R;

执行 R 的结果部分,更新数据库的内容;

扫描数据库,找到可用规则集 S

end

当然,过程 Respond 只是数据驱动控制的原理示意程序,实际系统要复杂得多。

对于领域级推理采取目标驱动控制,即反向推理。它的基本思想是:选定一个目标,然后在知识库中查找能导出该目标的规则集。若这些规则中的某条规则前提与数据库匹配,则执行该规则;否则,该规则前提作为子目标,递归执行刚才的过程,直到总目标被求解或者没有能导出目标(包括子目标)的规则。过程 Achieve(G)给出了目标驱动策略的基本思想。

Procedure Achieve(G)

扫描知识库,找出能导出 G 的规则集 S;

if S 为空

then 询问用户关于 G 的信息

else while G 未知且 S 非空 do

begin

调用过程 Choose-Rule(S),从 S 中选出规则 R;

G'←R 的"前提部分";

if G' 为真

then 调用过程 Achieve(G');

if G' 为真

then 执行 R 的"结论过程",并从 S 中去掉 R

end

同理,过程 Achieve 是一个目标驱动的原理示意程序,忽略了很多细节,其中有两点还需要补充说明:

(1)过程 Achieve 求解目标 G 时,隐含着 G 是一个单独目标。这就意味着在调用过程 Achieve 时,必须为它事先选择一个目标,这通常通过调用 Achieve 的过程来完成。一般把这项工作叫作"初始目标"的选择,或者说"总目标"的选择。尽管这项工作不是由 Achieve 本身完成的,但是它是实现 Achieve 的先决条件。

(2)过程 Achieve 中,当选出的规则 R 的前提部分 G' 未知时,又递归调用过程 Achieve 为 G' 求值。当 R 的前提是多个条件(子目标)的逻辑组合时,Achieve 必须先对子目标进行选择之后,才能进行推理。初始目标的选择和子目标的选择都是与目标驱动控制相关的,而与数据驱动控制无关。

从推理机推理流程简图中可以看到,推理过程采用了多层(级)的推理模式,再与上述目标驱动控制和数据驱动控制相结合,在对知识库的搜索中,大大减少了搜索的空间,同时增加了推理方向,保证了决策的高效性。

11.5.3 推理机结构

推理机分为两级推理,即元级推理和领域级推理,其结构如图 11-6 所示。

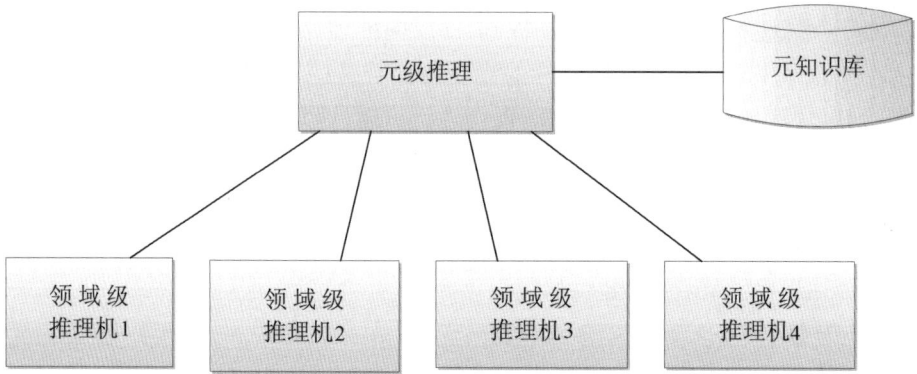

图 11-6 推理机结构简图

在本避碰系统中,根据能见度的好坏及会遇目标的情况,分为能见度良好时的两船会遇和多船会遇,以及能见度不良时的两船会遇和多船会遇四种情况,而能见度好坏由船舶驾驶员确定,因此推理机主要是在驾驶员所确定的能见度好或不好一种情况下进行推理工作。针对上述情况,并考虑自动避碰系统实时连续工作的特点,对两船会遇、多船会遇避碰操纵不同,突发目标和不同时间上出现的推理事件紧迫性也不同,为了保证推理的准确性和实时性,根据能见度情况把领域级推理机如参考文献[2]一样,分为四个推理机,即:

(1)推理机1:适用于正常两船避碰方案推理。

(2)推理机2:适用于多目标避碰方案推理。

(3)推理机3:适用于目标不协调避碰方案推理。

(4)推理机4:适用于紧急情况下应急避碰方案推理。

上述领域级推理机由元级推理机利用元知识统一调度管理。

11.5.4 推理所用的计算机语言

为了增加系统的实用性,推理机采用 C 语言设计。这是由于:

(1)C 语言是目前使用最流行的程序设计语言之一[3,4],它既提供了结构化的框架,又不限制使用人员的创造性,同时 C 语言编译程序产生的可执行程序速度快、效率高,而且许多软件包都是用 C 语言写成的。

(2)由于知道 C 语言的人员比知道 AI 研究常用语言的人要多得多,如果要使 AI 技术实用,AI 程序就必须用 C 语言来写。虽然用于 AI 研究的语言对探索是很好的,但是通常它们很难用于一般程序设计。例如,Prolog 缺少过程程序设计的能力——这样会使某些任务,如向一个表中加数据,比其应有的困难程度更大。此外,如果应用程序不需要 Prolog 的回溯或数据库能力,则它们也只能是应用程序的额外包袱。

(3)除了在 AI 中的进展外,很少有重要的 AI 技术能很快在计算机程序设计中崭露头角。这有两方面的原因:首先,大多数程序设计人员都没有多少人工智能的背景;其次,大多数 AI 研究都是用人工智能语言,如 LISP 和 Prolog 做的,而实际使用的大多数应用程序,如会计软件包或字处理程序,则都是用通用语言如 C 语言写成的。要把人工智能研究中用的语言中的一些概念转到通用程序设计语言中,并不是很容易的,且大多数人工智能语言(包括 LIST 和 Prolog)是描述性的,而通用语言则是过程性的。在描述性语言中,程序员告诉计算机做什么;而在过程性语言中,程序员要告诉计算机怎么做。这样,AI 语言与通用语言似乎是程序设计语言系列中的两个极端。

(4)没有一种 AI 技术是不可以用像 C 语言一样的过程性语言来实现的。事实上,某些程序的实现用 C 语言比用 AI 语言更为清楚。

第12章

智能避碰决策系统
仿真与展望

前11章研究了船舶避碰中的基本要素,建立了船舶智能避碰决策系统。建立的智能避碰决策系统好坏,还有待于仿真结果的检验。

12.1 两船避碰决策仿真

说明1:

(1)智能避碰决策仿真系统中,所设置的各避碰参数数据类型都是实型(浮点型)双精度的,而输入数值均为人工设置的,因此输出数据的精度与输入数据的精度并不完全相同。

(2)以下仿真例中各参数的含义为:

v_T——目标船速度(kn);

c_T(target course)——目标船航向(°);

v_0——本船速度(kn);

c_0(own course)——本船初始航向(°);

relative course——本船与目标船的相对航向(°);

relative bearing——目标船相对方位(°);

$DCPA_0$——目标船初始最近会遇距离(n mile);

$TCPA_0$——目标船至最近会遇点的时间(h);

collision risk——目标船与本船的碰撞危险度;

last-helm——本船对目标船的最晚施舵点(n mile);

ture bearing——目标船真方位(°);

$MSPD$(minimum safety passing distance)——最低安全通过距离(n mile);

course alteration——本船航向改变量(°);

L——本船船长(m)。

说明2:

在多目标船会遇中,当碰撞危险度都相同,都由空间碰撞危险度确定,且空间碰撞危险度都大于时间碰撞危险度时;或当碰撞危险度都相同,都由时间碰撞危险度确定,且时间碰撞危险度都大于空间碰撞危险度时,根据碰撞危险计算公式,多目标船与本船的碰撞危险都相同,存在无法确定避碰重点船舶的问题。本书为了对这种情况进行区分,以适应在多船会遇中确定避碰重点船的需要,在程序设计时做了如图12-1的处理,即当他船与本船初始 $DCPA \leqslant d_1$ 时,他船的空间碰撞危险度为 $1 \sim 2$ 之间的数值,对于时间碰撞危险度也采用相同方法处理,这样就区别了不同船舶碰撞危险度。因此,在下述仿真中,他船与本船的碰撞危险度可能大于1。

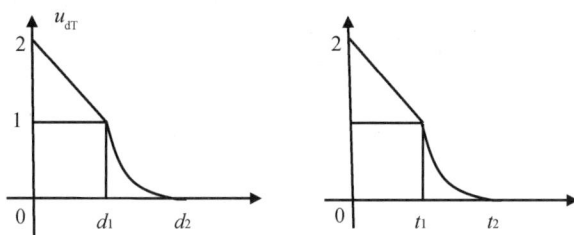

图12-1 仿真例中碰撞危险度说明图

12.1.1 仿真例一

设本船与一船相遇,他船初始运动参数为: $v_T = 15$ kn, $c_T = 270°$,位置 $(7°,5.5°)$;本船运动参数为: $v_0 = 13$ kn, $c_0 = 000°$,位置 $(0,0)$ 。经计算机仿真系统计算给出下列数据和结果:

relative course $= 229.0865°$ relative bearing $= 51.84°$

$DCPA_0 = -0.428224$ n mile   TCPA $= 0.293729$ h

collision risk $= 1.589193$

Crossing situation, own ship turn on starboard.

After beginning 11 minutes own ship turn on starboard.

Action opportunity 5 n mile. Actual action opportunity 4.995580 n mile.

则从4.995 580 n mile采取转向行动直到本船恢复原航时,需经10次操纵,具体数据如表12-1所示。追尾避碰行动轨迹如图12-2所示。

表 12-1　本船追尾避让具体数据表

时间(min)	x 坐标	y 坐标	新航向(°)	DCPA(n mile)	要求会遇距离(n mile)	最近点舷角(°)
1	0.340 738	2.831 612	50.2	1.545 198	0.948 366	291.764 500
2	0.507 162	2.970347	47.7	1.542326	0.953785	294.203 300
3	0.667 531	3.116 039	44.9	1.530 964	0.960 149	297.067 250
4	0.820 421	3.269 561	41.5	1.509 839	0.967 731	300.478 915
5	0.963 904	3.431 910	37.3	1.477 407	0.976 908	304.608 621
6	1.095 322	3.604 170	32.3	1.431 813	0.988 212	309.695 371
7	1.210 950	3.787 404	25.9	1.370 893	1.002 384	316.072 640
8	1.305 510	3.982 348	17.8	1.292 312	1.020 415	324.186 875
9	1.371 607	4.188 686	7.4	1.194 076	1.043 466	334.559 712
10	Resume own course 000° DCPA = 1.190 76 n mile					

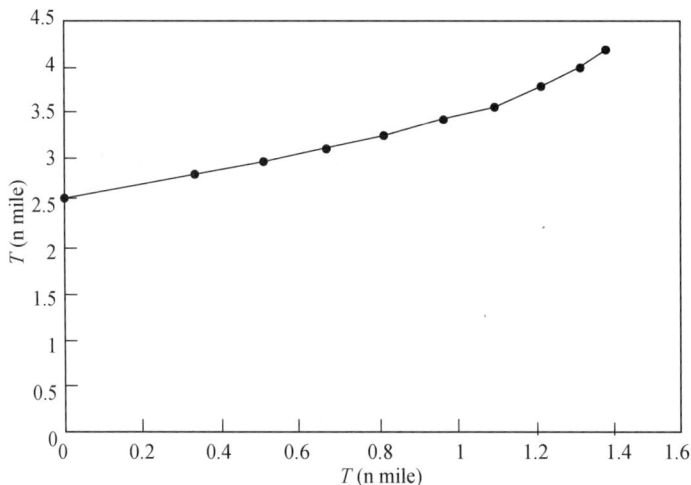

图 12-2　追尾避碰行动轨迹图

这种避碰行动方式是在吸收船员避碰实际情况的基础上建立的,因此符合船员避碰的实际。从智能避碰决策系统的运行情况看,这种避碰行动方式能够满足避碰的需要。

12.1.2 ● 避碰决策仿真例二

本船参数为: v_0 = 15 kn,own_course =000°, L =250 m,位置(0,0)

他船参数为: v_T =15 kn ,tar_course =270°,初始位置(7,7)

经智能避碰系统判定:两船构成交叉相遇局面,本船为让路船。

DCPA =0.00000 n mile

TCPA =0.329983 h

relative bearing = 45°

relative course = 225°

true bearing = 45°

last-helm = 1.474935 n mile

the min. passing distance is 1.042938

collision risk = 2.0000

turning angle = 45°

after starting 14 min take action;

distance when taking action = 4.949747 n mile

智能避碰决策系统追尾避碰结果如表 12-2 所示。

表 12-2　智能避碰决策系统追尾过程表

时间(min)	本船 x 坐标	本船 y 坐标	他船 x 坐标	他船 y 坐标	本船新航向(°)
0	0.176 777	3.676 777	3.25	7	42.761 78
1	0.346 515	3.860 322	3.00	7	40.202 698
2	0.507 888	4.051 264	2.75	7	37.248 04
3	0.659 205	4.250 269	2.50	7	33.800 174
4	0.798 279	4.458 015	2.25	7	29.730 56
5	0.922 26	4.675 107	2.00	7	24.870 819
6	1.027 403	4.901 921	1.75	7	19.004 15
7	1.108 812	5.138 295	1.50	7	11.866 547
8	1.160 221	5.382 953	1.25	7	3.177 826
9	复航				

12.1.3 ● 避碰决策仿真例三

本船参数为：v_0 = 15 kn, own_course = 000°, L = 250 m, 位置(0,0)

他船参数为：v_T = 15 kn, tar_course = 270°, 初始位置(7,7)

经智能避碰决策系统判定为对遇局面,计算参数如下：

DCPA = −0.4 n mile

TCPA = 0.23333 h

relative bearing = 3.270488°

true bearing = 3.270488°

last-helm = 1.937935 n mile

safety-passing distance = 0.87222

head-on situation, own ship is turn on starboard

collision risk $= 1.634879$

turning angle $= 25°$

after starting 3 min. take action; distance when taking action $= 5.154526$

resume course time: 13 min

the bow angle of the closet pas sing point is $257.5°$

12.1.4 ● 避碰决策仿真例四

本船参数为: $v_0 = 15$ kn, own_course $= 000°$, $L = 250$ m, 位置(0,0)

他船参数为: $v_T = 13$ kn, tar_course $= 000°$, 初始位置($-0.4, 7$)

智能避碰决策仿真系统给出的数据及结果为:

DCPA $= 0.4$ n mile

TCPA $= 3.50571$

relative course $= 180°$

relative bearing $= 356.7295°$

true bearing $= 356.7295°$

last-helm $= 1.845796$

collision risk $= 1.633944$

safety-passing distance $= 0.928294$ n mile

own ship i overtaking the other and turn on starboard.

turning angle $= 2°$

the other ship is maintaining her course

action time: 121 min; the distance is: 2.993512

resume course time: 61 min

the bow angle of the closet passing point is $315.318°$

12.1.5 ● 智能避碰决策仿真例五 ($v_T / v_0 > 0.95$)

本船参数为: $v_0 = 14$ kn, own_course $= 000°$, $L = 250$ m, 位置(0,0)

他船参数为: $v_T = 16$ kn, tar_course $= 330°$, 初始位置(8,0)

智能避碰决策仿真系统给出的数据及结果为:

DCPA $= -0.143571$

TCPA $= 0.017944$

relative course $= 268.97°$

relative bearing $= 90°$

true bearing $= 90°$

last-helm = 1.912972

collision risk = 1.856429

safety-passing distance = 1.029013

crossing situation, own ship turn on starboard.

turning angle = 44°

the other ship is maintaining her course

action time:23 min; the distance is:4.993364 n mile

resume course time:18 min

the bow angle of the closet passing point is 328.05577°

12.1.6　智能避碰决策仿真例六（$v_T / v_0 \leqslant 0.95$）

本船参数为：v_0 = 15 kn, own_course = 000°, L = 250 m, 位置(0,0)

他船参数为：v_T = 14 kn, tar_course = 350°, 初始位置(7.5,3)

智能避碰决策仿真系统给出的数据及结果为：

DCPA = -0.663277

TCPA = 1.327211

relative course = 263.48864°

relative bearing = 68.198592°

true bearing = 68.198592°

last-helm = 0.691781

collision risk = 1.35241

safety-passing distance = 0.676109 n mile

crossing situation, own ship turn on port.

turning angle = 2°

the other ship is maintaining her course

action time:69 min; the distance is:4.970655 n mile

resume course time:4 min

the bow angle of the closet passing point is 145.75087°

12.1.7　智能避碰决策仿真例七

本船参数为：v_0 = 15 kn, own_course = 000°, L = 250 m, 位置(0,0)

他船参数为：v_T = 14.2 kn, tar_course = 10°, 初始位置(-7.5,3)

智能避碰决策仿真系统给出的数据及结果为：

DCPA = 0.082707

TCPA = 1.153674

relative course = 112.38057°

relative bearing = 291.801408°

true bearing = 291.801408°

last-helm = 1.696366

collision risk = 1.912797

crossing situation, the other one is given-way ship. when the other does not take action, own ship turn on starboard.

the other ship is maintaining her course

action time:144 min; the distance is:1.679

resume course time:8 min

last DCPA is -1.004789

智能避碰决策系统的决策过程是:

第一,根据两船的位置、运动参数,确定两船间的 $DCPA$、$TCPA$、舷角、最低安全通过距离、最晚施舵点、计算空间碰撞确定度、时间碰撞危险度和时间碰撞危险度。第二,根据计算参数,确定两船会遇局面及本船在避碰中的权利和义务。第三,若本船为让路船,则根据避碰行动时机优化静态模型和动态模型,确定避碰行动时机。第四,当本船为让路船时,预测在本船避碰行动时机,他船的舷角及位置;当本船为直航船时,预测在本船最晚施舵点时,他船的舷角及位置。第五,根据转向避让幅度优化模型确定转向幅度。第六,时刻监测他船的位置及动态。第七,当他船到达本船采取避碰行动时机点时,将他船的航速、航向、位置、舷角与预测值进行比较,若他船运动参数无变化,则采取确定的避碰行动。第八,在避碰过程中及转向结束后,时刻核对他船运动参数有无变化;若在转向过程中,他船运动参数有变化,且根据避碰行动局面划分,两船避碰行动不协调,则继续转向至90°后,根据新确定的参数及他船的运动情况,确定进一步的行动。

12.2 多船会遇避碰仿真

仿真例1:

设有四艘船target$_0$(T_0)、target$_1$(T_1)、target$_2$(T_2)、target$_3$(T_3)与本船(own)会遇,本船与目标船的原始数据如表12-3所示。

表12-3 四目标船与本船原始数表

	T_0	T_1	T_2	T_3	own
x	4	3.8	-6	-5.4	0
y	5	4.8	-3	3	0

续表

	T_0	T_1	T_2	T_3	own
$v(\text{kn})$	13	14	12	11	12
course	243°	244°	020°	060°	000°

智能避碰决策系统通过计算给出的数据如表 12-4 所示。

表 12-4　智能避碰决策系统输出结果表

	T_0	T_1	T_2	T_3
目标 5 n mile 的相对真方位	40.3°	36.9°	226.9°	297.8°
要求的安全通过距离(n mile)	1.055	1.056	0.704	0.962
$DCPA_0$(n mile)	0.642	0.386	3.996	0.565
$TCPA_0$(n mile)	0.299	0.277	1.293	−0.533
碰撞危险度	1.391 5	1.635 0	0.000 0	1.412 1
最晚施舵点(n mile)	2.404	2.150	0.704	0.962
存在碰撞船	○	○		○
避碰重点船		○		
转向方式		右转		
转向幅度		35°		

仿真例 2：

设有四艘船 $\text{target}_0(T_0)$、$\text{target}_1(T_1)$、$\text{target}_2(T_2)$、$\text{target}_3(T_3)$ 与本船(own)会遇,本船与目标船的原始数据如下表 12-5 所示。

表 12-5　四目标船与本船原始数表

	T_0	T_1	T_2	T_3	own
x	−5.5	6.2	2	0	0
y	5	1.8	−1	6.3	0
$v(\text{kn})$	16	17	17	15	16
course	090°	315°	000°	000°	000°

智能避碰决策系统通过计算给出的数据见表 12-6 所示。

表 12-6 智能避碰决策系统输出结果表

	T_0	T_1	T_2	T_3
目标 5 n mile 的相对真方位	310.9°	74.4°	116.6°	180°
要求的安全通过距离(n mile)	0.991	1.017	0.741	0.600
$DCPA_0$(n mile)	0.354	−0.240	2.000	0.000
$TCPA_0$(n mile)	0.328	0.510	1.000	−6.300
碰撞危险度	1.6432	1.7645	0.0000	0.0000
最晚施舵点(n mile)	1.790	1.029	0.741	0.924
存在碰撞船	○	○		
避碰重点船		○		
转向方式		左转		
转向幅度		50°		
转向时机		开始后 0.036 h		
转身持续时间(min)		48		
与四个目标通过情况:都能在大于最小安全通过距离上通过				

结论:

建立智能避碰决策仿真系统,并进行仿真说明:

第一,本书所建立的碰撞危险度模型、最晚施舵点模型、避碰行动时机优化模型、转向避碰幅度优化模型等是正确的;

第二,建立的智能避碰决策仿真系统,能够解决两船会遇复杂的避碰问题,满足了本书的基本要求。

12.3 智能避碰决策系统开发与完善及以后研究内容

12.3.1 系统开发与完善

虽然有上述仿真,但我们认为对所建各种模型的验证是不充分的,为此对船舶智能避碰决策系统进行重新设计开发。新开发的系统增加了三个数据库,即碰撞成功数据库、避碰无解数据库、避碰失败数据库,这三个数据库都具有回放功能,以分析导致避碰无解、避碰失败的原因,从而进一步完善系统相应部分。

智能避碰系统自 2010 年 7 月着手开发,至 2011 年 8 月完成第一版本。从 2011 年 9 月至 2012 年 7 月完成了第二版本的开发并进行了仿真测试。

自 2012 年 7 月至今,仿真程序一直在运行,并根据仿真结果对系统进行了多次分析和改进。同时,增加了可视系统,可实时观看装有智能避碰决策系统的船舶的运行情况、与周围船的会遇情况、采取避碰行动种类及效果等。

测试结果内容包括:

(1)仿真时间

仿真时间指的是仿真船舶在海上航行的时间。

(2)随机船总数

随机船总数指的是在仿真过程中,生成的随机船舶总数。

(3)需要避让次数

需要避让次数指的是若本船不采取避让行动,来船将无法与本船从安全距离上通过的会遇局面发生次数。

(4)实际避让次数

实际避让次数是船舶采取避碰行动的次数,包括避让成功和事故。事故是指采取了避碰行动,但是来船仍进入了本船的船舶领域内,避让不成功,进入避让不成功数据库。

(5)无避碰方案

无避碰方案是指根据当前的避碰决策系统找不到可以使来船与本船从安全距离上通过的方案,进入无解方案数据库。

实测结果:

(1)第一次(图 12-3)

完成日期:2013 年 7 月 28 日

仿真时间:664.6 h

随机船总数:7 664 艘

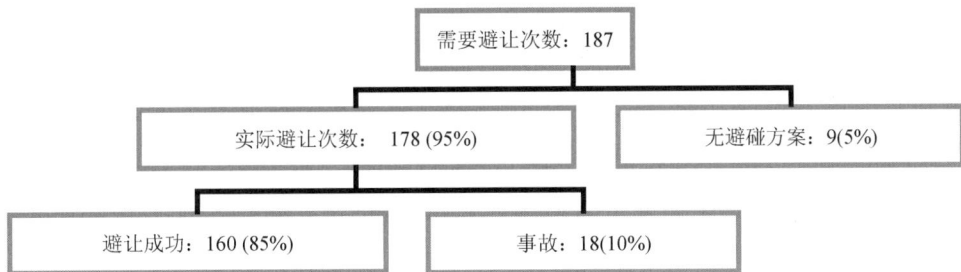

```
                需要避让次数：187
                         │
        ┌────────────────┴────────────────┐
  实际避让次数：178 (95%)              无避碰方案：9(5%)
        │
 ┌──────┴──────┐
避让成功：160 (85%)    事故：18(10%)
```

图 12-3　第一次大规模运行结果图

通过对无避碰方案及碰撞事故回放及分析,其主要原因是判断不充分。将判断来船的距离增加为 12 n mile,即在来船进入 12 n mile 后即按《国际海上避碰规则》规定的会遇局面的规定进行相应会遇局面的判断。

（2）第二次（图12-4）

完成日期:2013 年 9 月 3 日

仿真时间:5 590.9 h

随机船总数:175 027 艘

（注:增加了船舶密度,即增加了随机船在单位时间内产生的数量。）

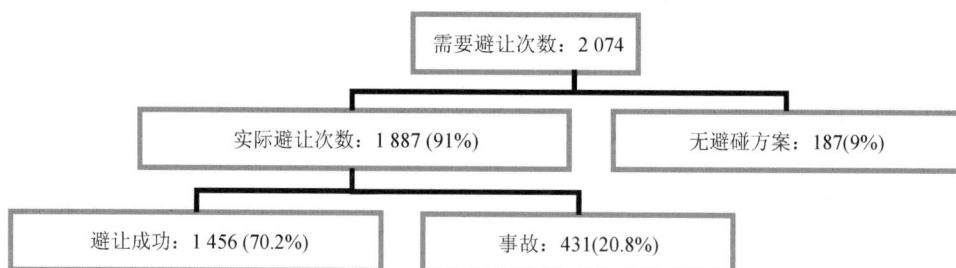

```
                      需要避让次数: 2 074
              ┌──────────────────────┴──────────────────────┐
      实际避让次数: 1 887(91%)                    无避碰方案: 187(9%)
    ┌─────────┴─────────┐
避让成功: 1 456 (70.2%)      事故: 431(20.8%)
```

图 12-4　第二次大规模运行结果图

　　根据对无避碰方案及避碰事故样本的逐步回放和系统研究发现:主要是在他船不让路时,根据本书所建立的最晚施舵点的智能性不够,严格限制了系统在让路时的机械性。将最晚施舵点适当增加,以使决策系统根据当时两船、多船会遇局面的实际情况进行判断,决定最晚施舵点。

（3）第三次（图12-5）

完成日期:2013 年 10 月 16 日

仿真时间:1 747.6 h

随机船总数:52 454 艘

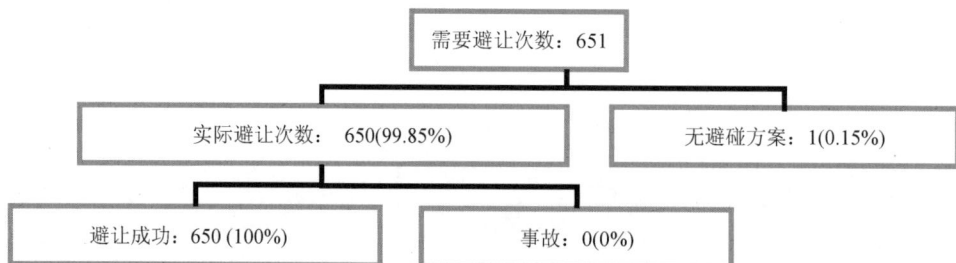

```
                      需要避让次数: 651
              ┌──────────────────────┴──────────────────────┐
      实际避让次数: 650(99.85%)                  无避碰方案: 1(0.15%)
    ┌─────────┴─────────┐
避让成功: 650 (100%)          事故: 0(0%)
```

图 12-5　第三次大规模运行结果图

（4）第四次（图12-6）

完成日期:2013 年 12 月 21 日

仿真时间:7 353.5 h

随机船总数:222 474 艘

位于本船 112.5°并与本船构成交叉相遇局面的来船,都是比本船速度快的船,在避

需要避让次数：2 750

实际避让次数：2 748(99.93%)　　　无避碰方案：2(0.07%)

避让成功：2 748 (100%)　　　事故：0(0%)

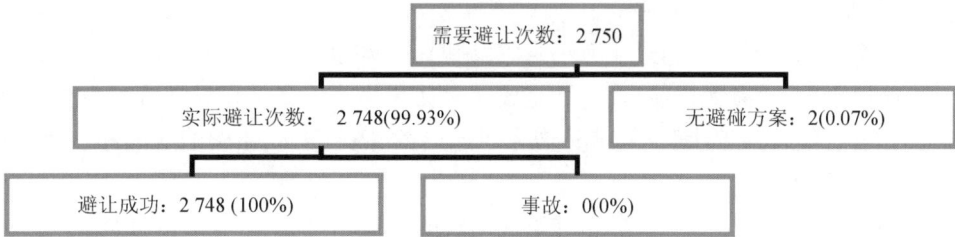

图 12-6　第四次大规模运行结果图

碰中,本船处于避让困难局面,增加左转向情况。

(5)第五次(图 12-7)

完成日期:2014 年 3 月 28 日

仿真时间:7 853.3 h

随机船总数:237 609 艘

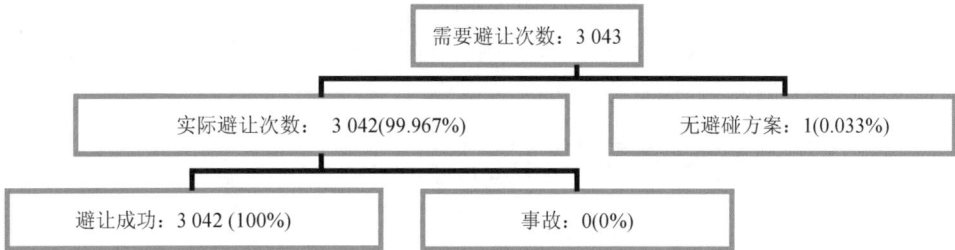

需要避让次数：3 043

实际避让次数：3 042(99.967%)　　　无避碰方案：1(0.033%)

避让成功：3 042 (100%)　　　事故：0(0%)

图 12-7　第五次大规模运行结果图

(6)第六次(图 12-8)

完成日期:2014 年 4 月 26 日

仿真时间:4 147.2 h

随机船总数:344 689 艘

(注:增加了船舶密度等参数。)

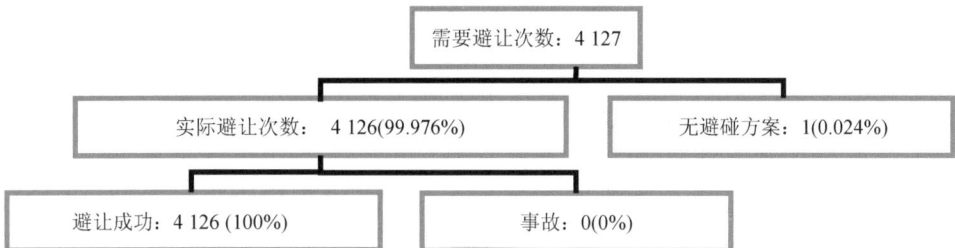

需要避让次数：4 127

实际避让次数：4 126(99.976%)　　　无避碰方案：1(0.024%)

避让成功：4 126 (100%)　　　事故：0(0%)

图 12-8　第六次大规模运行结果图

根据仿真需要,将危险度的数值不局限于1,进行微小调整。

（7）总结

至今,系统总仿真时间超过 4 万小时、互见船舶 170 万艘以上、实际避让次数 2 万次以上,无碰撞事故、没有无避碰方案,都是成功避让。这些仿真是在异常苛刻条件下对系统进行的测试,如设置避让船不让路、增大船舶密度、随机生成船舶的航向和航速、具有有序性或无序性等。

我们对仿真结果进行回放、分析并解决出现的问题,对系统进行了多次升级。

12.3.2 ● 有待进一步研究的问题

船舶智能避碰决策系统通过一次研究想要解决其遇到的所有问题是不可能的,更深入研究的内容包括但不限于下列方面:

12.3.2.1 交通繁忙水域、水域状况复杂的船舶智能避碰决策问题

正如本书所引用的参考文献所指出的那样,船舶领域受许多因素的影响,其中船舶交通密度、水域特点等是重要因素。但我们认为,经过大量调查和深入分析,其相应的模型是完全可以建立的。

12.3.2.2 船舶智能避碰决策系统的进化问题

系统具有了进化性,才具有更强的适应性。在本书研究过程中,虽已有了使整个智能避碰决策系统进化的设想,但由于时间、精力等方面的问题,而没有付诸实施。可以肯定,船舶智能避碰决策系统的进化问题是未来研究的课题。

12.3.2.3 船舶碰撞危险度的问题

本书提出了时间碰撞危险度和空间碰撞危险度的概念,并采取较为合适的算子合成碰撞危险度。笔者认为,这种碰撞危险度几乎考虑了所有主要因素,但是还没有考虑潜在碰撞危险度。从完整的意义上讲,碰撞危险度可能是时间碰撞危险度、空间碰撞危险度与合成的碰撞危险度。因此,这方面的研究会极大地丰富碰撞危险度的内涵。

12.3.2.4 多船避碰决策问题

多船避碰决策问题,虽然在避碰中不是很多,但是对于智能避碰决策系统的完整性,也是不可缺少的。

总之,本书研究也可能存在不足之处,如可能对前人研究成果评述不够全面与客观等。船舶智能避碰决策系统是一个复杂的系统,需要大量专家学者加入这个队伍。

附录

避碰行为调查表

调查表一

一、请标出在船舶对遇、交叉相遇及追越局面时来船的舷角(航向夹角),并标出舷角(航向夹角)大小,写出你对这种划分正确性的把握程度。

本船航向

二、在对遇中(两船的行动均不受限制)

1. 请标出你经常采取避碰行动时,两船的距离(n mile)范围。

0.5,1.0,1.5,2.0,2.5,3.0,3.5,4.0,4.5,5.0,5.5 以上

2. 在对遇中,当两船绿对绿(即右对右)时,请选出你采取避让行动的方式和采取行动时两船最近会遇距离的范围(以 0.1 n mile 为单位)。

最近会遇距离(n mile)	0.1	0.2	0.3	0.4	0.5	0.6	0.7	0.8	0.9	1.0
一定向右转向										
一般向右转向										
可能向右转向										
不采取行动										
可能向左转向										
一般向左转向										
一定向左转向										

最近会遇距离(n mile)	0.1	0.2	0.3	0.4	0.5	0.6	0.7	0.8	0.9	≥2
一定向右转向										
一般向右转向										
可能向右转向										
不采取行动										
可能向左转向										
一般向左转向										
一定向左转向										

3. 在对遇两船红对红(即左对左),你都是向右转向避让吗? 有否例外?

三、你作为追越船,且行动不受限制时,安全追越的两船间最小会遇距离为:

调查表二

一、在海上互见的交叉相遇中

1. 在海上互见的交叉相遇中(存在碰撞危险),作为直航船,你对让路船随距离变化的态度:

两船之距(n mile)	0.5	1.0	1.5	2.0	2.5	3.0	3.5	4.0	4.5	5.0	5.5	6.0
不在意												
较注意												
重视												
高度重视												

2. 作为让路船,根据实际行动,你采取避碰行动的距离:

两船之距(n mile)	0.5	1.0	1.5	2.0	2.5	3.0	3.5	4.0	4.5	5.0	5.5	6.0
一定采取行动												
一般会采取行动												
可能采取行动												
一般不采取行动												
不会采取行动												

3. 作为直航船,根据实际,当让路船不采取行动时,你在下列各距离上:

两船之距(n mile)	0.5	1.0	1.5	2.0	2.5	3.0	3.5	4.0	4.5	5.0	5.5	6.0
一定采取行动												
一般会采取行动												

续表

可能采取行动									
一般不采取行动									
不会采取行动									

4. 在海上互见的交叉相遇中,作为让路船,你曾在两船最近会遇距离(n mile)接近到多少海里时,未采取任避碰何行动?

0.1,0.2,0.3,0.4,0.5,0.6,0.7,0.8,0.9,1.0,1.1,1.2,1.3,1.4,1.5,1.6,1.7,1.8,1.9,2.0,2.1,2.2

二、海上互见的对遇(两船行动均受限制)

1. 根据实际,你是在哪些距离(n mile)内采取行动的?

0.5,1.0,1.5,2.0,2.5,3.0,3.5,4.0,4.5,5.0,5.5,6.0

2. 根据实际行动,在对遇两船绿对绿的情况下,你采取行动的距离范围以 0.1 n mile 为单位,填写下表,例如填写(0.6~0.8)。

最近会遇距离(n mile)	0.1	0.2	0.3	0.4	0.5	……	2.1	2.2	2.3	2.4	2.5
一定向右转向											
一般向右转向											
可能向右转向											
不采取行动											
可能向左转向											
一般向左转向											
一定向左转向											

调查表三

您的职务:_____;您的海上资历:_____;您经常在职船的吨级:_____

一、在海上会遇,两船的行动均不受限制,若本船与他船的速度都是 15 kn,都为万吨级船舶,请回答下述问题(请在下述各括号内写一数值或一数值范围)。

1. $DCPA=0$ 且对遇时,您在两船相距(　)时采取行动,转向角度约为(　)度,预期的 $DCPA$ 为(　)。

2. 当 $DCPA=0$ 且他船位于本船右舷 10° 时,您在两船相距(　)采取避让行动,转向角度约为(　)度,预期的 $DCPA$ 为(　)。

3. 当 $DCPA=0$ 且他船位于本船右舷 30° 时,您在两船相距(　)采取避让行动,转向角度约为(　)度,预期的 $DCPA$ 为(　)。

4. 当 $DCPA=0$ 且他船位于本船右舷 60° 时,您在两船相距(　)采取避让行动,转向角度约为(   )度,预期的 $DCPA$ 为(   )。

5. 当 $DCPA=0$ 且他船位于本船右舷 90° 左右时,您在两船相距(   )采取避让行动,转向角度约为(   )度,预期的 $DCPA$ 为(   )。

6. 当 $DCPA=0$,他船位于本船右舷角由 30° 增加为 60° 时,您采取行动时两船的距离:
(1)增大了;(2)减小了;(3)基本不变

二、本船的速度为 15 kn,他船的速度为 20 kn,都为万吨级船舶,请在下述括号内填一数值或一数值范围。

1. $DCPA=4$ 且对遇时,您在两船相距(   )时采取行动,转向角度约为(   )度,预期的 $DCPA$ 为(   )。

2. 当 $DCPA=0$ 且他船位于本船右舷 30° 时,您在两船相距(   )采取避让行动,转向角度约为(   )度,预期的 $DCPA$ 为(   )。

3. 当 $DCPA=0$ 且他船位于本船右舷 60° 时,您在两船相距(   )采取避让行动,转向角度约为(   )度,预期的 $DCPA$ 为(   )。

4. 当 $DCPA=0$ 且他船位于本船右舷 90° 左右时,您在两船相距(   )采取避让行动,转向角度约为(   )度,预期的 $DCPA$ 为(   )。

三、若本船的速度为 20 kn,他船的速度为 15 kn,都为万吨级船舶,请在下述括号内填一数值或一数值范围。

1. $DCPA=0$ 且对遇时,您在两船相距(   )时采取行动,转向角度约为(   )度,预期的 $DCPA$ 为(   )。

2. 当 $DCPA=0$ 且他船位于本船右舷 30° 时,您在两船相距(   )采取避让行动,转向角度约为(   )度,预期的 $DCPA$ 为(   )。

3. 当 $DCPA=0$ 且他船位于本船右舷 60° 时,您在两船相距(   )采取避让行动,转向角度约为(   )度,预期的 $DCPA$ 为(   )。

四、本船为让路船,若在两个完全相同的会遇局面中,直航船也完全相同,在一个局面中采取方法 A 观测(雷达观测),在另一个局面中采取方法 B 观测(仅用视觉观测),则:

1. 用 A 观测比用 B 观测时,采取避碰行动相对较晚,且避让角度相对小;

2. 用 A 观测比用 B 观测时,采取避让行动相对较晚,但避让角度相对大;

3. 用 A 观测比用 B 观测时,采取避让行动相对较早,且避让角度相对小;

4. 用 A 观测比用 B 观测时,采取避让行动相对较早,但避让角度相对大;

5. 用 A 观测与用 B 观测时,采取避让行动时机相同,且避让角度也相同。

调查表四

海上船舶避碰行动观测表(一)

交叉相遇情况下

序号	直航船位于让路船舷角	让路船采取行动距离	采取转向避让幅度	让路船速度	直航船速度	实际安全通过距离

船舶避碰行动观测表(二)

对遇情况下

序号	采取行动距离	采取转向角避让幅度	A 船船速	B 船船速	实际安全通过距离

参考文献

［1］李丽娜,陈聪贵.宽阔水域船舶避碰智能化方法的研究：中国交通研究与探索［M］.北京：中国铁道出版社,1997.

［2］SABURO TSURUTA,HISASHI MATSUMURA. Basic research on an expert system for navigation at sea［J］. The Journal of Japan Institute of Navigation,1987(77):133-139.

［3］NOBUO ARIMURA,KAZUNARI YAMADA. A study on the navigation decision support display system［J］. The Journal of Japan Institute of Navigation,1991(86):325-335.

［4］JUNJI FUKUTO,MASAYOSHI NUMANO. Measurements of the starting position of collision avoidance maneuver by means of ship maneuvering simulator experiment［J］. The Journal of Japan Institute of Navigation,1991(86):49-55.

［5］E S QUILTER,J D LUSE. Hidden limits of collision avoidance automation［J］. The Journal of the Institute of Navigation,1979,26(3):244-251.

［6］G R G LEWISON. The risk of a ship encounter leading to a collision［J］. The Journal of the Institute of Navigation,1978,31(3):384-406.

［7］KUNIJI KOSE,SADAHARU KOJIMA,KAZUHIKO TAKAHASHI. An expert system for collision avoidance and its application to marine traffic simulations under traffic lane regulation［J］. The Journal of Japan Institute of Navigation,1990(184):165-171.

［8］YUKITO IIJIMA,HIDEDI HAGIWARA. On a result of collision avoidance maneuverusing a knowledge-based automonous piloting system［J］. The Journal of Japan Institute of Navigation,1990(83):277-287.

［9］DE WIT,OPPE. Optimal collision avoidance［J］. The Journal of the Institute of Navigation,1979-1980,26(4):296-303.

［10］D B CHARTER. Determination of risk of collision using twentieth century techniques［J］. The Journal of the Institute of Navigation,1979,26(3):237-243.

［11］中华人民共和国海事局.《中华人民共和国船舶安全营运和防止污染管理规则》资料汇编［M］.北京：人民交通出版社,1999.

［12］锅岛正昭.关于碰撞事故与操船者的判断［J］.海上安全,1989(10):14-21.

［13］锅岛正昭. 关于碰撞事故与操船者的判断与研究［J］. 海上安全,1991(3):18-23.

［14］朱军. 船舶避碰知识库［J］. 国外航海科技,1991(003):27-33.

［15］陆余学. 专家系统及其在海上的应用［J］. 国外航海科技,1990,013(004):15-20.

［16］KUNIJI KOSE. An expert system for collision avoidance and its application to marine traffic simulation undertraffic lane regulation［J］. The Journal of Japan Institute of Navigation,1984:165-172.

［17］锅岛正昭. 海难发生状况与海难原因［J］. 海上安全,1995(11):2-8.

［18］全文兴. 水上交通事故统计、分析、预测方法的研究［D］. 大连:大连海事大学,1999.

［19］K D JONES. A comparison of facilities on computer based radar. Journal of Navigation,1976,29(3):232-237.

［20］赵劲松,古文贤. 避碰时机决策模型的分析［J］. 大连海事大学学报,1991,17(1):37-43.

［21］HIDEYUKI KITA. Mathematical models for analysis of ship collision risk［J］. The Journal of Japan Institute of Navigation,1986(87):27-33.

［22］佟宝德,石爱国,岳峰,等. 论船舶避碰自动化系统［J］. 中日航海学会论文集,1998:12-18.

［23］KIYOSHI HARA,KEISHI FUJII. Statistical analysis of subjective risk assessment on Japanese waters by mariners［J］. The Journal of Japan Institute of Navigation,1991(86):271-278.

［24］王敬全,吴烯. 船舶避碰专家系统［C］. 中日航海学会论文集,1998:117-122.

［25］F P COENEN,GPSNEATON,AGBOLE. Knowledge-based collision avoidance［J］. Journal of Navigation,1980,42(1):107-116.

［26］LI LINA,CHEN CONGGUI. Research on multi-ship anti-collision intelligent method at widely area［C］. Anti-collision96 Conference,Chiavari Publishing,1996.

［27］KAZUHIKO HASEBAWA. Ship auto-navigation fuzzy expert system (SAFES)［C］. 日本造船学会论文集,1988(166):445-452.

［28］MOSCOWALIN. Collision course［M］. New York:Dell Publishing,1959.

［29］田盛丰. 人工智能原理与应用［M］. 北京:北京理工大学出版社,1993.

［30］司玉琢,吴兆麟. 船舶碰撞法［M］. 大连:大连海运学院出版社,1991.

［31］赵劲松,宋淑华. 船舶驾驶员主观碰撞危险度的测度［J］. 大连海事大学学报,1990,016(001):29-31.

［32］ZHEN R,RIVEIRO M,JIN Y. A novel analytic framework of real-time multi-vessel collision risk assessment for maritime traffic surveillance［J］. Ocean Engineering,2017(145):492-501.

［33］屠群峰. 试论撞危险度［J］. 浙江省交通学校学报,1993(1):8-10.

［34］SZLAPCZYNSKI R. A unified measure of collision risk derived from the concept of a ship domain[J]. Journal of Navigation,2006,59(3):477-490.

[35] SZLAPCZYNSKI R,SZLAPCZYNSKA J. An analysis of domain-based ship collision risk parameters[J]. Ocean Engineering,2016(126):47-56.

[36] WANG N. An intelligent spatial collision risk based on the quaternion ship domain[J]. Journal of Navigation,2010,63(4):733-749.

[37] TAM C,BUCKNALL R. Collision risk assessment for ships[J]. The Journal of Marine Science and Technology,2010,15(3):257-270.

[38] PERERA L P,GUEDES SOARES. Collision risk detection and quantification in ship navigation with integrated bridge systems[J]. Ocean Engineering,2015(109):344-354.

[39] XIAO F,LIGTERINGEN H,VAN GULIJK C,et al. Comparison study on AIS data of ship traffic behaviour[J]. Ocean Engineering,2015(95):84-93.

[40] J KEARON. Computer programs for collision avoidance and traffic keeping[M]. London: Academic Press,1977.

[41] HIMAZU,TKOYAMA. Determination of times of collision avoidance[J]. The Journal of Japan Institute of Navigation,1984(70):30-37.

[42] H IWASAKI,KHARA. A fuzzy reasoning model to decide the collision avoidance action [J]. The Journal of Japan Institute of Navigation,1986(75):69-70.

[43] A N COCKCROFT. The circumstance of sea collision[J]. Journal of Navigation,1982,35 (1):100-112.

[44] 长谷川和,上月明彦. The research of circumstance of sea collision[J]. The Journal of Japan Institute of Navigation,1987:205.

[45] 邱志雄,兰培真. 船舶避碰综合决策系统[J]. 大连海事大学学报,1992,18(3): 247-253.

[46] MONTEWKA J,GOERLANDT F,KUJALA P. Determination of collision criteria and causation factors appropriate to a model for estimating the probability of maritime accidents [J]. Ocean Engineering,2012(40):50-61.

[47] CHAI T,WENG J,XIONG D. Development of a quantitative risk assessment model for ship collisions in fairways[J]. Safety Science,2017(91):71-83.

[48] BIN Y J. Distance identification for maximum change in ship collision risk through a coast guard patrol ship experiment[J]. Journal of the Korean Society of Marine Environment & Safety,2017,23(5):447-454.

[49] 金元旭,金昌济. Establishment of navigational risk assessment model combining dynamic ship domain and collision judgement model[J]. Journal of the Korean Society of Marine Environment & Safety,2018,24(1):36-42.

[50] 井上欣三. Guidelines to assess the safety of marine traffic[J]. The Journal of Japan Institute of Navigation,1997(98):225-234.

［51］佟宝德.论船舶避碰自动化系统［C］.中日航海学术交流会论文集,1999:116-122.

［52］LISOWSKI J. The dynamic game theory methods applied to ship control with minimum risk of collision［C］. The 5th International Conference on Simulation in Risk Analysis and Hazard Mitigation,2006:293-302.

［53］GOERLANDT F,MONTEWKA J,KUJALA P. Tools for an extended risk assessment for ropax ship-ship collision［J］. Society of Civil Engineers (ASCE),2014.

［54］吴兆麟.自动雷达避碰决策系统研究报告［C］.中日航海学术交流会论文集,1991.

［55］邱志雄.自动雷达避碰的研究［C］.中日航海学术交流会论文集,1992.

［56］STAHLBERG K,GOERLANDT F,EHLERS S,et al. Impact scenario models for probabilistic risk-based design for ship-ship collision［J］. Marine Structures, 2013 (33): 238-264.

［57］SOTIRALIS P,VENTIKOS N P,HAMANN R,et al. Incorporation of human factors into ship collision risk models focusing on human centred design aspects ［J］. ReliabilityEngineering& System Sasety,2016(156):210-227.

［58］HANNINEN M,KUJALA P. Influences of variables on ship collision probability in a Bayesian belief network model［J］. Reliability Engineering & System Sasety,2012,102: 27-40.

［59］WANG N. Intelligent quaternion ship domains for spatial collision risk assessment［J］. Journal of Ship Research,2012,56(3):170-182.

［60］黄纯,陈国伟,柴田.IWRAP MK Ⅱ软件在长江口水域船舶碰撞和搁浅风险评估中的应用［J］.中国航海,2017,40(001):79-82.

［61］LISOWSKI J. Multi-step matrix game with the risk of ship collision［C］. The 4th International Conference on Computer Simulation in Risk Analysis and Hazard Mitigation,2004: 669-680.

［62］杨宝璋.面向未来的船舶避碰自动化系统［C］.IAIN94 论文集,1994.

［63］GOERLANDT F,KUJALA P. On the reliability and validity of ship-ship collision risk analysis in light of different perspectives on risk［J］. Safety Science,2014(62):348-365.

［64］PARK J,KIM J. Predictive evaluation of ship collision risk using the concept of probability flow［J］. IEEE Journalof Oceanic Engineering,2017,42(4):836-845.

［65］PARK J,HAN J,KIM J,et al. Probabilistic quantification of ship collision risk considering trajectory uncertainties［J］. IFAC Papersonline,2016,49(23):109-114.

［66］JIE W,FAN Y. Risk analysis based on the ship collision modeling and forecasting system ［C］. IEEE International Conference on System,Man,and Cybernetic,2008:1516.

［67］YOUSSEF S A M. Risk control options against ship collision and grounding accidents: asurvey of the state-of-the-art［J］. Naval Engineers Journal,2017,129(1):99-110.

［68］ZHANG W,MONTEWKA J,GOERLANDT F. Semi-qualitative method for ship collision risk assessment[J]. Proceedings of the European Safety and Reliability Conference (ES-REL),2015:1563-1572.

[69] LEESEONGLO. Ship collision risk assessment and sensitivity analysis for sea-crossing bridges[J]. Journal of the Korean Society of Civil Engineers,2013,33(5):1753-1763.

[70] QU X,MENG Q,LI S. Ship collision risk assessment for the Singapore Strait[J]. Accident Analysis and Prevention,2011,43(6):2030-2036.

[71] SMIERZCHALSKI R. Ships' domains as collision risk at sea in the evolutionary method of trajectory planning[J]. Springer US,2005:411-422.

[72] LIU H,XU S,LIU S,et al. Study on application of grey relational decision-making on determination of ship collision risk degree[C]. International Conference on Logistics Engineering,Management and Computer Science (LEMCS),2015:331-335.

[73] KIYOSHI HARA. Proposal of maneuvering standard to avoid collision in congested sea area[J]. The Journal of Japan Institute of Navigation,1991(85):33-40.

[74] KINZO INOUE,MASATAKA KUBONO,MAKOTO MIYASAKA,et al. Modeling of mariner's perception of safety when being faced with imminent danger[J]. The Journal of Japan Institute of Navigation,1997(98):235-245.

[75] 王乃余. 对遇局面中的碰撞危险[J]. 海运科技,1990(2):7-9.

[76] 严庆新. 船舶碰撞危险度评判模型[J]. 武汉河运专科学校学报,1988(5):2-4.

[77] SILVEIRA P A M,TEIXEIRA A P,GUEDES SOARES C. Use of AIS data to characterise marine traffic patterns and ship collision risk off the coast of Portugal[J]. Journal of Navigation,2013,66(6):879-898.

[78] YOUNG K S. Validation on the algorithm of estimation of collision risk among ships based on AIS data of actual ships' collision accident[J]. Journal of Korean Navigation and Port Research,2010,34(10):727-733.

[79] 郑道昌. 船舶会遇危险度的评价[J]. 大连海事大学学报,2002(02):14-17.

[80] 今津隼马. 评价碰撞危险度的方法[J]. 航海(Japan),1984(80):55-62.

[81] KHKWIK. Collision rate as a danger criterion for marine traffic[J]. The Journal of Japan Institute of Navigation,1986,39(2):203-212.

[82] G R GLEWISON. The risk of a ship encounter leading to a collision[J]. Journal of Navigation,1978,31(3):384-407.

[83] D B CHARTER,JR. Determination of risk of collision using twentieth century techniques [J]. Navigation (Journal of the Institute of Navigation),1979,26(3):237-243.

[84] ASMARA I P S,KOBAYASHI E,ARTANA K B,et al. Simulation-based estimation of collision risk during ship maneuvering in two-lane canal using mathematical maneuvering group model and automatic identification system data[C]. The 33rd ASME International Conference on Ocean,Offshore and Arctic Engineering,2014.

［85］SABURO TSURUTA, HISASHI MATSUMURA, MASAAKI INAISHI, et al. Basic research on an expert system for navigation at sea (collision avoidance expert system)［J］. The Journal of Japan Institute of Navigation,1987(77):133-139.

［86］LIU H, XU S, LIU S, et al. Study on application of grey relational decision-making on determination of ship collision risk degree［C］. International Conference on Logistics Engineering, Management and Computer Science (LEMCS),2015:331-335.

［87］REN Y, MOU J, YAN Q, et al. Study on assessing dynamic risk of ship collision,2011［J］. American Society of Civil Engineers (ASCE),2011:250-256.

［88］SZLAPCZYNSKI R, SMIERZCHALSKI R. Supporting navigator's decisions by visualizing ship collision risk［J］. Polish Maritime Research,2009,16(1):83-88.

［89］GOERLANDT F, KUJALA P. Traffic simulation based ship collision probability modeling［J］. Reliability Engineering& System Safety,2011,96(1):91-107.

［90］张金奋. 船舶碰撞风险评价与避碰决策方法研究［D］. 武汉:武汉理工大学,2013.

［91］姚杰,任玉清,吴兆麟,等. 多船会遇碰撞危险的模糊识别评价方法［J］. 大连水产学院学报,2002(04):313-317.

［92］徐言民,唐成港,许鹏,等. 基于网格化理论的船舶碰撞事故黑点研究［J］. 中国航海,2013(04):72-75.

［93］范耀天,李海蛟. 网格化港口水域船舶碰撞风险预测研究［J］. 船海工程,2008(04):85-87.

［94］PARK Y. A basic study on prediction module development of collision risk based on ship's operator's consciousness［J］. Journal of Korean Navigation and Port Research,2015,39(3):199-207.

［95］今津隼马. 避航和碰撞预防装置［M］. 日本:成山堂,1984,77-105.

［96］XU Q, WANG N. A survey on ship collision risk evaluation［J］. Promet-Traffic & Transportation,2014,26(6):475-486.

［97］ZHANG G, THAI V V. Expert elicitation and bayesian network modeling for shipping accidents:a literature review［J］. Safety Science,2016(87):53-62.

［98］赵劲松,古文贤. 避碰时机决策模型的分析［J］. 大连海运学院学报,1991,17(1):37-43.

［99］孙凯. 一种基于人工神经网络和模糊数学的多船避碰综合决策方法的研究［D］. 大连:大连海事大学,1994.

［100］蔡烽,刘光明. 基于人工神经网络的船舶碰撞危险度计算［J］. 海军大连舰艇学院学报,1998,21(2):17-19.

［101］MINAISH. Building method and application of neural network system for navigationl ateral symposium of Sino［J］. The Japanese Navigation Institute,1992.

［102］MINAISH. Basic research on a collision avoidance system using neural networks proceedings[J]. IAIN91,1991.

[103] MASAAKI INAISHI,HAYAMA IMAZU,AKIO M. SUGISAKI. An approach to solving of collision avoidance problem based on a new concept[J]. The Journal of Japan Institute of Navigation,1991(85):1-8.

[104] CHEN S,AHMAD R,LEE B,et al. Composition ship collision risk based on fuzzy theory [J]. Journal of Central South University,2014,21(11):4296-4302.

[105] ZAMAN M B,KOBAYASHI E,WAKABAYASHI N,et al. Fuzzy FMEA model for risk evaluation of ship collisions in the Malacca Strait:based on AIS data[J]. Journal of Simulation,2014,8(1):91-104.

[106] GRINYAK V M,DEVYATISILNY A S. Neuro-fuzzy logic expert system of ship collision risk assessment[J]. Vestnik Komp'yuternykhi Informatsionnykh Tekhnologii,2015 (10):23-28.

[107] M L LI. Design of the model for predicting ship collision risk using fuzzy and DEVS [J]. Journal of the Korea Society for Simulation,2016,25(4):127-135.

[108] YOUNG K S,GONG I. Study on the estimation of collision risk of ship in ship handling simulator using fuzzy algorithm and environmental stress model[J]. Journal of Korean Navigation and Port Research,2009,33(1):43-50.

[109] KAZUYA KAKUTA,HIDEKI HAGIVARA,SABURO TSURUTA,et al. On the ship operations to improve the safety of navigation in Tokyo bay:evaluation by means of subjective judgement values of the ships navigating on the network[J]. The Journal of Japan Institute of Navigation 1994(92):337-345.

[110] C C GLANSDORP,JFKEMP,EMGOODWIN,et al. Quantification of navigational risk in European waters[J]. Journal of Navigation,1986,39(1):90-96.

[111] 孙占华. 船舶碰撞危险度综合评判[J]. 天津大学学报,1996:2-4.

[112] 王敬全,吴唏. 船舶避碰专家系统[C]. 海军广州舰艇学院,中日航海学会论文集,1998.

[113] 赵劲松. 使用可拓集合论确定海上船舶碰撞危险度的模型[C]. 中国航海,1989 (02):38-48.

[114] KAZUNARI YAMADA,KOBUO ARIMURA. A study on man-machine system in vessel traffic flow[J]. The Journal of Japan Institute of Navigation,1988(82):1-12.

[115] HUANG Y,VAN GELDER P H A J,MENDEL M B. Imminent ships collision risk assessment based on velocity obstacle[J]. The 26th Conference on European Safety and Reliability(ESREL),2017:693-700.

[116] 郑中义,吴兆麟. 船舶碰撞危险度模型[C]. 中国高等航海教育90周年论文集, 1990,16(1).

[117] JUNYA IMAMURA. Study on ship domain[J]. The Journal of Japan Institute of Naviga-

tion,1983(70):11-18.

[118] KINZO INOUE,SHIGERU USAMI,WATARU SERA. Risk evaluation of collision avoid-ance in restricted water[J]. The Journal of Japan Institute of Navigation,1993(89):187-195.

[119] 井上欣三.操船安全评价论[M].神户:神户商船大学,1996.

[120] SHINYA NAKAMLJRA,KUNIJI KOSE. A study on the safety assessment of marine traf-fic[J]. The Journal of Japan Institute of Navigation,1994(92):101-111.

[121] KINZO INOUE,NASATAKA KUBONO,MAKOTO MIYASAKA,et al. Modeling of mari-ner's perception of safety when being faced with imminent danger[J]. The Journal of Japan Institute of Navigation,1997(98):235-245.

[122] 毕修颖,贾传荧,吴兆麟.船舶变速避让行动与时机的确定[J].大连海事大学学报,2004,030(001):26-28.

[123] 张国伟.船舶转向避让效应及最佳转向避让时机的研究[D].大连:大连海事大学,2012.

[124] 刘以安,邹晓华,吴洁,等.灰色预测在船舶避碰时机决策中的应用[J].中国造船,2006,47(004):29-33.

[125] 陈君义.智能避碰系统计算原理[J].上海海运学院学报,1981,2(4):15-23.

[126] E ASMSSEN. International calibration study of traffic conflicts technique[J]. Springer-Verlag,1984.

[127] 藤井弥平.关于避碰和碰撞的概率[C].日本航海学会志,纪念论文集,1968:63-73.

[128] 藤井弥平.船舶的碰撞直径和碰撞发生率[C].日本航海学会论文集,1969(42):1-8.

[129] T MACDUFF. The probability of vessel collisions[J]. Ocean Industry,1974(09):144-148.

[130] G R G LEWISSON. The modeling of marine traffic flow and potential encounters in hollingdeled[J]. Mathematical Aspects of Marine Traffic,Academic Press,1979:129-159.

[131] G R G LEWISSON. The risk of a ship encounter leading to a collision[J]. Journal of Navigation,1978,31(3):384-407.

[132] LEE Y I,KIM Y G. A collision avoidance system for autonomous ship using fuzzy rela-tional products and COLREGs[C]. The 5th International Conference on Intelligent Data Engineering and Automated Learning (IDEAL 2004),2004:247-252.

[133] WANG T,YAN X,WANG Y,et al. A distributed model predictive control using virtual field force for multi-ship collision avoidance under COLREGs[C]. The 4th International Conference on Transportation Information and Safety (ICTIS),2017:296-305.

[134] LIU Y H,SHI C J. A fuzzy-neural inference network for ship collision avoidance[C]. The 4th International Conference on Machine Learning and Cybernetics, 2005: 4754-4759.

[135] CHEN D,WAN X,DAI C,et al. A research on AIS-based embedded system for ship collision avoidance[J]. The 3rd Int Conference Transportation Information Safety, 2015:512-517.

[136] 运输省第三港湾建设局.大阪湾船舶避让概率调查报告书[R].东京:运输省第三港湾建设局,1981.

[137] 原洁.关于在任意水域推定船物碰撞概率的方法[J].日本航海学会志,1977(46): 191-200.

[138] 原洁.根据避碰系统模型的碰撞概率考察[J].日本航海学会论文集,1973(50): 29-38.

[139] K H KWIK. Evaluation of the safety of ships in traffic[J]. Safety at Sea,1979(119): 39-45.

[140] K H KWIK. Berechnuhg der kollisionsrate-ein numerisches Beispiel[J]. Schiff Und Hafen/Kommandobrucke,1978(9):870-873.

[141] YANG H,DEUG J D. A study on development of ship collision avoidance support program[J]. Journal of the Korean Society of Marine Environment & Safety,2006,12(1): 47-52.

[142] AHN J,RHEE K,YOU Y. A study on the collision avoidance of a ship using neural networks and fuzzy logic[J]. Applied Ocean Research,2012(37):162-173.

[143] YANG H. A study on the development of ship collision avoidance support program considered speed[J]. Journal of Korean Navigation and Port Research,2007,31(5): 333-338.

[144] KIM D,AHN K,OH K,et al. A study on the verification of collision avoidance support system in real voyages[C]. The 15th World Congress of the International-Association-of-Institutes-of-Navigation (lAIN),2015:101-105.

[145] HONG S. Analysis of factors influencing ship collision avoidance judgment of maritime officers[J]. Journal of the Korean Institute of Plant Engineering,2015,20(1):3-10.

[146] PARK J,CHO Y,YOO B,et al. Autonomous collision avoidance for unmanned surface ships using onboard monocular vision[C]. Oceans MTS/IEEE Conference,2015.

[147] T DEGRE,X LEFEVRE. The maneuvering room concept-applications to collision avoidance problems[C]. Proc. of the fourth int. Symp. On VTS,Bremen,1981(1):144-162.

[148] K KUROD,A H KITA. Mathematical modeling of ship collision probability[J]. Memoirs of Fac. of Eng. ,Kyoto Univ. ,1982,XLIV,Part 1:135-157.

[149] 黑田胜彦,喜多秀行.船舶碰撞概率的推定模型[C].土木学会论文报告集,1984

（343）:111-119.

[150] 黑田胜彦,喜多秀行.根据 OSHICOP 模型对航路建设和航行规则效果的检验[C].土木学会论文报告集,1984(343):121-129.

[151] 藤井弥平.海上交通事故的研究:Ⅲ:航行船舶和浮标及作业中的渔船的碰撞概率[C].日本航海学会论文集,1984(70):207-212.

[152] K KURODA,A H KITA. Probabilistic model of ship collision with bridge piers preliminary report of IABSE colloquium "ship collision with bridge piers and offshore structures"[R]. Copenhagen,IABSE reports,1983(42):119-126.

[153] 黑田胜彦,喜多秀行.航路横断桥与船舶碰撞概率的推定模型[C].土木计划学研究论文集,1984(1):59-66.

[154] E M GOODWIN,J F KEMP. Collision risk for fixed offshore structures[J]. Journal of Navigation,1980,33(3):351-356.

[155] O D LARSEN. Ship collision risk assessment for bridge[R]. Introductory report of IABSE colloquium "ship collision with bridge piers and offshore structures"[R]. Copenhagen,IABSE reports,1983(41):113-128.

[156] S KRISTIANSEN. Marine traffic and platform collision risk. report uR-82-19,Dept. Of Marine Technology[J]. The Norwegian Institute of Technology,1982,45-72.

[157] O FURNES,J AMDAHL. Computer simulation study of offshore collisions and analysis of ship-platform impacts. in Carneiro. F. L. L. B. Et al. Eds[J]. Offshore Structures engineering Ⅱ,Gulf Publishing Co. ,1980:1189-1213.

[158] P THOFE-CRISTENSEN,S R K NIELSEN. Extreme and first passage time of IABSE collision loads[R]. Preliminary report of IABSE colloquium, "ship collision with bridge piers and offshore structures",Copenhagen,IABSE Reports,1983(42):99-108.

[159] TARNOPOLSKAYA T,FULTON N,MAURER H. Synthesis of optimal bang-bang control for cooperative collision avoidance for aircraft (ships) with unequal linear speeds[J]. Journal of Optimization Theory and Applications,2012,155(1):115-144.

[160] LIU H,LIU S,ZHANG L,et al. The Application research with particle swarm bacterial foraging intelligent algorithm in ship collision avoidance[C]. The 4th International Conference on Mechatronics,Control and Electronic Engineering (MCE),2014:69-74.

[161] MOHAMEDSEGHIR M. The branch-and-bound method and genetic algorithm in avoidance of ships collisions in fuzzy environment[J]. Polish Maritime Research,2012,19(1):45-49.

[162] 朱金善,孙立成,洪碧光.背景亮度及眩光对夜航船舶避碰的影响[J].大连海事大学学报,2003(03):48-51.

[163] 毕修颖,贾传荧,吴兆麟,等.船舶避碰行动领域模型的研究[J].大连海事大学学报,2003(01):9-12.

[164] R S KJONG,K M MJELDE. Optimal evasive maneuver for a ship in an environment of fixed installations and other ships[J]. Modeling, Identification and Control,1982,3(4):211-222.

[165] C ÖSTERGAARD,U RABIEN. Estimating risks in sea transportation of crude oil:some problems and solution[J]. Short presentation at joint US-FEG Conference on risk management,1983:111-115.

[166] K H DRAGER. Cause relationship of collisions and grounding-Research project conclusions[J]. Proc. of the fourth Int. Symp. On VTS,Bremen,1980(1):91-118.

[167] 上野修一. 用 FTA 对船舶碰撞事故发生构造的基础分析[M]. 日本:日本京都大学,1985.

[168] C VAN DER TAK,J A SPAANS. Model to calculate a maritime risk criterion number[J]. Navigation (The Journal of the Institute of Navigation),1976-77,23(4):343-348.

[169] FUJII Y,TANAKA K. Traffic capacity[J]. Journal of Navigation,1971(24):543-552.

[170] TOYOTA S,FUJII Y. Marine Traffic Engineering[J]. Journal of Navigation,1971,24(1):24-34.

[171] GOODWIN E M. A statistical study of ship domains[J]. Journal of Navigation,1975(28):329-341.

[172] DAVIS P V,DOVE M J,STOEKEL C T. A computer simulation of marine traffic using domains and arenas[J]. Journal of Navigation,1980,33(2):215-222.

[173] DAVIS P V,DOVE M J,STOEKEL C T. A computer simulation of multi-ship encounters[J]. Journal of Navigation,1982,35(2):347-352.

[174] TAK C V,SPAANS J A. A model for calculating a maritime risk criterion number[J]. Journal of Navigation,1977,30(2):287-295.

[175] GOLDWELL T G. Marine traffic behavior in restricted waters[J]. Journal of Navigation,1983,36(3):430-444.

[176] 孙立成. 船舶避碰决策数学模型的研究[D]. 大连:大连海事大学,2000.

[177] 刘绍满. 内河船舶拥挤水域通过能力研究[D]. 大连:大连海事大学信息学院,2006.

[178] 向哲,胡勤友,施朝健,等. 基于 AIS 数据的受限水域船舶领域计算方法[J]. 交通运输工程学报,2015,15(5):110-117.

[179] 张鹏. 基于 AIS 数据的船舶领域模型统计平台研究[D]. 大连:大连海事大学,2016.

[180] HANSEN M G,JENSEN T K. Empirical ship domain based on ais data[J]. Journal of Navigation,2013(66):931-940.

[181] HSU H Z. Safety domain measurement for vessels in an overtaking situation[J]. Interna-

tional Journal of e-Navigation and Maritime Economy,2014(1):29-38.

[182] HSU H Z. A study of ship domain in a shipping traffic lane[J]. Journal of Taiwan Maritime Safety and Security Studies,2014,5(1):1-14.

[183] 齐乐,郑中义,李国平.互见中基于 AIS 数据的船舶领域[J].大连海事大学学报, 2011(01):48-50.

[184] 丁法.基于 AIS 数据的开阔水域船舶领域分析研究[D].大连:大连海事大学,2014.

[185] WANG Y Y. An empirically-calibrated ship domain as a safety criterion for navigation in confined waters[J]. Journal of Navigation,2016,69(2):257-276.

[186] 贾传荧.拥挤水域内船舶领域的探讨[J].大连海事大学学报,1989(4):15-19.

[187] 徐周华,牟军敏,季永清.内河水域船舶领域三维模型的研究[D].武汉理工大学学报:交通科学与工程版,2004,28(3):380-383.

[188] 范贤华,张庆年,周锋,等.水流条件下内河船舶领域模型[J].大连海事大学学报, 2013,39(001):46-48.

[189] 陈厚忠,郭国平.内河并列桥梁桥区水域船舶领域模型与通过能力研究[J].船海工程(5):113-116.

[190] 邓顺江.内河桥区水域风、流、船速对船舶领域边界的影响及应用[D].武汉:武汉理工大学,2009.

[191] 周碧澄.内河桥区水域风、流、船速对船舶领域边界的影响及应用分析[J].大科技,2012,000(021):204-205.

[192] 黄寅.风流作用下的内河船舶领域模型及应用研究[D].武汉:武汉理工大学,2012.

[193] 田鑫.特定水域内船舶领域的研究[D].大连:大连海事大学,2009.

[194] 魏万淇,高曙,初秀民.基于流推理的定线制水域船舶航行安全评估方法[J].中国安全科学学报,2019,v.29(03):172-177.

[195] 王茂清.基于船舶行为特征的港口航道通过能力研究[D].武汉:武汉理工大学,2012.

[196] 郭志新.船舶领域边界的量化分析[J].武汉造船,2001(S1):63-64.

[197] SVETAK J. Estimation of ship domain zone[J]. Traffic & Transportation,2009,21(1):1-6.

[198] WANG X K. Research of ship domain based on AIS data[J]. Applied Mechanics and Materials,2014,644-650:1698-1701.

[199] SMIERZCHALSKI R. On-line trajectory planning in collision situation at sea by evolutionary computation-experiments[C]. Proceeding of IFAC Conference on Computer Applications in Marine Systems,Glasgow,UK:Elsevier Science,2001:84-89.

[200] SMIERZCHALSKI R,MICHALEWICZ Z. Adaptive modeling of a ship trajectory in col-

lision situations at sea[C]. Proceedings of the 1998 IEEE International Conference on evolutionary computation,New York:IEEE,1998:342-347.

[201] 李瀛,张玮. 基于停船视距的船舶领域模型研究[J]. 水运工程,2014(001):36-40.

[202] 刘金龙,张玮,刘曙明. 基于停船视距和积分运算的船舶领域计算方法[J]. 中国港湾建设,2014,2014(9):1-4.

[203] 毕修颖,贾传荧,吴兆麟,等. 船舶避碰行动领域模型的研究[J]. 大连海事大学学报,2003(01):9-12.

[204] ZHAO J S,WU Z L,WANG F C. Comments on Ship Domains[J]. Journal of Navigation,1993,46:422-436.

[205] PIETRZYKOWSKI Z. Safety of navigation in a restricted area:the fuzzy domain of various size ships[J]. Scientific Journals of the Maritime University of Szczecin,1999:253-264.

[206] WIELGOSZ M,PIETRZYKOWSKI Z. Ship domain in the restricted area:analysis of the influence of ship speed on the shape and size of the domain[J]. Chinese Journal of Clinical Neurosurgery,2012,36(5):138-142.

[207] PIETRZYKOWSKI Z. Ship's fuzzy domain:a criterion for navigational safety in narrow fairways[J]. Journal of Navigation,2008(61):499-514.

[208] PIETRZYKOWSKI Z. Applications of neuro-fuzzy networks for identifications of distress situations in vessel traffic in restricted areas[C]. In:Proc. of 7th International Scientific and Technical Conference on Sea Traffic Engineering,Szczecin,1997:131-142.

[209] PIETRZYKOWSKI Z,DUBOWIK W. Neuro-fuzzy networks for identification of distress situations in restricted area vessel traffic[J]. Scientific Papers Maritime University of Szczecin,1998(55):79-96.

[210] DZIEDZIC T,PIETRZYKOWSKI Z,URIASZ J. Knowledge-based system for evaluation of ship's navigational safety[J]. In:Proc. of 1st Conf. COMPIT 2000,Potsdam,2000:132-140.

[211] PIETRZYKOWSKI Z,URIASZ J. Methods of artificial intelligence in navigational safety assessment of ship encounters[J]. Proc. of Computer and Information Technology Applications in the Maritime Industries COMPIT 2003,Hamburg,2003:40-47.

[212] PIETRZYKOWSKI Z,URIASZ J. The ship domain-a criterion of navigational safety assessment in an open sea area[J]. Journal of Navigation,2009(62):93-108.

[213] WANG N,MENG X Y,XU Q Y,et al. A unified analytical framework for ship domains[J]. Journal of Navigation,2009,62(4):643-655.

[214] WANG N. An intelligent spatial collision risk based on the quaternion ship domain[J]. Journal of Navigation,2010,63(4):733-749.

[215] KIJIMA K,FURUKAWA Y. Automatic collision avoidance system using the concept of

blocking area[C]. Proceeding of IFAC Conference on Manoeuvring and Control of Marine Craft,Girona,Spain,2003:35-40.

[216] WANG N. A novel analytical framework for dynamic quaternion ship domains[J]. Journal of Navigation,2013(66):265-281.

[217] LIU S M,WANG N,SHAO Z R,et al. A novel dynamic quaternion ship domain[C]. The 5th International Conference on Intelligent Control and Information Processing,Liaonig:Dalian,2014:175-180.

[218] ZHU X,XU H,LIN J. Domain and its model based on neural networks[J]. Journal of Navigation,2001(54):97-103.

[219] LISOWSKI J,RAK A,CZECHOWICZ W. Neural net-work classifier for ship domain assessment[J]. Mathematics and Computers in Simulation,2000(51):399-406.

[220] KIJIMA K,FURUKAWA Y. Design of automatic collision avoidance system using fuzzy inference[C]. Proceeding of IFAC Conference on control applications in marine systems,Glasgow,UK:elsevier science,2001:123-130.

[221] WANG N,TAN Y,LIU S M. Ship domain indentification using fast and accurate online self-organizing parsimonious fuzzy neural networks[J]. Control Conference,Chinese, 2011:5271-5276.

[222] FU L M. A neural-network model for learning domain rules based on its activation function characteristics[J]. IEEE Transactions on Neural Networks,1998,9(5):787-795.

[223] 王宁,刘刚健,董诺,等. 一种基于广义自组织神经网络的船舶领域模型的修正方法:中国,CN201310116651[P]. 2016-04-20.

[224] 邓顺江,刘明俊. 船舶领域模型的对比研究[J]. 中国水运,2009(6):679-682.

[225] 刘绍满,王宁,吴兆麟. 船舶领域研究综述[J]. 大连海事大学学报,2011,37(001): 51-54.

[226] 喜多秀行. 分析船舶碰撞危险度的数学模型[J]. 航海,1986(87):27-35.

[227] K HASEGAWA,AKOUZUDI. Automatic collision avoidance system for ships using fuzzy control[J]. The 8th Ship Control Systems Hague,1987:102-106.

[228] A NAGASAWA. Marine traffic simulation including collision avoidance[J]. Navigation (Japan),1979(80):28-34.

[229] J KEARON. Computer programs for collision avoidance and traffic keeping[C]. Conference on mathematical aspects on marine traffic. London:Academic Press,1977.

[230] K D JONES. A comparison of facilities on computer based radar[J]. Journal of Navigation,1976,29(3):232-237.

[231] WANG Y,ZHANG J,CHEN X,et al. A spatial-temporal forensic analysis for inland-water ship collisions using AIS data[J]. Safety Science,2013,(57):187-202.

[232] BIN Y J. Analysis of collision risk perceived by ship operators in ship collision risk situ-

ation[J]. Journal of the ergonomics society of Korea,2017,36(5):447-458.

[233] PERERA L P,GUEDES SOARES C. Collision risk detection and quantification in ship navigation with integrated bridge systems [J]. Ocean Engineering, 2015 (109): 344-354.

[234] YOU Y,RHEE K. Development of the collision ratio to infer the time at which to begin a collision avoidance of a ship[J]. Applied Ocean Research,2016(60):164-175.

[235] HE Y,JIN Y,HUANG L,et al. Quantitative analysis of COLREG rules and seamanship for autonomous collision avoidance at open sea[J]. Ocean Engineering,2017(140): 281-291.

[236] TAM C,BUCKNALL R,GREIG A. Review of collision avoidance and path planning methods for ships in close range encounters[J]. Journalof Navigation,2009,62(3): 455-476.

[237] KIM K,JEONG J S. Visualization of ship collision risk based on near-miss accidents [C]. Joint 8th International Conference on Soft Computing and Intelligent Systems (SCIS)/17th International Symposium on Advanced Intelligent Systems (ISIS),2016: 323-327.

[238] 藤井.海上交通工学[M].东京:海文堂,1985.

[239] E M GOODWIN. A statistical study of ship domains[J]. Journal of Navigation,1975,28 (3):328-344.

[240] 杉崎昭生.闭塞领域的考察[J].日本航海学会论文集,1977(41):110-118.

[241] P V DAVIS. A computer simulation of marine traffic using domains and arenas[J]. Journal of Navigation,1980,33(2),1980.

[242] T G GOODWELL. Marine traffic behavior in restricted waters[J]. Journal of Navigation,1983,36(3):430-444.

[243] 田中健一.关于闭塞领域的二、三相关要因[C].日本航海学会论文集,1977(48): 23-32.

[244] XU W,YIN J,HU J,et al. Ship automatic collision avoidance by altering course based on ship dynamic domain[C]. The 15th IEEE Int Conf on Trust,Security and Privacy in Comp and Commun/10th IEEE Int Conf on Big Data Science and Engineering/14th IEEE Int Symposium on Parallel and Distributed Proc with Applicat (IEEE Trustcom/ BigDataSE/ISPA),2016,2024-2030.

[245] YEA B. Ship collision avoidance support midel in close quarters situation(2)[J]. Journal of Korean Navigation and Port Research,2005,29(9):827-832.

[246] LYU H,YIN Y. Ship's trajectory planning for collision avoidance at sea based on modified artificial potential field[C]. The 2nd International Conference on Robotics and Automation Engineering (ICRAE),2017:351-357.

[247] 王仁强,赵月林,谢宝峰. 船舶动态转向避碰行动数学模型[J]. 大连海事大学学报,2014(01):17-20.

[248] 刘德新,吴兆麟,贾传荧. 船舶智能避碰决策与控制系统研究综述[J]. 大连海事大学学报,2003(03):52-56.

[249] 魏伊,薛彦卓. 船舶自动避碰仿真研究[J]. 大连海事大学学报,2013,39(002):18-20.

[250] 吕红光,尹勇,尹建川. 混合智能系统在船舶自动避碰决策中的应用[J]. 大连海事大学学报,2015(04):29-36.

[251] 王晓飞,李柏年,崔渊,等. 基于DSP技术的毫米波船舶避碰雷达的设计[J]. 微计算机信息,2010(20):138-139.

[252] B A COLLEY,R G CURTIS,C T STOCKEL. Maneuvering times,Domains and arenas [J]. Journal of Navigation,1983,36 (2):324-327.

[253] 吴兆麟,王逢辰. 海上避碰行为的统计研究[C]. 中日航海学会学术交流会论文集,1986:124-127.

[254] 吴兆麟. 海上交通工程[M]. 大连:大连海运学院出版社,1993.

[255] 孙立成. 驾驶员避碰行为的统计和研究[J]. 大连海事大学学报,1996,22(1):1-6.

[256] 海宇. 模拟避碰操纵[J]. 国外航海科技,1991,14(1):5-8.

[257] 福户淳司,沼野正义. 根据操船模拟实验的避让开始位置观测[C]. 日本航海学会论文集,平成3年(1991)(86):49-55.

[258] 原洁. 操船模拟器的避让操纵研究:Ⅱ[C]. 日本航海学会论文集,1981(64):79-86.

[259] J D HOLMEST. A statistical study of factors affecting navigation decision-making[J]. Journal of Navigation,1980,33(2):206-214.

[260] 赵劲松. 避碰时机决策模型的分析[J]. 大连海事大学学报,1991,17(1):37-43.

[261] 郑中义,吴兆麟. 船舶避碰行动为的统计和分析[C]. 中国航海学会论文集,1997:94-97.

[262] 郑中义,吴兆麟. 船舶避碰模糊决策[J]. 大连海事大学学报,1996,22(2):5-8.

[263] 吴兆麟,郑中义. 船舶最佳避碰行动时机决策模型[J]. 大连海事大学学报,2000(04):1-4.

[264] ZHUO Y,HASEGAWA K. Intelligent collision avoidance control for large ships[C]. International Conference on Information Science,Electronics and Electrical Engineering (ISEEE),2014:1886.

[265] TIAN Y,XIONG Y,HUANG L,et al. On the velocity obstacle based automatic collision avoidance with multiple target ships at sea[C]. The 3rd Int Conference Transportation Information Safety,2015:468-472.

[266] ZHOU K,CHEN J,LIU X. Optimal collision-avoidance maneuvers to minimise bunker

consumption under the two-ship crossing situation[J]. Journal of Navigation,2018,71 (1):151-168.

[267] 贺益雄,黄立文,牟军敏. 基于 MMG 和船舶领域的对遇局面自动避碰[J]. 中国航海,2014(04):92-95.

[268] 吕红光,尹勇,尹建川,等. 基于人工智能和软计算的船舶自动避碰决策算法[J]. 中国航海,2016(03):35-40.

[269] 陈姚节,李爽,范桓,等. 基于速度矢量坐标系的多船自动避碰研究[J]. 计算机仿真,2015(06):420-424.

[270] ROBERT G,HOCKEY J,HEALEY A,et al. Cognitive demands of collision avoidance in simulated ship control[J]. Human Factors,2003,45(2):252-265.

[271] XU Q. Collision avoidance strategy optimization based on danger immune algorithm[J]. Computers& Industrial Engineering,2014,76:268-279.

[272] FU M,XU Y,WANG Y. Cooperation and collision avoidance for multiple dp ships with disturbances[C]. The 34th Chinese Control Conference (CCC),2015,4208-4213.

[273] GRINYAK V M,DEVYATISIL' NYI A S. Fuzzy collision avoidance system for ships [J]. Journal of Computer and Systems Sciences International,2016,55(2):249-259.

[274] 田雨波,潘朋朋. 免疫粒子群算法在船舶避碰上的应用研究[J]. 中国航海,2011 (01):48-53.

[275] 刘俊. 面向船舶避碰预警的红外运动船舶检测与跟踪[J]. 光电工程,2010(09):8-13.

[276] 蔡洲,黄仁. 嵌入式船载系统防碰撞预警研究[J]. 电子技术应用,2009(09):44-46.

[277] 白一鸣,韩新洁,孟宪尧. 危险模式免疫控制算法优化船舶避碰策略[J]. 中国航海,2012(02):29-32.

[278] 刘宇宏,胡勤友,王胜正,等. 一个基于多主体通信的船舶避碰协商模型[J]. 中国航海,2008(04):368-374.

[279] 今津隼马. 关于避碰危险的评价[J]. 航海(Japan),1984(80):55-62.

[280] QIU Y,CHEN W,WANG W,et al. A model for assessment collision risk degree of ships in sight of another,2010[J]. American Society of Civil Engineers (ASCE),2010.

[281] 今津隼马,小山健夫. 关于避碰开始时机的决定[C]. 日本航海学会论文集,1984 (70):31-37.

[282] HIMAZU,TKOYAMA. The optimization of the criterion for collision avoidance action [J]. The Journal of Japan Institute of Navigation,1984(71):123-130.

[283] 今津隼马,小山健夫. 避让判断基准最优化研究:Ⅱ[C]. 日本航海学会论文集,1984(72):23-30.

[284] 今津隼马,小山健夫. 避让判断基准最优化研究:Ⅲ[C]. 日本航海学会论文集,

1985(73):19-26.

[285] 今津隼马,小山健夫. 关于避让判定基准的评价[C]. 日本航海学会论文集,1986 (74):117-124.

[286] YONGGIKIM. A collision avoidance system for intelligent ship using bk-products and COLREGs[J]. Journal of the Korea Institute of Information and Communication Engineering,2007,11(1),181-190.

[287] LIU Y,WANG S,DU X. A multi-agent information fusion model for ship collision avoidance[J]. The 7th International Conference on Machine Learning and Cybernetics, 2008:6.

[288] GOERLANDT F,MONTEWKA J,KUZMIN V,et al. A risk-informed ship collision alert system:Framework and application[J]. Safety Science,2015(77):182-204.

[289] JUNG-SIK J,PARK G. A study on ship collision avoidance algorithm by COLREGs[J]. Journal of Korean Institute of Intelligent Systems,2011,21(3):290-295.

[290] 金成宇. A study on ship collision avoidance and order of priority designation model [J]. Journal of Korea Academia-Industrial Cooperation Society, 2013, 14 (11): 5442-5447.

[291] YOU Y,RHEE K,PARK H,et al. A study on the collision avoidance system of a ship considering the effects of speed dependent coefficients,Beijing,China,2010[J]. International Society of Offshore and Polar Engineers,2010.

[292] YANG W,KO J. A study on the risk control measures of ship's collision[J]. Journal of the Society of Naval Architects of Korea,2004,41(3):41-48.

[293] XUE Y,LEE B S,HAN D. Automatic collision avoidance of ships[J]. Proceedings of the Institution of Mechanical Engineers Part M-Journal of Engineering for the Maritime Environment,2009,223(M1):33-46.

[294] 林南均. Automatic control for ship collision avoidance support:Ⅱ[J]. Journal of Korean Navigation and Port Research,2004,28(1):9-16.

[295] 林南均. Automatic control for ship collision avoidance support:Ⅲ[J]. Journal of Korean Navigation and Port Research,2004,28(6):475-480.

[296] XUE Y Z,HAN D F,TONG S Y. Automatic trajectory planning and collision avoidance of ships in confined waterways[C]. The 14th International Congress of the International-Maritime-Association-of-the-Mediterranean(IMAM),2012:167-172.

[297] STATHEROS T,HOWELLS G,MCDONALD-MAIER K. Autonomous ship collision avoidance navigation concepts,technologies and techniques[J]. Journal of Navigation, 2008,61(1):129-142.

[298] LIU Y,YANG C,YANG Y,et al. Case learning in cbr-based agent systems for ship collision avoidance[C]. The 12th International Conference on Principles of Practice in

Multi-Agent Systems（PRIMA 2009）,2009:542.

[299] NAEEM W,IRWIN G W,YANG A. COLREGs-based collision avoidance strategies for unmanned surface vehicles[J]. Mechatronics,2012,22(6SI):669-678.

[300] TSOU M,KAO S,SU C. Decision support from genetic algorithms for ship collision a-voidance route planning and alerts[J]. Journal of Navigation,2010,63(1):167-182.

[301] SIMSIR U,AMASYALI M F,BAL M,et al. Decision support system for collision avoid-ance of vessels[J]. Applied Soft Computing,2014(25):369-378.

[302] WEI Z,ZHOU K,WEI M. Decision-making in ship collision avoidance based on cat-swarm biological algorithm[C]. International Conference on Computational Science and Engineering（ICCSE）,2015:114-122.

[303] SHIH C,HUANG P,YAMAMURA S,et al. Design optimal control of ship maneuver patterns for collision avoidance:a review[J]. Journal of Marine Science and Technolo-gy,Taiwan,2012,20(2):111-121.

[304] SZLAPCZYNSKI R. Evolutionary sets of safe ship trajectories:a new approach to colli-sion avoidance[J]. Journal of Navigation,2011,64(1):169-181.

[305] PERERA L P,FERRARI V,SANTOS F P,et al. Experimental evaluations on ship au-tonomous navigation and collision avoidance by intelligent guidance[J]. IEEE Journal of Oceanic Engineering,2015,40(2):374-387.

[306] SU C,CHANG K,CHENG C. Fuzzy decision on optimal collision avoidance measures for ships in vessel traffic service[J]. Journal of Marine Science and Technology-Tai-wan,2012,20(1):38-48.

[307] GRINYAK V M,DEVYATISILNY A S. Fuzzy logic decision-making system for ships collision avoidance[J]. Vestnik komp'yuternykh i informatsionnykh tekhnologii,2014 (11):36-42.

[308] LEE Y,KIM S,KIM Y. Fuzzy relational product for collision avoidance of autonomous ships[J]. Intelligent Automation and Soft Computing,2015,21(1):21-38.

[309] LISOWSKI J. Game control methods in avoidance of ships collisions[J]. Polish Mari-time Research,2012,19(1):3-10.

[310] KAYANO J,IMAZU H,MATSUI R,et al. On the evaluation of ship maneuvering for col-lision avoidance by using OZT[C]. IEEE International Conference on Systems,Man and Cybernetics（SMC）,2011:195-200.

[311] LIU T,HUANG Z,TANG W,et al. Research of automatic collision avoidance based on ship maneuvering[C]. The 2nd International Conference on Industrial Informatics -Computing Technology,Intelligent Technology,Industrial Information Integration（ICII-CII）,2016:232-235.

[312] JOHANSEN T A,PEREZ T,CRISTOFARO A. Ship Collision avoidance and COLREGS

compliance using simulation-based control behavior selection with predictive hazard assessment[J]. IEEE Transactions on Intelligent Transportation Systems,2016,17(12): 3407-3422.

[313] CHEN Y,YANG J,ZHANG Q,et al. Ship collision avoidance on the basis of 3-d model [C]. The 2nd IEEE International Conference on Intelligent Transportation Engineering (ICITE),2017:309-313.

[314] LIU H,LIUSHENG,ZHANGLANYONG. Ship collision avoidance path planning strategy based on quantum bacterial foraging algorithm[C]. The 2nd International Conference on Electrical,Computer Engineering and Electronics (ICECEE),2015:612-621.

[315] JOHANSEN T A,CRISTOFARO A,PEREZ T. Ship collision avoidance using scenario-based model predictive control[J]. IFAC PAPERSONLINE,2016,49(23):14-21.

[316] FENG M,LI Y. Ship intelligent collision avoidance based on maritime police warships simulation system,Kuala Lumpur,Malaysia,2012[J]. IEEE Computer Society,2012.

[317] YAN S. Study on decision-making of ship collision avoidance[C]. The 2nd International Conference on Electronic and Mechanical Engineering and Information Technology (EMEIT),2012.

[318] TARNOPOLSKAYA T,FULTON N. Synthesis of optimal control for cooperative collision avoidance for aircraft (ships) with unequal turn capabilities[J]. Journal of Optimization Theory and Applications,2010,144(2):367-390.

[319] DMITRIEV S P,KOLESOV N V,OSIPOV A V,et al. System of intelligent support of a ship navigator for collision avoidance[J]. Journal of Computer and Systems Sciences International,2003,42(2):256-263.

[320] LIU H,DENG R,ZHANG L. The Application research for ship collision avoidance with hybrid optimization algorithm[C]. IEEE International Conference on Information and Automation (ICIA),2016:760-767.

[321] LIU Y,DU X,YANG S. The design of a fuzzy-neural network for ship collision avoidance[C]. The 4th International Conference on Machine Learning and Cybernetics, 2006,804-812.

[322] HWANG C N. The integrated design of fuzzy collision-avoidance and H-infinity-autopilots on ships[J]. Journal of Navigation,2002,55(1):117-136.

[323] WANG X,LIU Z,CAI Y. The ship maneuverability based collision avoidance dynamic support system in close-quarters situation[J]. Ocean Engineering,2017,146:486-497.

[324] TSOU M,HSUEH C. The study of ship collision avoidance route planning by ant colony algorithm[J]. Journal of Marine Science and Technology-Taiwan, 2010, 18 (5): 746-756.

[325] SHENG L L. The study on development of intergrated ship's traffic flow simulation

model based on collision avoidance function[J]. Journal of the Korean Society of Marine Environment & Safety,2010,16(1):101-106.

[326] 刘正江,吴兆麟,严立.船舶避碰过程中人的可靠性分析[J].大连海事大学学报,2003(03):43-47.

[327] 李丽娜,熊振南,任勤生.多船避碰智能决策的生成与优化方法[J].中国航海(2):189-192.

[328] 薛彦卓,魏伊,孙淼.基于避碰重点船算法的多船避碰模拟[J].大连海事大学学报,2014(01):13-16.

[329] 马文耀,杨家轩.基于细菌觅食算法的避碰航路优化研究[J].大连海事大学学报,2013,39(002):21-24.

[330] 管冰蕾,葛泉波,段胜安,等.新型船舶智能避碰决策支持系统研究[J].中国航海,2012(03):19-25.

[331] 小濑邦治.对避航专家系统和航路航行模拟的研究[J].航海,1990(84):165-172.

[332] 高祝江.船舶智能避碰专家系统[J].世界海运,1991,014(006):15-18.

[333] 李丽娜.宽阔水域船舶避碰智能化方法的研究[M].北京:中国铁道出版社,1997,164-166.

[334] 李丽娜.船舶自动避碰研究中安全会遇距离等要素的确定[J].大连海事大学学报:自然科学版,2002,28(003):23-26.

[335] 熊振南,李丽娜,周伟.紧迫危险下的船舶智能避碰决策研究[J].中国航海,2009(04):39-43.

[336] 今津隼马.对变向行动避让界限的研究[C].日本航海学会论文集,1988,82:77-84.

[337] 今津隼马.避让界限与被避让界限的研究[C].日本航海学会论文集,1991,85:9-15.

[338] 今津隼马.避让所需时间和界限[C].日本航海学会论文集,1992,87:123-129.

[339] 今津华马.大型船舶的避让界限[C].日本航海学会论文集,1992,88:145-151.

[340] F P COENEN,GPSNEATON,AGBOLE. Knowledge-based collision avoidance[J]. Journal of Navigation,1980,42(2):107-116.

[341] 林雪霞.舰船避碰操纵专家系统 ACOES 的研究[J].舰船科学技术,1996(03):47-49.

[342] 翁跃宗.船舶避碰领域的知识与专家系统[J].中国航海,1994(002):45-50.

[343] 周显著,陆志材.船舶避碰仿真模拟:分析避碰操纵示意图[J].中国航海,1993(002):17-26.

[344] 施智标.论船舶避碰专家系统[J].上海海事大学学报,1996(03):39-44.

[345] ZHOU S,LIU X,HONG S,et al. A fusion detection algorithm of motional ship in bridge collision avoidance system[J]. The 2nd International Conference on Mechanical, Con-

trol and Computer Engineering（ICMCCE）,2017:1-5.

［346］ZHAO Y,LI W,SHI P. A real-time collision avoidance learning system for unmanned surface vessels［J］. Neurocomputing,2016（182）:255-266.

［347］KANG J,JIN M,PARK J,et al. A study on application of sensor fusion to collision a-voidance system for ships［J］. International Conference on Control,Automation and Systems（ICCAS 2010）,2010:1741-1744.

［348］LEE S. A study on the automatic control for collision avoidance of the ships［J］. Journal of Korean Navigation and Port Research,2002,26（1）:8-14.

［349］C S JIANG. An M2M-based ship collision avoidance and recognition system with dynamic alarm distance threshold and guard time［J］. Telecommunications Review,2011,21（6）:969-985.

［350］倪学义. 海上船舶智能避碰模拟［J］. 中国学位论文数据库,82916.

［351］任茂东. 船舶仿人智能自动避碰控制系统［J］. 中国航海,1994（1）:1-7.

［352］清华大学,中国船舶工业总公司系统工程部. 舰船避碰操纵专家系统［J］. 中国科技成果数据库,91218284.

［353］N J LIN. Automatic control for ship collision avoidance support system［J］. Journal of Korean Navigation and Port Research,2003,27（4）:375-381.

［354］HE J,FENG M. Based on ECDIS and AIS ship collision avoidance warning system research［J］. The 8th International Conference on Intelligent Computation Technology and Automation（ICICTA）,2015,242-245.

［355］CHEN Y,LI T. Collision avoidance of unmanned ships based on artificial potential field［J］. Chinese Automation Congress（CAC）,2017:4437-4440.

［356］MA W,YANG J. Collision avoidance strategy optimization of ship's speed alteration with bacterial foraging algorithm［C］. International Conference on Mechatronics and Control Engineering（ICMCE 2012）,2013:1318.

［357］IM N,LEE S. Control system for ship collision avoidance considering the effect of wind and ship's manoeuvrability［J］. Journal of Korean Navigation and Port Research,2010,34（2）:105-110.

［358］M L LI. Design of the neuro-fuzzy based system for analyzing collision avoidance measures of ships［J］. Journal of Korean Institute of Intelligent Systems,2017,27（2）:113-118.

［359］LIU Y,YANG C,DU X. Multi-agent Planning for Ship Collision Avoidance［C］. IEEE Conference on Robotics,Automation and Mechatronics,2008:930.

［360］魏海风. 船舰自适应控制及避碰专家系统［M］. 上海:上海交通大学,1997.

［361］林均清. 船舶航行智能避碰专家系统［C］. Proceedings of international conference on maritime collision and prevention,Dalian,1996.

[362] JOHANSEN T A,PEREZ T. Unmanned aerial surveillance system for hazard collision a-voidance in autonomous shipping[C]. International Conference on Unmanned Aircraft Systems (ICUAS),2016:1056-1065.

[363] 王德龙,任鸿翔,肖方兵.船舶操纵模拟器单船避碰自动评估系统[J].中国航海,2015,038(001):44-48.

[364] LAZAROWSKA A. Ship's trajectory planning for collision avoidance at sea based on ant-colony optimisation[J]. Journal of Navigation,2015,68(2):291-307.

[365] DO K D. Synchronization motion tracking control of multiple under actuated ships with collision avoidance[J]. IEEE Transactions on Industrial Electronics,2016,63(5):2976-2989.

[366] LI W,MA W,YANG J,et al. The assessment of risk of collision between two ships avoi-ding collision by altering course[C]. The 14th International Conference on Algorithms and Architectures for Parallel Processing (ICA3PP),2014:507-515.

[367] 王元慧,边信黔,施小成,等.基于HLA的船舶避碰仿真平台的实现[J].哈尔滨工程大学学报,2007(07):768-772.

[368] M K JAMES. Modeling the decision in computer simulation of ship navigation[J]. Jour-nal of navigation,1986,39(1):32-48.

[369] M INAISH. Basic research on a collision avoidance system using neural networks[J]. Proceedings IAIN91,1991:119-123.

[370] 杨宝璋.一种新型的船舶避碰自动化系统[J].中国航海学会,1992:203.

[371] 赵劲松,吴兆麟.船舶避碰自动化的发展趋势[J].世界海运,1992(001):12-14.

[372] 宁国珍.智能化船的避碰系统[J].航海科技,1990(9):1-6.

[373] GRINYAK V M,GOLOVCHENKO B S,DEVYATISILNY A S. Neuro-fuzzy decision-making system for ships collision avoidance[J]. Informatsionnye tekhnologii,2014(9):68-73.

[374] PARK G,BENEDICTOS J L R M,LEE C,et al. Ontology-based fuzzy-CBR support sys-tem for ship's collision avoidance[C]. The 6th International Conference on Machine Learning and Cybernetics,2007:1845-1850.

[375] 陈立家,黄立文,熊勇.基于最优控制的海上多目标船避碰研究[J].中国安全科学学报,2014,24(1):15.

[376] 马文耀,吴兆麟,杨家轩,等.人工鱼群算法的避碰路径规划决策支持[J].中国航海,2014,37(003):63-67.

[377] 陈君义.自动避让系统计算原理[J].上海海运学院学报,1981(04):17-25.

[378] 山本敏雄.船舶避碰操作中的模糊理论应用[J].日立造船技报,1990,51(2):73-79.

[379] 稻石正明.关于船舶专家系统的评价的研究[C].日本航海学会论文集,1990

（83）:91-97.

[380] 原洁. 船舶交通的统计特性[C]. 日本航海学会论文集,1966(35):23-34.

[381] E S QUILTER,JDLUSE. Hidden limits of collision avoidance automation[J]. Journal of The Institute of Navigation,1979,26(3):244-251.

[382] 姚杰,吴兆麟. 船舶碰撞危险的自适应神经网络—模糊推理评价方法[J]. 中国航海,1999(001):14-19.

[383] 郑中义,吴兆麟. 港口船舶事故致因的灰色关联分析模型[C]. 中国科学技术协会第二届青年学术年会论文集(软科学分册),1995:208-212.

[384] 杨赞. 船舶交通调查与分析[M]. 大连:大连海运学院出版社,1992.

[385] 神鸟昭. 关门海峡风速/视程出现频度对碰撞事故的影响[C]. 日本航海学会论文集,1977(58):95-102.

[386] 神鸟昭. 关门海峡碰撞事故与气象的关系[C]. 日本航海学会论文集,1972(47):79-91.

[387] E T GATES. Maritime accidents[M]. Houston:Gulf Publishing Company,1989.

[388] 郑中义,吴兆麟. 直航路上船舶右舷对右舷对遇不协调避碰行动数量的计算模型[C]. 1999年第三届全国交通运输领域青年学术会议论文集,1999(01):627-630.

[389] HIROAKI KOBAYASHI. On the relation between the navigation information and the handling ability[J]. The Journal of Japan Institute of Navigation,1992(88):41-46.

[390] HIROYUDI SHIMADA. Basic research on navigator's cognitive ability (processing of spatial information:mental rotation)[J]. The Journal of Japan Institute of Navigation,1994(91):241-246.

[391] J W SENDERS,J L WARD. Additional Studies on driver information processing[R]. Bolt Beranek,Newman Inc. ,Final report to federal highway administration on contract CPR-l I-5096,1969.

[392] C E SHANNON,WWEAVER. The mathematical theory of communication[M]. Chicago:University of Illinois Press,1949.

[393] F ATTNEAVE. Applications of information theory to psychology[M]. New York:Holt Rinehart and Winston,1959.

[394] W SENDERS. The estimation of operator workload in complex system[J]. In K. B. Degrecne(ed.)Systems Psychology,1970:207-216.

[395] IMO. Model course[S]. Maritime Administrators and Investigators,1999.

[396] A T WELFORDAROUSAL. Channel-capacity and decision[J]. Nature,1962(194):365-366.

[397] 郑中义,吴兆麟. 港口船舶事故致因的灰色关联分析模型[C]. 中国科学技术协会第二届青年学术年会论文集(软科学分册),1995:208-212.

[398] 廖一帆,陆祥其. 右舷对右舷对驶局面初探[J]. 大连海运学院学报,1991,17(1):

14-19.

[399] R A CAHILL. Collisions and their causes[J]. Fairplay Publish Ltd,1983.

[400] J R RIEK. Collision avoidance behaviour and uncertainty[J]. Journal of Navigation, 1978,31(1):82-92.

[401] D H TAYLOR. Uncertainty in collision avoidance manoeuvring[J]. Journal of Navigation,1990(43):238-245.

[402] 武保林,王莹. 信息熵理论在安全系统中的应用探讨[J]. 中国安全科学学报,1995(S2):249-253.

[403] 宋瑢. 危险熵与信息熵[J]. 中国安全科学学报,1993(3):103-107.

[404] A DE LUCA,SATERMINI. Definition of non-probabilistic entropy in the setting of fuzzy sets theory[J]. Information and Control,1972,20(4):301-312.

[405] XIE W,SDBEDROSIAN. An information measure for fuzzy sets[J]. IEEE Trans. Syst. Man and Cybem,1984,14(1):151-156.

[406] 尚修刚,蒋慰孙. 关于混合熵的讨论[J]. 控制理论与应用,1999,16(001):84-86.

[407] 孟庆生. 信息论[M]. 西安:西安交通大学出版社,1986.

[408] 周荫清. 信息论基础[M]. 北京:北京航空航天大学出版社,1993.

[409] 赵瑞安. 非线性最优化理论和方法[M]. 杭州:浙江科学技术出版社,1992.

[410] 盛昭瀚. 主从递阶决策论[M]. 北京:科学出版社,1998.

[411] 刘宝碇. 随机规划与模糊规划[M]. 北京:清华大学出版社,1998.

[412] 陶谦坎. 系统工程应用案例[M]. 北京:机械工业出版社,1990.

[413] 夏绍玮. 系统工程概论[M]. 北京:清华大学出版社,1995.

[414] IMO. Lloyd's Rep. 440(1966). London:IMO,1996.

[415] IMO. Lloyd's Rep. 441(1966). London:IMO,1996.

[416] 郑中义,吴兆麟. 基于信息熵对遇船舶接近对遇的避碰决策研究[J]. 大连海事大学学报,1999,25(4):23-27.

[417] 赵劲松,王逢辰. 确定避碰时机的模型[J]. 大连海事大学学报,1989(3):1-6.

[418] 约瑟夫·利索夫斯基,朱恩玲,张则谅. 船舶安全控制过程的微分对策模型分析[J]. 上海海事大学学报,1985(1):29-42.

[419] S ANDRZEJ LENART. ARPA accuracy testing[J]. Journal of Navigation,1996(42):117-123.

[420] Y FUJII,KTANAKA. Traffic capacity[J]. Journal of Navigation,1971,24(3):543.

[421] 黑田胜彦. 对避航领域和通过距离分布解析[C]. 日本航海学会论文集,1972:1-11.

[422] 早藤能伸. 东京湾口航行船舶相互间位置关系的解析[J]. 港湾技术研究所报告,1983,22(1):97-117.

[423] 王逢辰. 对"紧迫局面"解释的探讨[J]. 大连海运学院学报,1991(1):1-6.

［424］张昱昆,赵连达.紧迫局面的概念与模型［J］.大连海运学院学报,1991(1):7-13.

［425］宋和,韩骏.紧迫局面的定义和海上避让行动［J］.大连海运学院学报,1991(02):18-23.

［426］ZAIJONE. The last minute action［J］. Seaways,1980(6):15.

［427］HELNECT HILGERT. A rule founded way to define the term close quarters situation［J］.民主德国向航行安全小组委员会提案,1982.

［428］F J WYLIE. The close quarters situation［J］. The Journal of Institute of Navigation,1973:365.

［429］朱军.论紧迫局面的基本特征、定义和判断方法［C］.中国航海学会船舶驾驶委员会论文集,1995-1997:154-161.

［430］孙立成.紧迫局面的模型［C］.中国航海学会船舶驾驶委员会论文集,1995-1997:98-102.

［431］吴兆麟.转向避让行动的临界距离［J］.远航资料,1984:2.

［432］［1976］1. Lloyd's Rep. 124.

［433］郑经略.船艺［M］.大连:大连海运学院出版社,1993.

［434］司玉琢,吴兆麟.船舶碰撞法［M］.大连:大连海运学院出版社,1991.

［435］张乃尧.神经网络与模糊控制［M］.北京:清华大学出版社,1998.

［436］IMO. Lloyd's Rep. No. 286,1961. London:IMO,1961.

［437］徐华,刘红琳.反向传播网络训练的优化配置算法［J］.中国控制与决策学术年会论文集,1998:604-606.

［438］G CYBENKO. Approximation by superposition of sigmoidal functions［J］. Mathematics of Control (signals and systems),1989(2):303-314.

［439］T P CHEN. Approximation capability in Cn by multi-layer feed-forward networks and related problems［J］. IEEE Trans,NN,1995(6):57-67.

［440］M R AZIMI. Fast learning process of multi-layer NN using RLS methods［J］. IEEE Trans:Signal processing,1992,40-48.

［441］SUNG-BAC CHO. Neural-network classifiers for recognizing totally unconstrained handwritter neumeral［J］. IEEE Trans,NN,1997(8):43-53.

［442］B MULGREW. Applying RBF［J］. IEEE,Signal processing magazine,1996,13(2):50-65.

［443］YI S. Global optimization for NN training［J］. IEEE,Computer,1996(3):45-54.

［444］Intergovernmental maritime consultative organization. Performance standards for automatic radar plotting aids (ARPA)［S］. Resolution A. 422(Ⅺ),1980.

［445］郑中义,吴兆麟.确定船舶碰撞危险度的模型［C］.大连海事大学校庆暨中国高等航海教育90周年论文集(航海技术分册),1999:16-24.

［446］AN 科克罗夫特,JNF 拉梅杰.海上避碰规则［M］.赵劲松,译.大连:大连海运学院

出版社,1991.

[447] 甄德福.船舶操纵与避碰[M].北京:人民交通出版社,1993.

[448] 田盛丰.人工智能原理与应用[M].北京:北京理工大学出版社,1993.

[449] 张金寿,同建峰.专家系统建造原理及方法[M].北京:中国铁道出版社,1992.

[450] 王顺晃,舒迪前.智能控制系统及其应用[M].北京:机械工业出版社,1995.

[451] 史忠植.高级人工智能[M].北京:科学出版社,1998.

[452] 沈一栋.知识工程[M].北京:科学出版社,1992.

[453] 陈世福,陈兆乾.人工智能与知识工程[M].南京:南京大学出版社,1997.

[454] 杨盐生.船舶避碰动态系统数学模型的研究[J].大连海事大学学报,1995(01):
30-36.

[455] 洪碧光.船舶纵倾对K,T指数的影响模拟计算[J].大连海运学院学报,1994,020
(003):3-7.

[456] 杨盐生,方祥麟.船舶操纵性能仿真预报[J].大连海事大学学报:自然科学版,
1997(23):1-6.

[457] 贾传荧,杨盐生.船舶操纵模拟器的应用研究[J].大连海事大学学报:自然科学
版,1996,022(004):1-5.

[458] 贾传荧,杨盐生.基于电子海图的船舶操纵模拟器[C].中日航海学会第六届学术
讨论会,北京,1992:16-23.

[459] 乌野庆一,松野二郎,伊藤智行,等.根据斜航液体力物理成分分离的数学模型
[J].关西造船协会会志,1991(216):175-180.

[460] 於健.船舶在不同水域中K、T指数的模拟计算[J].大连海事大学学报:自然科学
版(3期):36-40.

[461] 武力平,吴兆麟.海损事故原因的灰色关联分析[J].大连海事大学学报,1994,020
(001):36-42.

[462] IMO. The findings of court of inquiry. Mercantile Marine Service Association,1970.

[463] 蔡存强.浅析船舶避碰中的"背离行为"[J].中国航海,1994(002):1-8.

[464] 吴灏.《1972年国际海上避碰规则》某些条文规定含义的阐述和两点建议[J].中
国航海,1979(01):35-46.

[465] A W MERZ. Optimal evasive maneuvers in maritime collision avoidance[J]. Journal of
The Institute of Navigation,1973,20(2):85-96.

[466] 杨赞.专家系统及在海上应用[J].国外航海科技,1990,13(5):34.

[467] HERBERT SEHILDT. C语言与人工智能[J].白为民,译.中国科学院希望高级电
脑技术,1991.

[468] 郑中义,吴兆麟.多船会遇避碰决策研究——Ⅰ多船会遇局面定义、划分及属于各
类判断[J].航海技术,2000(004):9-12.

[469] 郑中义,吴兆麟.多船会遇避碰决策研究—Ⅱ多船会遇避碰决策模型[J].航海技

术,2000(05):7-10.

[470] 郑中义,吴兆麟.交叉相遇局面中让路船避碰时机、相对方位与转向幅度的关系分析[C].2000年大连国际海事技术交流会论文集,5-8.

[471] 郑中义,吴兆麟.船舶最佳避碰行动时机决策模型[J].大连海事大学学报,2000(4):1-4.

[472] 郑中义,吴兆麟.船舶最佳转向避碰幅度决策模型[J].大连海事大学学报,2000,26(004):5-8.

[473] 郑中义,吴兆麟.以BP神经网络计算船舶碰撞危险度[J].世界海运,2000,023(002):4-6.

[474] 郑中义,吴兆麟.船舶接近对遇局面避碰决策的研究[J].大连海事大学学报,1999,25(4):21-25.

[475] 郑中义,吴兆麟.基于直航船满意度函数的两船避碰决策模型[J].大连海事大学学报,2000,26(1):24-28.

[476] ZHENG ZHONGYI,WU ZHAOLIN. Description of 90s quantitative study on vessel's behavior[J]. The 2nd Asia Pacific Conference&Exhibition on Transportation and the Environment,2000:11-13.

[477] ZHENG ZHONGYI,WU ZHAOLIN. Study on decision of collision avoidance of vessels in near head-on situation based on entropy[J]. The 2nd Asia Pacific Conference & Exhibition on Transportation and the Environment,2000:11-13.

[478] S STEVENS. The surprising simplicity of sensory metrics[J]. Am,Psychol,1962:27.

[479] G VON FIEADT. The world of perception[J]. Dorsey Press,1966:169-170.

[480] WU ZHAOLIN. Quantification of action to avoid collision[J]. Journal of Navigation,1984,37(3):420-434.

[481] WU ZHAOLIN. Course changes to avoid collision as a function of the speed ratio[J]. The Journal of Dalian Marine College,1985,1(1):15-22.

[482] 赵劲松,王逢辰.船舶避碰学原理[M].大连:大连海事大学出版社,1999.

[483] 古文贤.船舶安全运输学[M].大连:大连海运学院出版社,1992.

[484] 王逢辰.船舶操纵与避碰[M].北京:人民交通出版社,1987.

[485] W P CANNELL. Collision avoidance as a game of co-ordination[J]. Journal of Navigation,1996(34):220-239.

[486] 吴兆麟,刘德新,贾传荧.船舶智能避碰决策与控制系统总体结构[J].大连海事大学学报,2004,030(002):1-3,11.